Emil Heinrich Du Bois-Reymond

Gedächtnissrede auf Johannes Müller

Emil Heinrich Du Bois-Reymond

Gedächtnissrede auf Johannes Müller

ISBN/EAN: 9783741167836

Hergestellt in Europa, USA, Kanada, Australien, Japan

Cover: Foto ©Andreas Hilbeck / pixelio.de

Manufactured and distributed by brebook publishing software
(www.brebook.com)

Emil Heinrich Du Bois-Reymond

Gedächtnissrede auf Johannes Müller

GEDÄCHTNISSREDE

AUF

JOHANNES MÜLLER

VON

EMIL DU BOIS-REYMOND.

AUS DEN ABHANDLUNGEN DER KÖNIGL. AKADEMIE DER WISSENSCHAFTEN
ZU BERLIN 1859.

BERLIN.
GEDRUCKT IN DER BUCHDRUCKEREI DER KÖNIGLICHEN
AKADEMIE DER WISSENSCHAFTEN.
1860.

IN COMMISSION VON F. DÜMMLER'S VERLAGS-BUCHHANDLUNG.

Gelesen in der öffentlichen Sitzung der Akademie der Wissenschaften am 8. Juli 1858. Die Seitenzahl bezeichnet die laufende Pagina des Jahrgangs 1858 in den Gelehrten-Anzeigen der Königl. Akademie der Wissenschaften.

Die Geschichte zeigt uns Männer, die im rechten Augenblick geboren von ihrem ersten Auftreten an mit siegender Gewißheit ein großes Ziel verfolgen. Vor der Macht ihrer Leidenschaft, vor der Gewalt ihrer Thatkraft, vor der Beharrlichkeit ihres Wollens beugen sich die Widersacher; die Nebenbuhler stehen in der Ferne entmuthigt, die Gleichgültigen werden hingerissen. Die Gunst des Geschickes selber (oft so schwer zu unterscheiden vom eigenen Verdienst) scheint ihnen die Bahn zu ebnen. Eine Zeitlang sieht man sie, in beruhigtem Glanz, am Zenith des Ruhmeshimmels strahlen. Dann plötzlich, von dem angestaunten Gipfel der Herrschaft und der Macht, aus der beneideten Fülle des Besitzes und des Glücks, rafft ein sinnloses Schicksal sie mit Einem Schlage hinweg; und wie wenn der mächtigste Stamm des Waldes fällt, lehrt die ungeheure Lücke, die ihr Sturz hinterläßt, erst ganz den Umfang ermessen, den ihr prachtvoller Wuchs nur eben noch beschattete.

Als eines solchen Mannes, eines frühgefallenen sieghaften Helden im Reiche organischer Naturwissenschaft, steht jetzt vor uns da die vollendete große Gestalt JOHANNES MÜLLER's, des Anatomen und Physiologen; welcher der HALLER unseres Jahrhunderts, der deutsche CUVIER heißen wird; dem das Schwierigere gelang, nicht, seinen Namen berühmt zu machen, sondern den alten Ruhm, der bereits auf einem anderen Gebiete diesem Namen gesichert war, vergessen zu machen über dem neuen Glanz, in dem er denselben strahlen ließ. Seit JACOBI's Tode hat diese Akademie und die ihr eng verbundene Hochschule kaum einen schmerzlicheren Verlust erlitten;

ein mehr unerwarteter und schmerzlicher zugleich konnte beide nicht treffen. Johannes Müller's bloſse Erscheinung trug das Gepräge des Auſserordentlichen. Die Natur hatte ihm wunderbare Gaben, eine glückliche Laufbahn die höchste Reife, die unausgesetzte, angestrengte Arbeit eines Menschenalters einen Umfang des tiefsten Wissens und eine wissenschaftliche Erfahrung ohne Gleichen verliehen. An der Grenze des Mannesalters angelangt, erschien er ein Jüngling unter seinen Altersgenossen, und nach dem gewöhnlichen Lauf der menschlichen Dinge konnte sich die Wissenschaft von seiner rastlosen Thätigkeit noch eine lange Reihe von Leistungen versprechen, an sich genug um von Neuem einen glänzenden akademischen Namen zu begründen. Umsonst. Im Vollbesitz dieser Eigenschaften, aus der Mannesfülle schöpferischer Kraft, ist er uns mit einer Plötzlichkeit entrissen worden, die auch den Festesten neben ihm zum Beben gebracht hat. Ihn, der noch vor wenig Jahren in einer Herbstnacht auf der hohen Nordsee um sein nacktes Leben schwimmen muſste, ihn hat jetzt in der Stille eines Frühlingsmorgens die Hand des Todes berührt. Ich habe es übernommen, ihm in der heutigen Sitzung die öffentlichen Ehren zu erweisen, welche die Akademie ihren groſsen Todten aufbewahrt. Nicht, als ob daran zu denken wäre, in der kurzen mir hier zugemessenen Frist ein auch nur einigermaſsen entsprechendes Bild von dem zu geben, was die Wissenschaft Müller verdankt. Was Hr. Flourens von Cuvier sagt[1], gilt auch von Müller: die Geschichte seiner Arbeiten schreiben heiſst geradezu die auf allen Punkten innig damit verwebte Geschichte der anatomisch-physiologischen Wissenschaften während der Zeit seiner Wirksamkeit, d. h. während der letzten vier Jahrzehnde, schreiben. Noch viel weniger, als ob ich selber mich dieser Aufgabe gewachsen fühlte. Denn Johannes Müller wird in der Geschichte der organischen Naturwissenschaft als der letzte Fürst einer Dynastie von Forschern genannt werden, die ein mächtiges, durch ihre Thaten schnell und schneller sich mehrendes Reich zuletzt nur noch mit Mühe zusammenzuhalten vermochten. Nach Johannes Müller, Alles weist darauf hin, wird kein groſser Morpholog und Physiolog zugleich mehr erstehen. Wie nach dem Tode Alexander's theilen sich die Feldherren in die eroberten Gebiete, die unter dem Einfluſs der eingedrungenen Bildung und des erregten Verkehrs bald dergestalt sich entwickeln, daſs eine zweite Gesammtherrschaft nicht mehr gelingen kann. Johannes Müller selbst hat während der zweiten Hälfte seiner Laufbahn nicht mehr das ganze Feld der Anatomie und Physiologie gleichmäßig beherrscht, sondern immer ausschließlicher sich der Morphologie zugewendet. Gerade dieser aber sind meine eigenen Bestrebungen mehr fern geblieben. Wenn ich es dennoch versuche, dieser Versammlung ein Bild seines Entwickelungsganges und seiner Leistungen vorzuführen, so geschieht dies mit Rücksicht auf einen gelegentlich von ihm selber geäußerten Wunsch, und auf die mannigfachen persönlichen Beziehungen, in denen ich seit neunzehn Jahren, zuerst als Schüler, dann als Gehülfe, später als Amtsgenoß, und, wie ich wohl sagen darf, als jüngerer Freund, zu ihm gestanden habe. Man wird es mir indeß zu Gute halten, wenn ich, bei Würdigung von Müller's Leistungen, vorzugsweise die physiologische Seite derselben in's Auge fasse, die genauere Schilderung seiner morphologischen Arbeiten dagegen einer mehr dazu berechtigten Feder überlasse; und man wird es vielleicht nicht unpassend finden, wenn ich verhältnißmäßig länger bei den früheren Stadien seiner Entwickelung verweile, die wegen der schnellen, zu einem so großen Theil durch ihn selber bewirkten Fortschritte der Wissenschaft bereits so weit hinter uns liegen, daß sie für die Meisten des seitdem erwachsenen Geschlechtes von Forschern fast zu einem Mythus geworden sind.

Müller's Titel und Würden, seine Herkunft, Kindheit und frühere Jugend.

Johannes Müller, — Doctor der Medicin und Chirurgie, praktischer Arzt und Wundarzt, Professor der Anatomie und Physiologie an der Universität und an der medicinisch-chirurgischen Militär-Akademie, Director des anatomischen Museums und Theaters, Königlicher Geheimer Medicinalrath, Mitglied der medicinischen Ober-Examinations-Commission, von 1846 bis 1849 ordentliches, nachmals Ehren-Mitglied der wissenschaftlichen Deputation für das Medicinalwesen; — ordentliches Mitglied dieser Akademie, der Gesellschaft naturforschender Freunde und des Vereins für Heilkunde in Preußen, Mitglied der Gesellschaft für Natur- und Heilkunde, für Erdkunde, der Hufeland'schen medicinisch-chirurgischen, der deutschen medicinischen und der deutschen geologischen Gesellschaft hieselbst; — der Leopoldinisch-Carolinischen Akademie der Naturforscher; — auswärtiges Mitglied der Akademieen zu Stockholm, München, Brüssel, Amsterdam, der Gesellschaften der Wissenschaften zu Göttingen, London,

Edinburgh, Kopenhagen; ausländisches Ehrenmitglied der Akademie der Wissenschaften zu Wien; correspondirendes Mitglied der Akademieen zu Petersburg, Turin, Bologna, Paris, Messina; der Gesellschaft der Wissenschaften zu Upsala; der Mecklenburgischen naturforschenden Gesellschaft zu Rostock und der Senkenbergischen zu Frankfurt a. M., der Academy of natural Sciences zu Philadelphia; der Société du Muséum d'Histoire naturelle zu Strasburg; der natuurkundige Vereeniging in Nederlandsch Indië; Mitglied der Société Hollandaise des Sciences zu Haarlem; der naturforschenden Gesellschaften zu Freiburg im Br., Halle, Danzig, Mainz; der American Philosophical Society zu Philadelphia; der Société de Biologie zu Paris; Ehrenmitglied der Cambridge Philosophical Society, des naturwissenschaftlichen Vereins zu Hamburg und des der Preufsischen Rheinlande und Westphalens; der American Academy of Arts and Sciences zu Boston; der Ethnological Society zu London; des Vereins für Mikroskopie zu Giessen; Mitglied der Gesellschaft für Natur- und Heilkunde zu Heidelberg; Ehrenmitglied der zu Dresden; des Vereins deutscher Aerzte und Naturforscher zu Paris; correspondirendes Mitglied der Gesellschaften für Natur- und Heilkunde zu Erlangen und Moskau; Mitglied der Académie de Médecine zu Paris; der ärztlichen Gesellschaften zu Münster, Kopenhagen, Wilna, Stockholm; Ehrenmitglied der Académie de Médecine de Belgique; der medicinischen Facultät zu Prag und der Universität zu Dorpat; der medicinisch-chirurgischen Akademieen zu Wilna und Petersburg; der ärztlichen Gesellschaft von Guy's Hospital zu London; der zu Edinburgh und der Hunter'schen Gesellschaft daselbst; der medicinisch-chirurgischen Gesellschaften zu London und Zürich; der ärztlichen Gesellschaften zu Buda-Pesth, Lissabon, Algier, Constantinopel, des Apotheker-Vereins im nördlichen Deutschland; correspondirendes Mitglied der medicinisch-chirurgischen Akademie zu Turin, der Gesellschaft der Aerzte zu Wien u. s. w.; — Preisträger der medicinischen Facultät der Universität zu Bonn, Inhaber der grofsen goldenen Medaille für Kunst und Wissenschaft, des Sömmerring'schen Preises der Senkenbergischen Gesellschaft, der Copley Medal der Königlichen Gesellschaft zu London, des Prix Cuvier der Akademie der Wissenschaften zu Paris, so wie einer der, an Stelle des Prix Montyon de Physiologie expérimentale auf das Jahr 1832, von derselben vertheilten goldenen Preismedaillen; — Ritter des Rothen Adlerordens zweiter Klasse mit Eichenlaub, des

Ordens pour le Mérite für Wissenschaften und Künste, des Königlich Schwedischen Nordsternordens, des Königlich Bayerischen Maximilliansordens, des Königlich Sardinischen St. Mauritius- und Lazarus-Ordens: — ist den 14. Juli 1801, also genau dreifsig Jahre nach RUDOLPHI, zu Coblenz am Rhein unter französischer Herrschaft, wie einst CUVIER unter deutscher, geboren. Seines Vaters Vater war Winzer an der Mosel, sein Vater selbst, mit Vornamen MATHIAS, ein Schuhmacher in guten Umständen, der in damaliger Zeit, wo fortwährend Truppenmärsche durch Coblenz stattfanden, vortheilhafte Geschäfte machte. MÜLLER's Mutter hiefs MARIA THERESIA WITTMANN. JOHANNES MÜLLER war das Älteste von fünf Geschwistern, unter denen zwei Schwestern. Den bedeutenden Schnitt seines Gesichtes, den übrigens, nur minder scharf ausgeprägt, die Brüder und eine der Schwestern mit ihm theilten, hatte er, nebst dem kräftig gedrungenen Körperbau und der würdig gemessenen Haltung, vom Vater geerbt. Von der Mutter gingen auf ihn über strenger Ordnungssinn, reger Unternehmungsgeist und unermüdete Geschäftigkeit.

Die Nachrichten aus JOHANNES MÜLLER's Kindheit zeigen ihn uns als einen sinnigen, in sich gekehrten, gelegentlich aber lebhaft ausbrechenden Knaben, der bei Allem, was er that und trieb, mit ganzer Seele und dem eifrigsten Ernste war, und jedes begonnene Unternehmen mit hartnäckiger Ausdauer zu Ende führte: er mochte nun nach Knabenart zur Nachahmung aufgeregt sein durch die Sage der Vorzeit, wie sie die Burgtrümmer seiner heimathlichen Umgebung mit Heldenbildern belebt, durch die feierliche Geberde des Priesters, der das Mefsopfer begeht, oder durch das kriegerische Schaugepränge der Napoleonischen Heerschaaren, deren räuberische Adler den Schauplatz seiner Spiele beschatteten. Wenn er uns in dem Buch über die phantastischen Gesichtserscheinungen selbst erzählt, wie er oftmals, durch die Fenster des Wohnzimmers im elterlichen Hause am Jesuiterplatze, die russige verfallene Wand des Nachbarhauses betrachtend, in den Umrissen des abgefallenen und stehen gebliebenen Kalkes allerlei Gesichter erblickte [1], so erscheint dies freilich nur als ein phantasiereichen Kindern gemeinsamer Zug; aber während bei tausend Kindern dieses Spiel der Einbildung spurlos vorübergeht, wird es bei JOHANNES MÜLLER zum Keim jener denkwürdigen Studien über die Sinne, welche diesen Theil der Physiologie von Grund aus umgestaltet haben.

Dicht an Müller's elterliches Haus stiefs, damals zur École secondaire umgeschaffen, und unter der Fremdherrschaft verwahrlost, eine aus Churtrierischer Zeit her sonst wohlausgestattete Lehranstalt der Jesuiten. Diese besuchte Müller von 1810 an, und vermuthlich würde es um seine Schulbildung nicht besonders gestanden haben, wäre nicht nach Übernahme des Landes durch die Preufsische Regierung die Reorganisation der Schulen nach dem in den alten Provinzen üblichen Muster eine von deren ersten Sorgen gewesen. Ein Mitglied dieser Akademie, Hr. Johannes Schulze, führte als Schulrath in Coblenz in den Jahren 1816—1818 diese Mafsregel durch, so weit es der damals in den Rheinlanden sehr fühlbare Mangel an tauglichen Lehrern erlaubte. An das nunmehrige Königliche Gymnasium zu Coblenz berief er unter anderen als Lehrer der Mathematik einen Zögling Pestalozzi's, Professor Leutzinger, dem Müller in seinem *Curriculum vitae* besonders dankt[3]; in den classischen Studien aber halfen er selber und sein Amtsgenofs, damals Consistorial-Assessor, Friedrich Lange durch eigene Lehrthätigkeit nach.

Auf den Bänken dieser Anstalt zeichnete sich der Knabe Johannes dergestalt aus, dafs er bald die allgemeine Aufmerksamkeit seiner Lehrer auf sich zog. Mathematik, wie er selber berichtet[4], und Zeichnen, das sich ihm später so nützlich erwies, waren ihm die liebsten Unterrichtsgegenstände. Doch mufs er auch in den alten Sprachen einen guten Grund gelegt haben, da er als Übersetzer und Ausleger des Platon und Aristoteles sich stets mit Sicherheit bewegt hat, seine Gewandtheit im lateinischen Ausdruck, durch die Disputatorien, die er als Privatdocent in Bonn hielt, noch erhöht, aber sogar das Urtheil hervorrief, er schreibe besser lateinisch als deutsch. Seine Arbeiten waren stets die besten und wurden oft als Muster hingestellt und vorgelesen. War er aber auch, was bedeutende Männer, vielleicht durch die Schuld ihrer Lehrer, nicht immer sind, ein Musterschüler, so verrieth sich seine ungewöhnliche Begabung doch bereits in der Selbständigkeit aller seiner Strebungen, der eigenen Kraft, mit der er jeden dargebotenen Stoff verarbeitete, und der Emsigkeit womit er, wenn dieser ihm nicht genügte, seiner Wifsbegier die hinreichende Nahrung zu verschaffen wufste. Zu Hause verschlang er Goethe's Schriften, die damals in Schwung kamen, und bestimmt waren, einen entscheidenden Einflufs auf einige seiner Jugendarbeiten zu üben. In Feld und Wald entging nichts seiner Beobachtung; er sammelte früh Schmetterlinge und Pflanzen, ja sogar Zergliederungen von Thieren soll er damals schon vorgenommen haben, obwohl er sonst eine zarte, leicht widrig erregte Sinnlichkeit besafs, die ihm z. B. den Anblick von Spinnen selbst zu einer Zeit noch ungern ertragen liefs, wo man ihm über den Gang und die Augen dieser Thiere bereits umfängliche Aufschlüsse verdankte[1].

Müller's Studienjahre bis zu seinem ersten Aufenthalt in Berlin.

Während Müller von seinen Jugendgenossen immer so angesehen wurde wie Einer, der berufen sei sich über die alltäglichen Lebensverhältnisse hoch emporzuschwingen, hatte ihm sein Vater, in schlicht bürgerlicher Denkungsart, keinen gröfseren Fortschritt über seinen eigenen Stand zugedacht, als den zum Sattler. Müller's Mutter jedoch, die nicht ohne Ehrgeiz war, unterstützte in ihrem Sohn die Neigung zum Studiren, und Hr. Johannes Schulze, der in den von ihm selbst ertheilten Unterrichtsstunden, in denen Homer gelesen wurde, seine Fähigkeiten erkannt hatte, drang in seinen Vater, einen Knaben, der zu so grofsen Hoffnungen berechtige, nicht der Wissenschaft vorzuenthalten. Zunächst indefs mufste Müller, nachdem er im Herbst 1818 das Gymnasium verlassen, gemäfs der damals erst eben in's Leben getretenen und, wie es scheint, noch sehr drückend eingerichteten Preufsischen Wehrverfassung, ein Jahr in Coblenz als Pionir dienen. Endlich nahte der Zeitpunkt, wo der achtzehnjährige Jüngling die kaum gestiftete Rheinische Friedrich-Wilhelms-Universität im benachbarten Bonn beziehen sollte; noch aber schwankt er in seinem Entschlufs, welches Studium er ergreifen werde.

Durchmustert man die Lebensbeschreibungen berühmter Naturforscher, so wird man bald gewahr, dafs es zwei am Beginn weit auseinandergelegene Wege giebt, auf denen diese Männer sich demselben Ziel genähert haben. Die Einen führt ein gebieterischer Instinct sogleich zur Beschäftigung mit den Naturgegenständen. Der unbedingte Reiz, der dem Krystall, der Pflanze, dem Thier, wie den sonderbaren Geräthen und dem Hauch des Laboratoriums, für manche Naturen innewohnt, leitet sie unmittelbar zur Beobachtung und zum Versuch. Harmonischer und vielleicht tiefer begabt, suchen Andere zuerst mit jugendlicher Inbrunst das All begreifend zu umfassen; an den nie gelösten Räthseln des menschlichen Daseins zerarbeitet sich eine Zeitlang ihre Kraft, bis sie, Schritt für Schritt auf dem Wege vom Glauben durch den Zweifel zur Entsagung gelangt, sich endlich mit einem Arbeitsplätzchen an dem, gleich einem Korallenstock langsam zwar, aber breit und sicher emporwachsenden Bau der Erfahrungswissenschaften begnügen. Hier treffen sie jene schon längst emsig bemüht, und es kann kommen, dafs sie ihnen an technischer Fertigkeit zeitweise, ja dauernd unterlegen bleiben. Wenn aber unter ihren Gaben eine gesunde Sinnlichkeit und natürliches Geschick auch nicht fehlen, wie bald überflügeln sie dann der Ersteren mehr handwerksmäfsiges und beschränktes Thun; und wie setzt sie der Gedankenreichthum, dessen Drang ihnen erst gefährlich ward, nun bald zu Meistern über jene ein!

So sollte auch Müller's Gang sein. Erst auf langen, wenn auch rasch zurückgelegten Umwegen kam er bei der Naturwissenschaft an. In früher Jugend hatte die ernste Pracht des römischen Cultus den träumerischen Knaben mit der plastischen Phantasie dergestalt angezogen, dafs er sich damit trug, ein Diener der Kirche zu werden. Auch jetzt noch, im Begriff seine Studien zu beginnen, ist er zweifelhaft, ob er nicht der Theologie sich widmen solle. Es heifst, dafs er sich mehrere Tage in sein Zimmer verschlossen habe, um mit sich zu Rathe zu geben, ob er dazu den wahren Beruf fühle, und mit dem Entschlufs daraus hervorgetreten sei, Medicin zu studiren. „Da weifs ich doch was ich habe und wem ich „diene," äufserte er gegen den Freund, dem wir die meisten dieser Nachrichten verdanken[6]; und kurz darauf, im Verfolg der jetzt in ihm siegreichen Reaction gegen jene Jugendeinflüsse, und unter dem ersten mächtigen Eindruck des Lichtes, das die Anatomie auf die Räthsel der Organisation zu werfen scheint: „Was nicht unter das Messer fällt, ist nichts;" ein Ausspruch, den er in der Folge freilich zurücknahm.

Dies war im Herbst 1819, und nicht volle zwei Jahre darauf, am 3. August 1821, ertönte bereits die Bonner Aula von dem Drommetenstofs, der dem Studiosus Johannes Müller aus Coblenz den ersten von der medicinischen Facultät der neuen Hochschule ausgesetzten Preis zusprach. Die gestellte Frage betraf die seit Harvey's Zeiten noch immer mit so vielem Dunkel umgebene Athmung des Foetus, und die Antwort ist in der That gleich merkwürdig, man möge nun die darin entfaltete literarische Kenntnifs, oder die allseitige Erwägung des Gegenstandes, oder endlich die Mannigfaltigkeit und die rücksichtslose Kühnheit der Versuche [1] mit der Jugend des Verfassers vergleichen, der, mit gewöhnlichem Maſse gemessen, ja noch kaum Zeit gehabt hatte, den ersten Blick in seine Fachwissenschaft zu thun.

Gleichwohl brachte bereits das 1. Heft der *Isis* von 1822 eine neue Abhandlung von Müller: *Über die Gesetze und Zahlenverhältnisse der Bewegung in den verschiedenen Thierklassen mit besonderer Rücksicht auf die Bewegung der Insecten und Polymerien,* zu deren genauerer Zergliederung er vielleicht gerade durch den Abscheu geführt ward, den die Betrachtung der wühlenden Asselfüſse ihm einflöſste. Denn in seiner Geistesart lag es, daſs dieser Abscheu selber sich ihm sofort wieder als physiologisches Problem entgegenstellen muſste. So pflegte er in den Stunden, wo er, noch in Coblenz, als einjähriger Freiwilliger Wache stand, an den Mauern neben dem Schilderhäuschen das Treiben der Spinnen zu belauschen. Um aber in die Norm jener durch ihre Schnelligkeit dem Auge verschwimmenden Bewegungen einzudringen, hungerte er die Thiere in Schachteln wochenlang aus, bis ihre Bewegungen so langsam wurden, daſs er ihnen mit dem Auge folgen konnte.

Den Inhalt dieses Aufsatzes, bedeutend vermehrt durch fernere Studien in derselben Richtung, benutzte Müller zu seiner Inaugural-Dissertation: *De Phoronomia Animalium,* die er am 14. December [2] desselben Jahres 1822 vertheidigte, und so, nach erst eben zurückgelegtem sechsten Semester, die medicinische Doctorwürde erwarb.

Charakteristisch ist bereits in diesen Schriften die Sorgfalt, mit der die Function, um die es sich handelt, durch alle zugänglichen Glieder der Thierreihe verfolgt wird. Zugleich aber zeigen sie uns, ein bemerkenswerther Umstand, den jugendlichen Johannes Müller gänzlich versunken in dem Traummeer jener mit polaren Gegensätzen spielenden falschen Philosophie der Natur, die während des ersten Viertels dieses Jahrhunderts der deutschen Wissenschaft tiefere Wunden schlug als aller Kriegslärm des westlichen Eroberers. Das Leben in der Bewegung ist ihm „eine organische Säule; „die Pole sind Beugung und Streckung, oder die Kreisbewegung und die Be„wegung in der Längenform: — beide auseinandergerissene Hälften der pa„rabolischen Linie, auf welcher das Leben spielt." [3] Mit solchem Ingrimm blickte Müller nachmals auf diese Verirrungen zurück, daſs er selber diener Arbeiten nie wieder gedachte,"[10] und jedes Exemplar derselben, dessen er habhaft werden konnte, aufkaufte und verbrannte.

Die Anzeige von Müller's Dissertation in der *Isis* begleitete Oken, wohl noch aus besseren Gründen als weil die darin herrschende Philosophie auch die seinige war, mit dem Wunsche, „die Verhältnisse des Verfassers „möchten ihm erlauben, sich den physiologischen Wissenschaften zu widmen, in welchen er gewiss etwas erspriessliches leisten würde";[11] ein Wunsch, dessen Erfüllung damals ernstlich bedroht erschien. Müller studirte erst im zweiten Jahre, als sein Vater starb, und ihn und die Seinigen in höchst bedrängter Lage zurückliess. Seine Mutter wollte das Geschäft ihres Mannes fortführen, war aber darin nicht glücklich. Johannes Müller's kleines Erbtheil, dann die seiner Geschwister, hatte er bald verbraucht; andere Schulden folgten, wenn auch nicht so peinlicher Art, doch nicht minder drückend; und von hier ab bis zu einer Zeit, wo er bereits eines europäischen Rufes genoss, hat man ihn sich als fortwährend im Kampfe mit den quälendsten Nahrungssorgen zu denken, denen die Unterstützungen seitens der Behörden seiner Vaterstadt und der Regierung, die ihm oft und reichlich zu Theil wurden, ihn doch nur vorübergehend zu entheben vermochten. Es ist rührend, in einem gegen das Ende seines ersten Berliner Aufenthaltes geschriebenen Briefe zu lesen, wie der grosse Mann mit kindlicher Demuth die geliebte Mutter um noch wenige Thaler bittet, wenn sie dieselben ohne Schaden missen könne, „und doch lebte ich in der letzten „Zeit so eingeschränkt, um eben auszukommen, dass ich mir alle Bequem„lichkeit versagte."

Diese glückliche Mutter lebte noch, die volle Höhe zu sehen, die ihrem Sohn zu erreichen beschieden war, und von ihm auf Händen getragen zu werden. Einstweilen liess sich Müller diese Noth nicht anfechten, sondern voll jener inneren Zuversicht, die, wie Steffens bemerkt hat, ein Attribut des Genius ist, fuhr er zunächst fort, seiner geistigen Entwickelung nach allen Richtungen mit äusserster Anstrengung zwar, aber mit vollkommener Freiheit obzuliegen. Jede Sprache, in der Philosophen und Naturforscher schrieben, wird bewältigt; und von Aristoteles bis zu Bacon, von Platon bis zu dem flammenden Bekenner Giordano Bruno und dem nüchternen Tiefdenker Spinoza, schöpft er sich den Trunk für seinen Wissensdurst frisch vom Quell, wie zugleich sein unermüdetes Auge Tag und Nacht der Secirnadel unter der Lupe in's Innere der tausendfältigen Mikrokosmen folgt, und Form um Form sich aneignet. Und doch findet er noch Zeit, heute als guter Gesell den Kreis der Commilitonen durch die wunderlichen Verzerrungen seines mächtigen Gesichtes zu ergötzen, an dem er (jenen unverständlich) jeden einzelnen Muskel vor dem Spiegel der Willkür zu gehorchen gelehrt hatte; morgen durch seinen Tact, seinen überlegenen Charakter in dem Vorstand der Burschenschaft eine entscheidende Rolle zu spielen.

Unvergessen aber bleibe nun hier die über jedes Lob erhabene Handlungsweise des damaligen außerordentlichen Regierungs-Bevollmächtigten bei der Rheinischen Universität Philipp Joseph von Rehfues, von der schwer zu sagen ist, ob sie mehr seiner Menschenkenntniß oder mehr seinem Herzen Ehre macht. Vom Jahre 1821 an bis zu der Zeit, wo Müller nach Berlin gerufen ward, wird Rehfues es nicht müde, den Minister von Altenstein in unzähligen Zuschriften stets von Neuem auf die rasch und riesenmäßig wachsende Bedeutung erst des Studiosus, nun des Doctors, dann des jungen Docenten und Professors Johannes Müller aufmerksam zu machen, dem er mit sicherem Blick die höchsten wissenschaftlichen Erfolge weissagt. Bald beantragt er für ihn eine Unterstützung, bald die Bestreitung der Druckkosten seiner Dissertation, bald die Erlassung eines Vorschusses, bald Reisegeld, bald endlich eine dauernde und gründliche Verbesserung seiner Lage; und nicht einmal der Besoldungs-Etat der katholischen theologischen Facultät ist vor ihm sicher, wenn es gilt, die Mittel zu diesen Hülfsleistungen für seinen Schützling zu beschaffen. Könne denn Geld für die Universität zweckmäßiger verausgabt werden, als für die Heranbildung tüchtiger Lehrer? Ja so weit geht Rehfues in seinem Eifer, daß er auf den politischen Vortheil hinweist, der dem Staate daraus erwachsen werde, daß man in Müller einem Kinde der Stadt Coblenz zu Hülfe komme, die mehr als jede andere der neuerworbenen Provinzen auf die aus ihr hervorgehenden Talente stolz sei, und deren für den Staat gewiß nicht unwichtige Stimmung durch solche Mittel am sichersten gewonnen werde. Wem das gemessene Wesen des Mannes erinnerlich ist, das wie ein Anflug der ihm so vertraut gewordenen spanischen Volksart erschien, kann für den Eindruck, den Müller's Persönlichkeit auf ihn übte, wohl nichts bezeichnender sein als daß Rehfues, indem er dieselbe dem Minister vorzuführen versucht, äufsert, „es werde ihm wirklich nicht leicht, seine „Feder in den Schranken der Geschäftsbehandlung zu halten." Nicht minder wohlthuend sind die rege Theilnahme und das einsichtige Wohlwollen in den von Hrn. Johannes Schulze, der mittlerweile in Berlin zu einflufsreicher Stellung gelangt war, abgefafsten Entgegnungen des Ministers, und ganz geeignet, uns einen Blick zu eröffnen in das Geheimnifs der von Beiden zwei Jahrzehnde lang im Verein geübten Kunst, die preufsischen Universitäten mit einer Schaar talentvoller und für ihren Beruf begeisterter Lehrer zu bevölkern.

Müller's erster Aufenthalt in Berlin, bis zur Habilitation in Bonn im Jahre 1824.

Zunächst handelte es sich nun darum, dafs Müller Gelegenheit werde, in den Sammlungen einer gröfseren Stadt seine Anschauungen zu erweitern und sich im Verkehr mit bedeutenden Männern seines Faches zu entwickeln. Müller's Streben war damals nach Paris; Altenstein aber, indem er ihm die von Rehfues beantragte Unterstützung gewährte, knüpfte daran die Bedingung, dafs Müller sich behufs seiner Ausbildung für das akademische Lehrfach unverzüglich nach Berlin begebe.

So traf denn Müller hier im Frühjahr 1823 ein, und fand bei Rudolphi eine Aufnahme, deren herzerwärmender Eindruck noch durch die Gedächtnifsrede klingt, die er ihm zwölf Jahre später an dieser Stelle hielt. Anderthalb Jahre genofs er seinen Unterricht, seinen Rath, seine väterliche Freundschaft; Rudolphi, sagt er, habe seine Neigung zur Anatomie zum Theil begründet und für immer entschieden[12]; seiner habe er überhaupt bei allen Bemühungen zur Erkenntnifs der Natur, ja bei jedem Schritte fast in diesem Fortgange, höchst dankbar zu gedenken[13]. Im anatomischen Museum und, was viel mehr sagen will, in dessen Vorrathskammern voll noch ununtersuchter Gegenstände, in Rudolphi's Privatsammlungen, seiner einzigen Bibliothek, durfte Müller heimisch werden, und als er Berlin verliefs, beschenkte ihn Rudolphi mit einem englischen Mikroskop, welches, wenn es auch heute vermuthlich sich auf keinem Jahrmarkt sehen lassen dürfte, doch zu jener Zeit von grofsem, und auf alle Fälle für Müller von unerschwinglichem Werthe war.[14]

In gleicher Weise eröffneten ihm Lichtenstein und Klug die Schätze der zoologischen und der entomologischen Sammlungen, während er in der

Thierarzneischule mit Hrn. Gurlt, der damals schon den Lehrstuhl der Anatomie und Physiologie bei dieser Anstalt inne hatte, Verbindungen anknüpfte[15], und auf der Anatomie mit dem Meister des Scalpells, dem seiner Taubheit halber etwas langsamen aber sinnigen Friedrich Schlemm, zusammentraf.[16] Dem mächtigen Staatsmanne, seinem Gönner und Wohlthäter, in dessen Hand er sein Schicksal gelegt sah, dem Minister von Altenstein, durfte er persönlich seinen Dank und seine Wünsche aussprechen; aber vielleicht noch höher schätzte der Jüngling das Glück, das ihm in Horkel's Hause zufällig zu Theil ward, dem damals gröſsten vergleichenden Anatomen Deutschlands, Johann Friedrich Meckel dem Jüngeren, von Angesicht zu begegnen.[17] Auch bei Sabbath verkehrte er viel, in dessen Familie noch erzählt wird, wie bei einem nächtlichen Gartenfest der als Zigeuner verkleidete Dr. Müller durch seine blitzschnelle Handlung, während Alles rings versteint war, das Leben einer jungen Dame rettete, deren Kleider sich an einem Wachtfeuer entzündet hatten.

Nach einer gelegentlichen, mir wohl eingeprägten Äuſserung Müller's zu urtheilen, glaube ich daſs es irrthümlich ist, wenn man Hegel's Vorlesungen einen wesentlichen Einfluſs auf seine Entwickelung zugeschrieben hat. Müller war zu klug, um den Minister diese Vorlesungen in den Berichten vermissen zu lassen, die er ihm von Zeit zu Zeit über seine Studien abstattete.[18] Er war aber in seiner Bahn als empirischer Forscher schon zu weit vorgeschritten, als daſs die Hegel'sche Lehre bei ihren abstracten Ausgangspunkten sich seiner hätte bemächtigen können; und während man von einer Einwirkung dieser Lehre selbst in seinen nächstfolgenden Schriften keine weitere Spur findet, als dann und wann einen Anklang an Hegel'sche Terminologie, ist es ganz klar, daſs er sich nach wie vor am meisten angezogen fühlt durch die Betrachtungsweise Giordano Bruno's, dessen kosmologisches System sich in der neueren Philosophie nur wiederholt und weiter entwickelt habe. Dieselben Schlagworte aus den *Dialoghi* dieses Johann Huss der philosophischen Reform, die als Wahlspruch vor Müller's Inaugural-Dissertation vom Jahre 1822 stehen[19], kehren mit gleichem Nachdruck wieder in der letzten Auseinandersetzung über metaphysische Dinge, die er im Abschnitt vom Seelenleben in seinem Handbuch der Physiologie im Jahre 1840 gab.[20]

Der wahre Gewinn, den Müller aus seinem Aufenthalt in Berlin für seine allgemeine Bildung zog, bestand vielmehr darin, daſs Rudolphi ihn von der sogenannten naturphilosophischen Richtung zurückbrachte;[11] obwohl er vollständig davon erst durch den Einfluss von Berzelius' Schriften genas.[11] Was er diesem hierin schuldig zu sein glaubte, sprach er noch nach langer Zeit einmal in einer Rede aus, die er bei dem Festmahl hielt, welches das gelehrte Berlin Berzelius am 25. Juni 1815 gab.

Dann aber ist in den Studien, die er bei Rudolphi auf dem Berliner anatomischen Museum, der zukünftigen Stätte seiner ruhmvollsten Leistungen, unternahm, unmittelbar der Keim vieler seiner späteren Arbeiten zu suchen. Für den Druck vollendet hat er in dieser Zeit nichts. Statt dessen sieht man ihn mit einer Art wissenschaftlichen Heifshungers, mit einer Begier als solle er keinem dieser sein ganzes Wesen entzündenden Gegenstände je mehr nahen, sich mit der Anschauung der ihm dargebotenen Schätze aus allen Naturreichen sättigen, und mit gewissenhaftester Treue jeden Augenblick ausnutzen, um nach allen Richtungen seine Kenntnisse zu erweitern und zu vertiefen. Vieles Anatomische wurde nach eigenen Präparaten gezeichnet, Einzelnes sogar, nach der dilettirenden Sitte der Zeit, die wohl durch die Seltenheit geschickter Künstler geboten war, von ihm selber in Kupfer radirt. Mit Seebeck entwarf er den Plan zu lange fortgesetzten Untersuchungen über den Einfluss des farbigen Lichtes auf die Lebenserscheinungen der Pflanzen, welche aber, trotz der besonderen Theilnahme, die der Minister daran äufserte, unvollendet geblieben sind. Ein grofser Theil der Forschungen, die Müller später in der *vergleichenden Physiologie des Gesichtssinnes* niederlegte, wie die über das Doppeltsehen und über den Unterschied der Gesichtsvorstellungen des Menschen und der Thiere, über das Sehen der Insecten, Spinnen und Krabben, und über den menschlichen Blick, wurde in Berlin zur Reife gebracht. Ja sogar viel spätere Arbeiten, wie die über den Bell'schen Lehrsatz und über das Blut, wurzeln in hier begonnenen Studien. Auch suchte er bereits, im Hinblick auf die in Bonn seiner wartende Lehrthätigkeit, sich das Nöthigste eines Apparates für die Physiologie der Sinne theils selbst zu verfertigen, theils anderweitig zu verschaffen. Endlich bestand er, im Winter 1823—24, in rühmlichster Weise die medicinisch-chirurgischen Staatsprüfungen. Doch vergönnte ihm Altenstein, auf Rudolphi's Fürbitte, noch einen Sommer ungestört seinen Studien leben zu dürfen, und so kehrte er erst im Herbste 1824, unermeſslich bereichert an Kenntnissen und Anschauungen, in jeder Beziehung gefördert und entwickelt, ja mit Stoff beladen dessen Verarbeitung allein hingereicht haben würde ein nicht unbedeutendes Forscherleben auszufüllen, nach Bonn zurück, wo er sich sofort, am 19. October, für Physiologie und vergleichende Anatomie habilitirte.

Sehr bald darauf erschien Müller's erste, im engeren Sinne anatomische Abhandlung, in der er bei der riesigen Gespenstheuschrecke (*Phasma ferula* Fabr.) Verbindungsfäden zwischen den Eierstöcken und dem Rückengefäfs beschrieb, die er für die seit so langer Zeit vergeblich gesuchten Verästelungen des Rückengefässes hielt. Diese Arbeit wurde 1825 in den *Nova Acta* der Leopoldino-Carolina veröffentlicht, welche damals ihren Sitz in Bonn hatte, und sich von allen gelehrten Gesellschaften Müller zuerst, unter dem Namen Baunelli, am 28. November 1824 als Mitglied einverleibte.[23] Bis zum Jahre 1830, wo die Akademie, im Gefolge ihres Präsidenten Nees von Esenbeck, nach Breslau übersiedelte, versah Müller bei derselben die Geschäfte eines Secretars.

Müller's subjectiv-physiologische Arbeiten. Die „Vergleichende Physiologie des Gesichtssinnes" und die „Phantastischen Gesichtserscheinungen".

Wir kommen nun zu derjenigen grösseren Arbeit Müller's, welche zuerst die allgemeine Aufmerksamkeit der Gelehrtenwelt auf ihn lenkte, und zugleich als der Ausdruck seiner eigensten Bestrebungen in dieser ersten Periode seiner Entwickelung erscheint. Dies ist das im Jahre 1826 erschienene Werk: *Zur vergleichenden Physiologie des Gesichtssinnes des Menschen und der Thiere nebst einem Versuch über die Bewegungen der Augen und über den menschlichen Blick.* Müller selbst, in viel späterer Zeit zurückblickend, nannte dies Werk die Frucht ausdauernder Anstrengungen[24]: dennoch folgte ihm auf dem Fuſse das oben bereits erwähnte, sich unmittelbar daran lehnende: *Über die phantastischen Gesichtserscheinungen. Eine physiologische Untersuchung mit einer physiologischen Urkunde des Aristoteles über den Traum, den Philosophen und Aerzten gewidmet.* Dem ersten Werke vorauf geht eine Vorlesung: *Von dem Bedürfniſs der Physiologie nach einer philosophischen Naturbetrachtung,* die Müller bei Gelegenheit seiner Habilitation öffentlich vor der medicinischen Facultät hielt, und in der er, wie er dem Minister schreibt, bemüht ist, als in einem Organon der Physiologie jede einseitige, in der Geschichte der Wissenschaft dagewesene, oder überhaupt mögliche Behandlung der Physiologie zu bezeichnen.

Diese Vorlesung deutet uns eine Rast des allmählig und mühsam zur Klarheit Emporstrebenden an, der, wie entfernt er auch noch vom Ziele weilt, doch auf jene frühere naturphilosophische Phase bereits als auf einen überwundenen Standpunkt zurückblickt.[25] Eine andere Sirene hat ihn jetzt abseits gelockt: er hat sich dem einschmeichelnden Zauber Goethe'schen Lehrvortrages gefangen gegeben. Bis in die äußere Anordnung sind manche Abschnitte der *vergleichenden Physiologie des Gesichtssinnes*, besonders aber die *phantastischen Gesichtserscheinungen*, der Goethe'schen Farbenlehre nachgebildet. Müller huldigt dieser Lehre nicht allein, was die Grundanschauungen über das Entstehen der Farben, sondern sogar, was die darin geltend gemachten Grundsätze der Forschung betrifft. Gleich Goethe preist er die Beobachtung, — sie sei „schlicht, unverdrossen, fleißig, aufrichtig, ohne vorgefaßte Meinung" — und verdächtigt den Versuch als „künstlich, ungeduldig, emsig, abspringend, leidenschaftlich, unzuverlässig"[26]; ja der künftige Urheber der experimentell-physiologischen Richtung in Deutschland geht so weit, Magendie's schöner Beobachtung des Retinabildes am leukaethiopischen Kaninchenauge[27] zu spotten[28], wie auch darüber, daß der französische Physiolog es für nöthig gehalten habe, sich bei Gelegenheit einer Staaroperation durch den Versuch zu vergewissern, daß die Nervenhaut des Auges keinen Schmerz empfinde.[29] Es ist nicht unnütz, uns dieser Dinge zu erinnern, die von Einigen allzu vergessen sind, die, auf seinen Schultern stehend, sich größer dünken als er; uns zu erinnern, daß es in Deutschland eine Zeit gab, Müller's Jugendzeit, wo die Überwucherung der Wissenschaft durch die Aesthetik[30] eine solche Verwilderung herbeigeführt hatte, daß sogar ein Talent ersten Ranges gleich ihm der Gefahr der Verirrung nicht entging. Für uns ist Müller Sieger geworden in diesem Kampf; dies Land, das wir fröhlich bauen, hat er von den Drachen befreit und urbar gemacht; wehe uns, wenn wir nicht weiter wären, als er!

Die *vergleichende Physiologie des Gesichtssinnes* enthält eine außerordentliche Fülle wohlbeobachteter und wichtiger Thatsachen über das Sehen des Menschen und der Thiere. Die Bemerkungen über den menschlichen Blick gehören zu dem Geistreichsten, was Müller geschrieben hat, und kein Maler und Schauspieler sollte sie ungelesen lassen. In einem

Anhang, überschrieben: *„Aussicht zur Physiologie des Gehörsinnes — Fragment"*, findet sich die Entdeckung des Gehörorgans der Gryllen. Den Glanzpunkt des Buches bildet indeſs der Abschnitt über das Sehen der Insecten und Krebse mit zusammengesetzten Augen. Freilich sind in neuerer Zeit, namentlich auf Grund der Beobachtungen von Gottsche, Zweifel an der Richtigkeit der Lehre vom musivischen Sehen erhoben worden.[11] Immer würde es eine sehr feine Leistung bleiben, die das tiefste Eindringen in die Bedingungen des Sinnes verräth, eine Art angegeben zu haben, wie die bildende Natur, wenn es ihr anders beliebt hätte, auch wohl noch hätte ein deutlich sehendes Auge schaffen können.

Was Müller an der Goethe'schen Betrachtungsweise der Farben besonders anzog, war das Ausgehen von den subjectiven Erscheinungen. Goethe hatte dieselben zuerst mit Nachdruck in ihr Recht als physiologische Phänomene eingesetzt. Schon war damals Hrn. Purkinje sein dunkles Sehfeld ein Erntefeld merkwürdiger Entdeckungen geworden. Müller stellte, mit der Gewalt eines Reformators, an die Spitze der Sinnesphysiologie die Lehre von den specifischen Energieen der Sinnsubstanzen, welche unabweisbar aus den drei Thatsachen fließt, daſs ein und dasselbe Sinnesorgan, auf irgend welche Art erregt, stets auf die nämliche Art antwortet; daſs die verschiedensten Sinnesorgane, auf die nämliche Art erregt, jedes in seiner eigenen Art antworten; endlich daſs ein jedes Sinnesorgan aus inneren Gründen, als phantastische Sinneserscheinung, seine eigene Art der Empfindung hervorzubringen vermag: eine Lehre, welche auf dem Boden der Erfahrung dem Fichte'schen subjectiven Idealismus auf dem der Speculation entspricht, und wodurch sich Müller, die Thesis aus seiner Dissertation bewahrheitend: *„Psychologus nemo nisi Physiologus"*, auf dem Pfade physiologischer Forschung mitten in's Herz der tiefsten psychologischen Probleme geführt sah.

Die letztere Art der Sinneswahrnehmung, die phantastische Sinneserscheinung, machte nunmehr Müller an seinem eigenen Auge zum Gegenstand unablässiger Beobachtung, indem er dieselbe von ihren unscheinbarsten Anfängen bis zu einer Stufe verfolgte, die nur wenigen besonders begabten Naturen zugänglich ist; von dem feinen Lichtstaub, der den schwarzen Sammet des ruhenden Gesichtsfeldes für gewöhnlich mit goldenem Schimmer überzieht, bis zur vollendet scharfen, farbig leuchtenden Einbildung sonderbarer Menschen- und Thiergestalten, die er nie gesehen, erleuchteter Räume, in denen er noch nicht gewesen. Dergleichen seit früher Jugend ihm freundlich gewohnte Bilder in seinem dunklen Sehfeld auftauchen, sich bewegen und verändern, verschwinden und wiederkehren zu sehen, gelang ihm nicht allein vor dem Einschlafen, sondern zu jeder Zeit, wenn er sich gedankenruhig im Finsteren hinsetzte, und mit einem Gefühl von Abspannung und grösster Ruhe in den Augenmuskeln, jedem Urtheil abwehrend, sich ganz in die Dunkelheit des Sehfeldes versenkte. Diese Erscheinungen sind einerlei mit denjenigen, die auch den am wenigsten dazu Neigenden aus dem Traum bekannt sind; sie gehen beim Einschlafen über in die Traumbilder, wie umgekehrt diese oft noch nach dem Erwachen eine kurze Zeit im Sehfeld haften, worauf sie allmählig in Licht- und Nebelflecken erlöschen, verscheucht durch die stärkere Anregung der Sehsinnsubstanz von Aussen, wie schon Spinoza dies an sich beobachtet hatte.

Am leichtesten traten bei Müller diese Phantasmen ein, wenn er ganz wohl war, wenn keine besondere Erregung in irgend einem Theil des Organismus geistig oder physisch obwaltete, besonders aber, wenn er gefastet hatte, wo dieselben alsdann eine wunderbare Lebendigkeit erreichten. Von hier aus ward es ihm leicht, ein unverhofftes Licht auf jene lange Reihe dunkler, immer wieder verbürgter und immer wieder bezweifelter Erscheinungen zu werfen, welche unter dem Namen der Götter- und Geistergesichte, des Teufel- und Gespenstersehens, des second sight, in der profanen wie in der heiligen Geschichte, bei allen Völkern und zu allen Zeiten, eine so wichtige und oft so verderbliche Rolle gespielt haben. Der Mönch, der nach langer Askese den inbrünstig gerufenen Heiligen endlich in leuchtender Wolke zu sich herabsteigen sieht; das abergläubisch buhlerische Weib, dem sich der Versucher zuletzt wirklich vor Augen stellt: sie sind für Müller nur noch Opfer der leidenschaftlich erregten Zustände ihrer Sehsinnsubstanz, deren Gaukelspiel sie nicht, wie weiland Nicolai in Tegel, in seiner objectiven Nichtigkeit zu erkennen vermögen. „In der neuern Zeit", fügt Müller hinzu, „hat Niemand mehr Visionen; die Wunder der Religion sind „zu den Wundern des Magnetismus geworden. An die Stelle des Geister„sehens ist das magnetische Hellsehen getreten".[37]

Übrigens gebot Müller nicht willkürlich über jene Bilder; trotz dem unaufhörlichen, einen ganzen Abend hindurch fortgesetzten, quälenden Bemühen, ein lebhaftes Roth im Sehfelde zu sehen, gelang ihm dies nur ein einziges Mal, und nur auf Augenblicke. Goethe hingegen besaſs die Gabe, sich eine Blume, die bunte Rosette eines gothischen Fensters willkürlich einbilden zu können. Hatte er aber dergestalt das Thema angegeben, so erging sich gleichsam seine Sehsinnsubstanz in Variationen darüber, indem die Blume, die Rosette sich unablässig von Innen heraus veränderte, völlig wie die Bilder der erst später erfundenen Kaleidoskope, ohne daſs es ihm je gelang, die hervorsprossende Schöpfung zu fixiren." „Ein Unterschied „zweier Naturen", sagt Müller, der sich einige Jahre später mit Goethe hierüber besprach, „wovon die eine die gröſste Fülle der dichterischen Ge- „staltungskraft besaſs, die andere aber auf die Untersuchung des Wirklichen „und des in der Natur Geschehenden gerichtet ist"."

Müller als Docent in Bonn. Seine äuſsere Lage daselbst; seine Heirath und Krankheit im Jahre 1827. Schluſs der subjectiv-philosophischen Periode.

Inzwischen, und trotz diesen, wie man hätte denken sollen, sein ganzes Wesen absorbirenden Studien, hatte Müller doch zugleich mit der vollen Energie, welche alle seine Schritte bezeichnete, begonnen in Bonn die ausgedehnteste und fruchtbarste Lehrthätigkeit zu entfalten. Vom Sommer 1825 bis zum Winter 1832-33, wo er zum letzten Mal in Bonn las, finden sich in jedem Bonner Lectionskatalog in der Regel vier, ausnahmsweise nur drei Vorlesungen von ihm angezeigt. Gleich im ersten Semester trat der 23jährige Docent auf mit Encyklopädie und Methodologie der Medicin, specieller und vergleichender Physiologie, vergleichender Anatomie und lateinischen Disputirübungen über medicinische Gegenstände. Nach und nach erstreckten sich seine Vorlesungen nicht allein auf alle Zweige des anatomisch-physiologischen Wissens, zu denen er die Lehrmittel zu beschaffen vermochte: auf Physiologie und vergleichende Anatomie der Sinnesorgane und des Nervensystems, Physiologie der Stimme und Sprache, der Zeugung und Entwickelung, allgemeine und pathologische Anatomie, die Lehre von den Eingeweidewürmern in naturgeschichtlicher und medicinischer Hinsicht; sondern auch, über seine Fachstudien hinaus, auf allgemeine Pathologie und Semiotik, Augen- und Ohrenkrankheiten, Augenheilkunde, ja sogar Augenoperationen.

Der Erfolg von Müller's Vorlesungen wird in den Berichten seiner damaligen Zuhörer sowohl als in denen von Retzius an Altenstein als ein außerordentlicher geschildert. Alle rühmen sie die Schönheit, Klarheit, Gedrängtheit seines Vortrags, der durch die Neuheit der Gedanken und der mitgetheilten Forschungen unaufhörlich überrasche. Obschon Müller, der damals in Bonn herrschenden Sitte gemäß, einen Theil der Vorlesung dictirte[35], wodurch die Wirkung der freien Rede sehr beeinträchtigt wurde, hing Alles an seinen Worten und Blicken, und begabtere Naturen wurden unauflöslich an die wissenschaftliche Welt gefesselt, deren ganze Tiefe er vor ihnen eröffnete. Durch geschickt vorgeführte Versuche, die man bis dahin in physiologischen Vorlesungen bei uns kaum gesehen hatte, und durch eine Fülle anatomischer Demonstrationen, zu denen er das Material großentheils auf eigene Kosten erwarb, wußte er die Anziehungskraft seiner Vorträge zu erhöhen, während ihm sein offenes und freies, aber zugleich tact- und würdevolles Benehmen das unbegrenzte Vertrauen der Studenten sicherte, die ja in ihm fast noch einen Altersgenossen erblickten. Kein Wunder, wenn in seinen öffentlichen Vorlesungen sich gleich anfangs achtzig Zuhörer drängten, für Bonn damals eine ungeheure Zahl, und wenn es einige Zeit dauerte, bis die Störungen ausgeglichen waren, die das plötzliche Emporschießen des jungen Riesen in dem erstaunten Gehege der medicinischen Facultät, als deren vornehmste Zierde er bald weit in die Welt hinausragte, nothwendig anrichtete.

Dem Beifall, den Müller bei der studirenden Jugend erntete, folgte bereits im Beginn des Jahres 1826 die Anerkennung der Regierung, die ihn, trotz der Regel, wonach ein Privatdocent erst nach zweijähriger Thätigkeit zur Beförderung vorgeschlagen werden konnte, zum außerordentlichen Professor ernannte, leider jedoch ohne bestimmten Gehalt, womit ihm mehr als mit dem Titel geholfen gewesen wäre: denn noch floß die Einnahme von seinen Privat-Vorlesungen nur äußerst spärlich. Vermuthlich um sein Einkommen etwas zu vermehren, unternahm er um diese Zeit die Übersetzung der schwedischen *Jahresberichte über die Fortschritte der Naturgeschichte und der anatomisch-physiologischen Wissenschaften,* die aber nur zwei Jahre fortgesetzt wurde. Auch versuchte er es nebenher mit der ärztlichen Praxis. Zwar stiefs ihn einerseits die wissenschaftliche Halbheit ab, bei der die Bestrebungen des Arztes meist stehen bleiben müssen; andererseits wurde seiner Gemüthsart die mit dem ärztlichen Beruf verknüpfte schwere Verantwortlichkeit oft zur unleidlichen Pein. Er selbst pflegte wohl zu erzählen, dafs der Tod eines Freundes, der ihm an Darmdurchbohrung zu Grunde ging, ihn zum Aufgeben der Praxis bestimmt habe. Mag indefs dies Ereignifs auch zuletzt entscheidend auf ihn gewirkt haben, Müller war schwerlich der Mann, sich auf einem als richtig und nothwendig erkannten Wege durch solche Rücksichten irren zu lassen. Der wahre Sachverhalt, wie ihn zur Zeit Müller selbst Rudolphi und Rehfues dem Minister schrieb, ist vielmehr der, dafs in dem kleinen Bonn bereits zwei Physici, mehrere andere Ärzte und beinahe sämmtliche Mitglieder der medicinischen Facultät, im Ganzen 18 Ärzte, die Praxis versahen, so dafs auf eine schleunige Aushülfe, auf die es doch allein Müller ankommen konnte, von dieser Seite gar nicht zu rechnen war.

Inmitten dieser in so wenige Jahre zusammengedrängten Fortschritte war doch in Müller die rein menschliche Seite nicht in den Hintergrund getreten. Über den *phantastischen Gesichtserscheinungen* spürt man das Walten einer „Muse". Ein aus jener Zeit erhaltenes Gedicht in elegischem Versmaafs legt Zeugnifs davon ab, in wie erhobenem Schwunge damals sein Jünglingsleben einherbrauste. Prophetisch verheifst er, indem er das wunderbare Büchlein ihr zu Füfsen legt, der Geliebten Unsterblichkeit im Bunde mit ihm. Langgehegten poëtischen Jugendempfindungen nahte nun ihre Erfüllung, und im April 1827 führte Müller in seiner Vaterstadt Maria Anna Zeiller, Tochter eines Kreis-Directors aus Simmern auf dem Hundsrück, als Gattin heim.

Doch sollte ihm das ersehnte Glück des häuslichen Heerdes zunächst noch verkümmert werden. Den übermäfsigen Anstrengungen, denen er sich jahrelang, die Nacht in den Tag, den Tag in die Nacht verwandelnd, unausgesetzt hingegeben hatte, erlag endlich vorübergehend seine sonst so zähe Natur. Vorzüglich scheinen es jene subjectiven Beobachtungen, mit denen schon Rudolphi ihn ungern beschäftigt sah[34], jenes Sichselbstbelauschen seiner Sinnesorgane, gleichsam ein Verdoppeln derselben, gewesen zu sein, die zerrüttend auf ihn wirkten: wie denn in Folge ähnlicher Versuche Hr. Plateau ganz erblindet, Hr. Fechner an den Rand des nämlichen Verderbens geführt worden ist. Nur Hrn. Purkinje ist es vergönnt gewesen, dem Naturgesetz, welches sich hierin ausspricht, ungestraft zu trotzen; wie Goethe von ihm sagt, in sich hineinzublicken, ohne sich zu untergraben." Genug, Müller verfiel in einen Zustand nervöser Reizbarkeit, worin er unter anderem kleine Stöfse in den Fingern empfand, sobald er die Hand und die Finger zu sehr anstrengte[19], verbunden mit einem Gefühl äufserster Abspannung, welches ihm jede etwas anstrengende körperliche Bewegung unmöglich machte, ja sogar das Gehen erschwerte. Gleich allen phantasiereichen und an Gesundheit gewöhnten Menschen, wenn sie einmal krank werden, vorzüglich aber wenn ärztliche Bildung sie befähigt, schreckliche Krankheitsbilder an das leiseste subjective Symptom zu knüpfen, malte Müller seine Lage sich in's Düsterste aus. Er glaubte an einer Krankheit des Rückenmarkes zu leiden, welche mit gänzlicher Lähmung der Beine, ja mit dem Tode endigen würde, und gab in traurigster Entmuthigung seine bereits begonnenen Vorlesungen im Sommersemester 1827 wieder auf. Unter diesen befand sich ein neues Publicum: „Über die physiologischen Grundsätze der Physiognomik", welches er nicht wieder angekündigt hat. Übrigens scheint er, wie tief er sich auch ergriffen fühlte, das Arbeiten doch nie ganz aufgegeben zu haben. Die später ausführlicher zu erwähnende Abhandlung über das Eingeweide-Nervensystem der Insecten wurde während seiner Krankheit ausgearbeitet, und die Vorrede zu dem kleinen Grundrifs der Physiologie ist vom Juli des Sommers 1827 gezeichnet.

Die Kunde von Müller's Leiden verbreitete sich rasch, und gelangte, wunderlich entstellt, auch bald zu Ohren seiner Berliner Gönner. Auf den Bericht, den Müller's Arzt, Philipp Friedrich von Walther, damals Director der chirurgischen Klinik in Bonn, dem Minister erstattete[20], erhielt Müller Urlaub und eine Unterstützung zu einer Erholungsreise. Ein Einspänner wurde gemiethet, auf dem Müller, selbst die Zügel führend, mit seiner Gattin vier Wochen lang in's Oberland und nach den näher gelegenen Universitäten fuhr, bis der leicht gewordene Seckel zur Heimkehr mahnte, und zugleich die nervöse Verstimmung in ein behagliches Wohlbefinden sich aufgelöst hatte. Tägliches Schwimmen im Rhein, auch als schon der Strom mit Eis ging, und Reiten vollendeten seine Genesung. So ward er der Wissenschaft wiedergegeben, aber nicht als der frühere MÜLLER: denn eine ernste Wandlung hatte sich in seinem Inneren zugetragen.

Hier nämlich endet die subjectiv-philosophische Periode von MÜLLER's Entwickelung, als welche man den bisherigen Zeitabschnitt bezeichnen kann, um der objectiv-physiologisch-anatomischen Platz zu machen. Eine tiefe Scheu vor der Beschäftigung mit übersinnlichen Dingen, vor der Betrachtung seiner selbst, vor seiner eigenen Phantasie, hat sich seiner bemächtigt. So leicht und gern er sich früher in seinen Schriften zu weitumblickenden Gedankenflügen erhob, so karg und streng erscheint er fortan in allgemeinen Äufserungen. Er läfst die Speculation auf sich beruhen, nicht etwa, weil er über die eine oder die andere Weltanschauung mit sich einig geworden wäre, sondern weil er, ein ächter Naturforscher, dem unlösbaren Problem gegenüber sich bescheiden gelernt hat. Die Phantasie legt er, als gelegentlich unschätzbares Werkzeug der Forschung, zurück in der Rüstkammer seiner Fähigkeiten.[48] Dem ihm eingepflanzten Triebe zur Beobachtung aber ertheilt er mit verdoppelter Gewalt die gesunde Richtung auf das mannichfache Objective der Natur.

Doch wir werden ihn bald selber seine neuen Grundsätze entwickeln hören. Genug einstweilen, hier fängt der JOHANNES MÜLLER an, den wir gekannt haben. Aber hinter diesem gleichsam neugeborenen JOHANNES MÜLLER, dem scheinbar so gleichmäfsig nüchternen und maafsvollen Erforscher des Wirklichen, wie er selbst sich nennt, barg sich noch immer, nur durch einen kräftigen Willen in Fesseln gehalten, die phantastisch brütende Natur des Jünglings, welcher einst den Gang in die Tiefen der Sinnenwelt, zu den Müttern unserer Erkenntnifs, gewagt hatte, und den, als eben sein magischer Schlüssel an den Kern der Erscheinungen rührte, eine Katastrophe dem gemeinen Tageslicht wiedergab. Diese verhaltene Gluth, die in seinem wunderbaren Augenpaar loderte, war es, die seine Gegenwart so bedeutend machte, wie man mit mehr Theilnahme zum schlummernden Vulkan, als zu einer aus wässrigen Niederschlägen gehäuften Gebirgskuppe emporblickt.

Von hier ab ergiefst sich stetig, ja noch manches Jahr wachsend an Fülle und Klarheit, der Strom von MÜLLER's Schöpfungen, in zwiefachem, oft verschmolzenen Bett; in morphologischer Richtung nämlich, und in experimentell-physiologischer, eines bedeutenden Seitenarmes nicht zu ver-

gewesen, der die pathologische Richtung innehält. Von hier ab wird es uns unmöglich, mit dem Gange seines Forschens im Einzelnen auch nur einigermaaßen Schritt zu halten. Die vier letzten Bände von Meckel's *Archiv für Anatomie und Physiologie*; die *Nova Acta* der Leopoldino-Carolina; Oken's *Isis*; Tiedemann's und der beiden Treviranus *Zeitschrift für Physiologie*; Froriep's *Notizen aus dem Gebiete der Natur- und Heilkunde*; die *Annales des Sciences naturelles*; die *Philosophical Transactions*, enthalten während der nun folgenden fünf Jahre, bis zu seiner Übersiedelung nach Berlin, eine Unzahl von Abhandlungen, oft mehrere in einem Bande, über Gegenstände der menschlichen, vergleichenden und mikroskopischen Anatomie, der Zoologie, der Entwickelungsgeschichte und Experimental-Physiologie; und ferner fallen in diesen Zeitraum noch fünf selbständige Schriften von größerem oder geringerem Belang.

Müller's anatomische und objectiv-physiologische Arbeiten bis zu seiner Berufung nach Berlin.

Zunächst hat die Morphologie das Übergewicht. Eine Gruppe von Aufsätzen bezieht sich noch auf jenen früh ergriffenen Lieblingsgegenstand, den Bau der Augen bei den Wirbellosen. Eine andere behandelt die Metamorphose des Nervensystemes in der Thierwelt überhaupt, besonders das der Gliederthiere, und bringt die alte Frage nach der morphologischen Bedeutung des Bauchstranges dadurch zur Entscheidung, daß der von Lyonet und Swammerdam beschriebene unpaare Nervus recurrens auf der Speiseröhre jener Thiere als die einfachste und am wenigsten ausgebildete Form eines ganz allgemein vorhandenen eigenthümlichen Nervensystemes erkannt wird, welches dem Sympathicus der Wirbelthiere zu vergleichen ist, wonach also für den Bauchstrang nur der Vergleich mit dem Rückenmark übrig bleibt; eine Vorstellung, die später durch Newport's Entdeckung der Zusammensetzung des Bauchstranges aus einem oberen ganglienlosen und einem unteren ganglienhaltigen Paare von Strängen sehr an Halt gewann.[41] Hieran schließen sich die zum Theil bereits in Berlin angelegten Arbeiten über die Anatomie der Scorpione, der Scolopendren und der Spinnen.

Allmählig aber sieht man Müller, in vergleichend anatomischer Beziehung, sein Interesse mehr den Wirbelthieren, und zwar zunächst den Amphibien, zuwenden. Einzelne Bemerkungen deuten darauf, wie er sich tief und tiefer in den Bau und in die Systematik dieser Thierclasse einarbeitet, bis ihm, im Frühling 1831, im Museum zu Leyden, jene entscheidende Beobachtung von Kiemenlöchern am Halse einer jungen Coecilie gelingt, wodurch die letzten Zweifel beseitigt wurden, die noch über die Stellung dieser Geschöpfe im System der Amphibien gehegt werden konnten. Da die Coecilien eine Metamorphose durchmachen, so bilden sie, ihrer schlangenähnlichen Gestalt und der Spuren eines Schuppenkleides, die einige Arten zeigen, ungeachtet, keinen Übergang von den Schlangen, und somit den beschuppten Amphibien, zu den nackten Amphibien; sie sind ganz den letzteren beizuzählen, und diese nunmehr, wie schon Merrem wollte, als eine den beschuppten Amphibien insgesammt, den Schlangen, Eidechsen und Schildkröten, gleichwerthig gegenüberstehende Abtheilung der Wirbelthiere aufzufassen.

Während Müller dergestalt sich einen Platz unter den systematischen Zoologen erwarb, erschien er zugleich als ebenbürtiger Mitarbeiter auf dem Felde der Entwickelungsgeschichte. Einen Glanzpunkt in seinen Vorträgen über menschliche Anatomie bildete nachmals stets die Erklärung des Bauchfells. Dazu legte er jetzt den Grund durch seine Untersuchung über den Ursprung der Netze. Die von William Hunter schon früher einmal gesehene Membrana capsulo-pupillaris im Auge des Säugethierfoetus entdeckte er von Neuem, und überließs dieselbe seinem Zuhörer und Freunde, Hrn. Henle, zur Beschreibung in dessen Inaugural-Dissertation.[42] In seiner Habilitationsschrift als ordentlicher Professor vom Jahre 1830: „*De Ovo humano atque Embryone Observationes anatomicae*" beschreibt er menschliche Früchte aus ungewöhnlich frühen Stadien der Entwickelung.

Seine Hauptbestrebungen in dieser Richtung waren jedoch der „*Bildungsgeschichte der Genitalien*" zugewendet. Das unter diesem Titel gleichfalls im Jahre 1830 veröffentlichte Werk sichert ihm eine hervorragende Stelle neben Hrn. von Baer und Hrn. Rathke unter den Nachfolgern Caspar Friedrich Wolff's, den er über Alles verehrte. Doppelt bemerkenswerth mufs uns dies Werk sein, weil Müller in der Vorrede, zum ersten Male seit seiner Habilitation im Jahre 1824, sich über die allgemeinen Grundsätze äufsert, die ihn bei der Forschung leiten.

Es sei ihm, sagt er, die Gelegenheit willkommen, dies auf eine etwas bestimmtere und für ihn selbst befriedigendere Art zu thun, als damals.

Wenn er jetzt nur seine Erfahrungen und Beobachtungen in einer so schwierigen Sache ohne weitere Reflexion zusammenstelle, so sei dies nicht, weil er aufgehört habe, ein Freund von einer mit Methode angestellten, gedankenvollen, durchdachten, oder, was auf dasselbe hinausläufe, philosophischen Behandlung eines Gegenstandes zu sein. Damit aber meine er nicht eine solche, die ohne hinlängliche erfahrungsmäfsige Begründung zu einem Resultat kommen könne, oder die sogenannte naturphilosophische Manier, die so verführerisch für das verflossene Zeitalter geworden sei, und die uns in die Zeiten der Ionischen Philosophie zurückversetzte. Vor allen Dingen verlange er, dafs man unermüdet sei im Beobachten und Erfahren; dies sei die erste Anforderung, die er an sich selbst mache und unausgesetzt zu erfüllen strebe. „Wie ist nun", fährt er fort, „die gute Erfahrung, das gute Experiment beschaffen? Vor allen Dingen „es mufs sich bestätigen. Denn wenn sich die Experimente nicht mehr „zu bestätigen brauchen, so würde ich vorschlagen, lieber solche Experi„mente zu machen, wie einst ein berühmter Arzt", — Wainhold in Halle ist gemeint[43] — „der das Rückenmark eines Thieres durch ein Amal„gam von Metallen ersetzte, und die Kühnheit hatte zu erzählen, wie das „Thier noch einige Momente seine Orts-Bewegungen fortgesetzt hätte. Ich „wünsche Erfahrung, die sich in allen Fällen wiederholen läfst, die immer „dieselben Resultate giebt, wie man es von einem jeden guten physikalischen „Experimente zu fordern gewohnt ist. Jeder Unpartheiische und Unbefan„gene wird mir zugestehen, dafs man diefs von sehr vielen, ja den meisten „der beliebten physiologischen Experimente nicht sagen kann". Er fordert ferner, dafs man in jeder Erfahrung das Wesentliche vom Zufälligen unterscheide; dies sei die wahre Beobachtung, wovon die Ärzte immer mit Recht sagten, dafs sie so selten sei. Und nun spricht er zum ersten Mal einen Gedanken aus, der ihm äufserst wichtig geworden sein mufs, da er ihn nicht allein in späteren Schriften öfter wiederholt hat[44], sondern auch in seinen Vorträgen über Physiologie besonders betonte. „Beständen alle „unsere Erfahrungen aus solchen Beobachtungen, so wäre alles weitere Theo„retisiren unnöthig, und die Theorie wäre eine schlichte Erzählung der That„sachen, von denen eine die Consequenz der andern ist." Aber noch kehrt, in Müller's neuem Codex der physiologischen Forschung, worin nunmehr, wie man sieht, dem Versuch, wofern er nur gut ist, sein Recht neben der

Beobachtung eingeräumt wird, ein Anklang an die früheren, minder einleuchtenden Bestimmungen in einer Satzung wieder, über deren Werth die Meinungen getheilt sein können: „Dann fordere ich, daſs man die Erfahrungen, wenn sie die hinlängliche Breite und gröſste Genauigkeit erlangt „haben, nicht bloſs zusammenstoppele, sondern daſs man, wie die liebe „Natur bei der Entwickelung und Erhaltung der organischen Wesen „verfährt, aus dem Ganzen in die Theile strebe", — der Ausdruck findet sich bei Goethe[45] — „vorausgesetzt, daſs man auf analytischem Wege das „Einzelne erkannt und zum Begriff des Ganzen gelangt ist". C. F. Wolff's *Theorie von der Generation*, Andreas Sniadecki's *Theorie der organischen Wesen*, G. R. Treviranus *Biologie* sind ihm die höchsten Muster physiologischer Forschung. Schlieſslich äuſsert er den frommen Wunsch nach einer wissenschaftlichen Weltliteratur, wie damals Goethe den nach einer aesthetischen. „Eine deutsche, französische, englische Schule für eine „medicinische Wissenschaft ist Barbarei. Doch kann in Deutschland von „diesem Übel kaum die Rede sein, und bei uns scheint die Idee einer isolirten englischen oder französischen Naturgeschichte, Physiologie, Medicin „eben so barbarisch als die Idee einer preuſsischen, bairischen, österreichischen Physiologie und Medicin".

Was das Werk selber betrifft, so enthält es vor Allem die Entdeckung der Urnieren bei den nackten Amphibien, wo Hr. Rathke danach vergeblich gesucht hatte. Bei den Fischen fehlte es Müller an Gelegenheit, selber die Urnieren zu finden, er sagte nur ihr Vorhandensein da voraus, wo sie ein Vierteljahrhundert später von Hrn. Reichert wirklich beobachtet wurden.[46] Jene Entdeckung war deshalb von groſser Bedeutung, weil mit derselben Hrn. Rathke's Vermuthung eines ausschlieſslichen Bezuges der Wolff'schen Körper, die seitdem die Müller-Wolff'schen genannt werden, auf Amnion und Allantoïs fiel. Da aber bei den nackten Amphibien die Urnieren weit von der Stelle liegen, wo die Dauernieren und die keimbereitenden Geschlechtstheile später unterschieden werden, so war zugleich dadurch die Ansicht widerlegt, als dienten die Urnieren diesen Gebilden zur gemeinschaftlichen Grundlage. Vielmehr gelang es Müller zu zeigen, daſs die Wolff'schen Körper wahre Absonderungsorgane sind, welche während der ersten Zeit des Foetallebens die Rolle der später auftretenden Dauernieren spielen. Auch ward er der Entdecker eines zarten Gebildes, welches in

Form einer oben blinden Röhre über den äufseren convexen Theil des WOLFF'schen Körpers verläuft, ohne damit zusammenzuhängen, wohl aber dem früher vorhandenen, viel stärkeren kurzen Ausführungsgang des WOLFF'schen Körpers entsprungen scheint. Dies Gebilde, der MÜLLER'sche Faden genannt, wandelt sich beim Weibe zum Eileiter um, während es nach MÜLLER beim Manne zum Schwanz des Nebenhodens werden soll. Doch lassen die Neueren daselbe hier zum Horn des seitdem von Hrn. ERNST HEINRICH WEBER entdeckten männlichen Uterus verkümmern.

Wie aber MÜLLER in der *vergleichenden Physiologie des Gesichtssinnes* die aufgefundenen Gesetze der Augenbewegungen sofort auf deren pathologische Störung, das Schielen, praktisch anzuwenden suchte, so verfehlt er auch jetzt nicht seine Entdeckungen zur Sichtung der noch mit so vielem Dunklen, ja Fabelhaften untermischten Lehre vom Hermaphroditismus zu benutzen; und das Werk, welches ihn uns scheinbar in den Tiefen der Bildungsgeschichte verloren gezeigt hat, schliefst mit einem Vorschlag zur chirurgischen Behandlung der Hypospadie.

Erwägt man nunmehr, dafs MÜLLER, und zwar, wie gesagt, mitten in jenem verhängnifsvollen Sommer 1827, noch einen Grundrifs der Physiologie, und 1829 einen solchen der allgemeinen Pathologie herausgab, und dafs er außerdem seinen Vorlesungen in der beschriebenen Weise oblag; so sollte man meinen, dafs dies Alles zusammen auch für eine sehr ungewöhnliche Arbeitskraft bereits das äufserste Maafs der Leistung hätte vorstellen müssen. So wenig aber war dies der Fall für MÜLLER, dafs vielmehr alle jene Arbeiten gewissermaßen nur eine Nebenbeschäftigung waren, womit er die Mufse ausfüllte, die ihm die Vollendung des immer noch in demselben Jahre 1830 erschienenen berühmten Buches „*De Glandularum secernentium Structura penitiori earumque prima Formatione*" liefs; eines Werkes, welches ganz allein hingereicht haben würde, ihn unter die ersten Anatomen aller Zeiten zu stellen.

Es hält uns Jüngeren schwer, uns das volle Verdienst dieses Werkes zu vergegenwärtigen. Wir sind so sehr in den Grundanschauungen erzogen, die dadurch erst festgestellt worden sind, dafs wir uns in den Zustand der Wissenschaft vor demselben eben so wenig hineindenken können, als etwa das jetzt aufwachsende Geschlecht in den Zustand des Verkehrs, ehe es Dampfschiffe und Eisenbahnen gab. MÜLLER ist überhaupt der Entdecker einer grofsen Menge von Dingen, die sich jetzt dermafsen von selbst zu verstehen scheinen, dafs dies seinem Ruhm als Anatom und Physiolog, seitdem er aufgehört, sich innerhalb der gangbareren Disciplinen neue Ansprüche zu erwerben, förmlich Eintrag gethan hat. Was die Drüsen betrifft, so war deren Bau damals noch ein verschlossenes Buch, welches lange allen Bemühungen zur Entzifferung getrotzt hatte. Zwar hatte in einem einzelnen Falle, an den Speicheldrüsen nämlich, Hr. Ernst Heinrich Weber bereits die blinden traubenförmigen Anfänge der Ausführungsgänge entdeckt,[47] und durch die von Dutrochet wiederaufgefundenen und ihrer physiologischen Bedeutung nach zuerst richtig gewürdigten Thatsachen der Hydrodiffusion war Ruysch's Annahme eines unmittelbaren Überganges der Arterien in die Ausführungsgänge überhaupt unnöthig gemacht.[48] Indessen haftete an dieser Vorstellung immer noch Haller's Ansehen, der sich für Ruysch gegen Malpighi aussprach.[49] Müller jedoch war durch zahlreiche Beobachtungen des Kreislaufes an durchsichtigen Theilen, insbesondere an der Leber junger Salamanderlarven, auf's Bestimmteste davon überzeugt, dafs es keine andere Endigungsweise der Arterien gebe, als durch Blutkörperchen führende Haargefäfse in Venen. Er unternahm daher jetzt das Riesenwerk, an allen Drüsen aller ihm zugänglichen Thiere den Ursprung der Ausführungsgänge und ihr Verhältnifs zu den Blutgefäfsen aufzuklären, wobei er theils durch Einspritzung und theils durch Untersuchung der verschiedenen Entwickelungszustände der Drüse, sei's am nämlichen Thier, sei's in der Thierreihe, und stets, was damals noch minder allgemein war, unter mikrometrischer Messung der Theile, verfuhr. Natürlich konnte er nicht überall gleich glücklich sein. Die Leber und die Nieren insbesondere setzten ihm Schwierigkeiten entgegen, die erst später, zwar unter seiner Mitwirkung, jedoch nicht durch ihn selber besiegt worden sind. Indessen ging aus seinen Forschungen nunmehr mit Gewifsheit hervor, dafs alle bekannten Drüsen mit Ausführungsgängen im Wesentlichen nichts weiter sind, als blinde Einstülpungen der Häute, mit denen die Ausführungsgänge verschmelzen; dafs auf den Wänden jener irgendwie beschaffenen blinden Enden die stets viel feineren Haargefäfse sich verbreiten; und dafs die mannigfaltigen inneren Anordnungen der Drüsen zunächst aufzufassen sind als eben so viele Arten, das von Hrn. Ernst Heinrich Weber ausgesprochene Princip der Vervielfältigung der Oberfläche im beständigen Raum zu verwirklichen[50], ohne dafs die Verschiedenheit der Drüsenabsonderungen daraus abzuleiten wäre. Zieht man in Betracht, dafs MÜLLER bei dieser Untersuchung, die sich nothwendig über Stellvertreter der wichtigeren Unterabtheilungen aller Thierclassen, wo möglich in verschiedenen Stadien der Entwickelung, erstrecken mufste, sich auf seine eigenen Mittel beschränkt sah; dafs er, zur Erwerbung anatomischen Materials, sich und die Seinen thatsächlich einmal vom Allernothwendigsten entblöfst hat; dafs ihm zu seinen mikrometrischen Messungen zwar ein für jene Zeit vorzügliches Instrument von UTZSCHNEIDER und FRAUNHOFER[31], dies aber, als dem naturhistorischen Seminar gehörig, nur in dem eine Viertelstunde von seiner Wohnung entlegenen Poppelsdorf zu Gebote stand: so verdoppelt sich das Staunen über seine Leistung, und man weifs nicht, was man mehr bewundern soll: ob die Spannkraft, die solchen Anstrengungen gewachsen war; ob die Hingebung, die solche Entbehrungen trug; ob den Umfang und die Gedankenstärke des Kopfes, der unaufhörlich eine solche Fülle von Thatsachen und Anschauungen, von Schlüssen und Meinungen leicht verarbeitete, oder endlich die untrügliche Sinnenschärfe, die ihm ohne Unterlafs zur Seite stand.

Für das Drüsenwerk erhielt MÜLLER (à titre d'encouragement) von der Pariser Akademie der Wissenschaften eine der an Stelle des Prix MONTYON de Physiologie expérimentale auf das Jahr 1832 von derselben vertheilten goldenen Preismedaillen.[32]

Kaum aber hat MÜLLER sich der Bürde dieser gewaltigen Schöpfung entledigt, so sieht man ihn, weit entfernt eine Spur von Ermüdung, geschweige Erschöpfung, zu verrathen, mit frischer Kraft einem ganz neuen Gebiete gleichsam zustürzen und auch hier als starker siegesgewisser Streiter auftreten. Mit dem Jahre 1831 nimmt die Reihe seiner experimentell-physiologischen Arbeiten ihren Anfang. Die Lehre von den Nerven und die vom Blute sind es, die zunächst von ihm gelichtet werden sollen.

MAGENDIE bemühte sich damals vergeblich, durch Versuche an Säugethieren die Richtigkeit des BELL'schen Lehrsatzes zu erhärten. Mag man nun die Schwankungen, denen seine Meinungen in Bezug darauf von 1822, wo er zum erstenmal, bis 1847, wo er zuletzt sich darüber äufserte, unterlegen haben, ihm zum Ruhm, wie Hr. BERNARD[33], oder zum Nachtheil, wie Hr. LONGET[34] will, deuten: es steht fest, dafs, als MÜLLER im Frühling 1831 den Gegenstand aufnahm, wohl Niemand den BELL'schen Lehrsatz für mehr, als für einen sinnreichen und auch einleuchtenden, aber nicht hinlänglich bewiesenen Gedanken hielt. Schon längst hatte Müller diesem Punkte seine Aufmerksamkeit zugewendet. Im Jahre 1823 hatte er auf Rudolphi's Veranlassung und unter seinen Augen in der hiesigen Thierarzneischule viele Versuche zur Prüfung der Bell'schen Ansichten über den Nervus facialis und trigeminus angestellt;[45] und seitdem waren Katzen und Kaninchen häufig, aber vergeblich, von ihm geopfert worden, um die Wirkungen der Wurzeln der Rückenmarksnerven zu erforschen.[46] Endlich kam Müller auf den Gedanken, Frösche zu diesen Versuchen anzuwenden; einen Gedanken, der jetzt freilich sehr nahe liegen würde, zum Theil aber nur, weil Müller ihn damals gehabt hat. Denn mit der thierischen Elektricität und den galvanischen Reizversuchen war im Anfang des Jahrhunderts der Frosch als physiologisches Versuchsthier in Vergessenheit gerathen, und wurde erst von hier ab wieder häufiger angewendet. Jedermann weiß, von wie glänzendem Erfolge Müller's Versuche nun gekrönt wurden; und von Paris, wo er selber in Hrn. Henle's Begleitung sie Cuvier und Hrn. von Humboldt zeigte, bis Stockholm, wo Hr. Retzius sie in der Facultät vor Berzelius wiederholte[47], wurde jetzt sein Name auch als der eines experimentirenden Physiologen gefeiert. Wenn es aber seitdem den französischen Vivisectoren gelungen ist, die großen Schwierigkeiten des Versuches an Säugethieren zu besiegen, so nimmt dies Müller nichts von seinem Verdienst, den Versuch zuerst in entscheidender Art angestellt zu haben, und noch dazu in einer Weise, wie er nicht allein in jeder Vorlesung ohne großen Zeitverlust, sondern auch von jedem Mediciner auf der Stube mit Leichtigkeit nachgemacht werden kann. Was die von Magendie und den Hrn. Longet, Flourens, Bernard zum Bell'schen Gesetze hinzugefügte Lehre von der rückläufigen Empfindlichkeit betrifft, so gehört wohl ein gewisser Grad persönlicher Betheiligung dazu, um derselben eine solche Wichtigkeit beizulegen, wie dies in einer neueren Schrift geschehen ist.[48]

Auch Müller's so folgenreich gewordene Arbeiten über das Blut und die verwandten Flüssigkeiten, zu denen wir nun kommen, reichen, wie schon bemerkt, bis zu seinem ersten Berliner Aufenthalt hinauf. Im 2. Hefte der *Isis* von 1824 findet sich von einem Ungenannten eine auf eigene Beobachtungen gestützte Kritik des Werkes „*Über den Lebensprocess im Blute*“ von Hrn. Carl Heinrich Schultz-Schultzenstein, welche die Tradition

Müller zuschreibt, und deren Stil an seinen damaligen Stil erinnert. Jetzt bot ihm zunächst, im Winter 1831 — 32, ein Krankheitsfall in der chirurgischen Klinik des Hrn. Wutzer die auſserordentliche, ja kaum dagewesene Gelegenheit dar, die Lymphe des Menschen zu untersuchen und zu beschreiben. Daran knüpfte sich die glückliche Wahrnehmung, daſs es ein leicht zugängliches Thier gebe, bei dem man sich in jedem Augenblick mit gröſster Bequemlichkeit reine Lymphe verschaffen könne, nämlich abermals das alte unschätzbare Versuchsthier der Physiologen, den Frosch. Nun konnte sich jeder mit der Natur und den Eigenschaften der Lymphe bekannt machen, dagegen man bis dahin keinem Arzt einen Vorwurf machen konnte, wenn er in seinem ganzen Leben eine Flüssigkeit nicht gesehen hatte, deren Namen die Ärzte doch fortwährend im Munde führten, und die sie in ihren Systemen die gröſste Rolle spielen lieſsen.

Die aufmerksame Betrachtung des Lymphgefäſssystemes am lebenden Frosche führte Müller sogleich noch zu einer sehr schönen Entdeckung, nämlich der jener vier vom Herzschlage und den Athembewegungen unabhängig pulsirenden Schläuche, die bei den Amphibien der Fortbewegung der Lymphe dienen, und von ihm die Lymphherzen genannt worden sind. Sie wurden kurze Zeit darauf, unstreitig selbständig, auch von Panizza gefunden; doch ist Müller in der Priorität. Diese Entdeckung trug damals nicht wenig dazu bei, den allgemeinen Begriff eines Herzens, als einer wo immer gelegenen, mit quergestreiftem Muskelfleisch belegten und sich selbstthätig zusammenziehenden Gefäſsstrecke, auszubilden und zu befestigen; während sich jetzt die Wichtigkeit derselben verdoppelt hat, wegen der verschiedenen Abhängigkeit, in der die Lymphherzen und das Blutherz vom Nervensystem stehen.

Um Müller's Arbeiten über das Blut gehörig zu beurtheilen, muſs man sich den damaligen Zustand der Kenntniſs dieser Flüssigkeit vergegenwärtigen. Zwar hatte William Hewson, gleich Hales eines jener experimentellen Génies, die, unbeirrt durch gelehrten Ballast wie durch abstracte Speculation, England stets einen Löwenantheil an den jederzeit möglichen Entdeckungen gesichert haben, Hewson hatte bereits von der Constitution des Blutes im Wesentlichen eine richtige Vorstellung gehabt. Er hatte nicht allein die Eigenschaften der Blutkörperchen und ihr Verhalten unter verschiedenen Umständen nach Maſsgabe seines Hülfsmittel mit bewundernswerther Schärfe richtig beschrieben, sondern er wufste auch so gut und sicher, wie nur heute wir, dafs die Blutkörperchen nichts mit der Gerinnung zu schaffen haben, dafs der flüssige Bestandtheil des Blutes gemischt ist aus einer von selbst gerinnenden Lymphe und aus dem durch die Hitze gerinnenden Serum; dafs im entzündlichen Blute die Gerinnung langsamer erfolgt, so dafs die Blutkörperchen Zeit haben, sich zu senken, wodurch die Speckhaut entsteht; ja er hatte in einem solchen Falle, vor dem Eintreten der Gerinnung, die klare farblose über den gesenkten Blutkörperchen stehende Flüssigkeit mit einem Theelöffel abgeschöpft, und darin gerinnen sehen, auch nachträglich das Serum aus dem Gerinnsel gepresst. Hewson wufste, dafs der Zusatz gewisser Salze, wie Glaubersalz, Chlorkalium, Chlornatrium, Salpeter, zum Blute die Gerinnung desselben verhindert; dafs dieselbe bei Wasserzusatz jedoch eintritt; und er hatte mit Blut, dem Neutralsalze beigemischt waren, den eben beschriebenen Versuch mit dem Unterschiede wiederholt, dafs er, um das Gerinnen der abgeschöpften Blutflüssigkeit zu bewirken, Wasser hinzugefügt hatte.[39]

Dies Alles war bereits in den sechziger Jahren des vorigen Jahrhunderts geschehen. Allein dermafsen vorauf ihrer Zeit waren diese Arbeiten vermuthlich gewesen, dafs 1817 Magendie in Frankreich die Blutkörperchen für ein Hirngespinnst ausgeben durfte[40]; dafs 1818 Bauer und Home in England selbst die Gerinnung vom Aneinanderkleben der ihrer gefärbten Schale beraubten Kerne der Blutkörperchen ableiteten[41]; dafs das geistreiche Genfer Forscherpaar, Prévost und Hr. Dumas, dieser Meinung beitrat[42]; und dafs unter uns noch im Jahre 1830 Hr. Ernst Heinrich Weber in der 4. Auflage der Hildebrandt'schen *Anatomie* eine ähnliche Ansicht vortrug.[43] Müller hat das Verdienst, die Lehre Hewson's selbständig wiedergefunden, sie mit neuen Stützen versehen, in vielen Stücken erweitert, in manchen berichtigt, endlich sie so eindringlich vorgebracht zu haben, dafs wenigstens ihr Einflufs in der Wissenschaft sich rein von ihm herschreibt. Fast jede Zeile seiner Arbeit enthält eine wichtige Beobachtung. Sein Verfahren, sich durch Filtriren mit Zuckerwasser verdünnten Froschblutes ein von Blutkörperchen freies Gerinnsel zu verschaffen, giebt heute noch einen der besten und lehrreichsten Vorlesungsversuche ab. Den Versuch Hewson's über die Nichtgerinnung von Blut, dem Neutralsalze zugesetzt sind, änderte er dahin ab, dafs die Gerinnung nur verzögert, nicht ganz verhindert wurde, und erzeugte so künstlich eine Entzündungskruste. Durch gut angestellte Versuche zerstreute er die Fabeln, die Dutrochet, dem er wohl zu hohes Lob spendet, wenn er ihn einen Beobachter ersten Ranges nennt, über das elektrolytische Verhalten des Blutes berichtet hatte.

Den Kreis dieser Arbeiten schliefst eine Untersuchung des Chylus, in der Müller gegen Gmelin und Hrn. Tiedemann das Dasein eigenthümlicher mikroskopischer Elemente, der Chyluskörperchen, im Chylus, neben den darin schwebenden in Aether löslichen Fetttheilchen, behauptet. Hier finden sich auch die beiden so bekannt gewordenen Versuche, über die Schnelligkeit der Hydrodiffusion durch dünne thierische Häute, wie die Harnblase des Frosches, mit Eisenchlorid und Ferrocyankalium, und über die Unfähigkeit der Nerven, die Wirkung der Gifte fortzuleiten. Der eine Fuſs zweier Frösche taucht in Opiumlösung mit dem Unterschiede, daſs an dem einen Frosch der Fuſs mit dem Rumpf nur noch durch den Ischiadnerven, an dem anderen nur noch durch die Gefäſse zusammenhängt: jener bleibt unvergiftet, während dieser sehr bald die Opiumnarkose verräth.

Beim Lesen dieser Aufsätze kann man nicht umhin zu bewundern, wie rasch es Müller, trotz seiner mangelhaften Vorbildung, und bei der Unzahl anderer Forschungen die er gleichzeitig betrieb, gelungen war, sich in die physiologische Chemie der damaligen Zeit einzuarbeiten, die freilich noch groſsentheils auf bloſse Diagnose der Stoffe durch Fällung mittels verschiedener Reagentien beschränkt war.

Müller's Arbeit über das Blut wurde der Gegenstand eines Angriffes von Seiten des Hrn. Carl Heinrich Schultz-Schultzenstein, welcher nachzuweisen suchte, Müller habe heimlich seine Einsicht bei Hewson geschöpft, sei aber in der Kenntniſs des Blutes hinter Hewson zurückgeblieben, weil „er sich zu der höheren Lebensansicht, welche schon Hewson vom „Blute gehabt habe, nicht über die gewöhnlichen chemischen Vorstellungen „habe erheben können."[44] Doch dürfte wohl kaum Jemand zweifelhaft sein, an wem von beiden, an Johannes Müller oder Hrn. Schultz, Hewson, wenn Hrn. Schultz' Anklage begründet wäre, den besseren Ausleger gefunden habe. Hrn. Schultz' Meinungen über das Blut gehören längst nur noch der Geschichte der Medicin an. Was jene Anklage betrifft, so kann man zwar, wenn man Müller's und Hewson's Abhandlungen zusammenhält, den Wunsch empfinden, Müller möchte die Verdienste seines Vorgängers ausführlicher erwähnt und deutlicher anerkannt haben. Inzwischen liegt, abgesehen von Allem, was Müller selber über diesen Punkt, wie man sich denken kann, mit einiger Lebhaftigkeit vorgebracht hat[63], ein ganz objectiver Grund dafür vor, daſs Müller zur Zeit seiner Arbeit Hewson's Schriften nicht oder nur unvollkommen kannte. Müller führt nämlich Hewson als den Urheber der Ansicht an, wonach die Bildung einer Speckhaut die Folge der verzögerten Gerinnung des Blutes sei. Den hierfür entscheidenden Versuch aber, der sich gleichfalls bei Hewson findet, das Abschöpfen nämlich des Plasma's mittels eines Löffels worin dasselbe gerinnt, schreibt Müller einem viel späteren Beobachter, Babington,[64] zu. Auch dem hämischsten Tadler würde es schwer fallen, einen Grund anzugeben, den Müller gehabt haben könnte, diesen Fehler absichtlich zu begehen; unabsichtlich aber konnte derselbe ihm nicht begegnen, hätte er Hewson's Werke mit der Sorgfalt studirt, die die Art der Benutzung voraussetzt, deren man ihn verdächtigt hat. Daſs er in diesem Falle, gegen seine Gewohnheit, das Studium der Literatur versäumte, erklärt sich aus zwei Umständen. Erstens sollte Müller's Abhandlung einen Zusatz zum entsprechenden Abschnitt von Burdach's *Physiologie als Erfahrungswissenschaft* abgeben, deren gelehrter Herausgeber die geschichtliche Behandlung des Gegenstandes selber übernommen hatte. Für's zweite darf man nicht vergessen, daſs uns jetzt Hewson's Arbeiten, weil sie durch Müller bestätigt wurden, in einem ganz anderen Lichte erscheinen, als dies früher der Fall sein konnte, wo sie noch in der unübersehbaren Menge anderer Schriften über das Blut verloren waren, und wo für Müller um so weniger ein Grund vorlag, sich gerade diese genauer anzusehen, als Burdach fälschlich Hewson als den Urheber der Home'schen Theorie der Gerinnung bezeichnet hatte, was Hr. Schultz mit Unrecht läugnet.[65]

Müller's Berufung nach Berlin im Jahre 1833.

Es ist Zeit, wiederum einen Blick auf Müller's äuſsere Geschicke zu werfen. Durch eine so dicht gedrängte Reihe stets bedeutender, oft bahnbrechender Arbeiten war er nun schon an die Spitze der gleichalterigen Fachgenossen gelangt. Allmählig hatte seine Lage sich gebessert, und unterstützt durch die Regierung ward es ihm vergönnt, sich etwas freier zu bewegen. So besuchte er im Herbst 1828 die Naturforscherversammlung in Berlin, wo er Hrn. von Baer und Hrn. Rathke begegnete[66], und seine Untersuchungen über die Drüsen und über die Wolff'schen Körper vorlegte.[69] Mit Schmerz las er auf Rudolphi's tief verändertem theuren Antlitz, daſs er ihn zum letztenmale sehe.[70] Auf der Rückkehr besichtigte er in Halle die Meckel'sche Sammlung, und hatte in Weimar mit Goethe die früher erwähnte Unterredung. Im Frühjahr 1831 haben wir ihn bereits die Schätze des Leydener Museums mustern, und im Herbste desselben Jahres in Paris mit Hrn. von Humboldt und Cuvier in Verkehr treten sehen, denen sich Latreille, Straus-Dürckheim, Dutrochet, die Hrn. Milne-Edwards, Valenciennes und noch manche Andere anreihten.[71] Hier ereignete sich das charakteristische Geschichtchen, daſs Müller einem namhaften Pariser Gelehrten, der, nicht begreifend wen er vor sich habe, ihm voll aufgeblasener Miſslaune die Thür wies, den Kopf nochmals hineinsteckend zuherrschte: „Aber die Coecilien haben in der Jugend Kiemen- „löcher am Halse!" ein Zauberspruch, der seine bezähmende Wirkung nicht verfehlte.

Müller's Thätigkeit als Lehrer trug reiche Frucht. Außer Hrn. Henle waren in dieser Zeit noch die Hrn. Theodor Ludwig Bischoff, Nasse d. J. und Schwann seine Zuhörer. Sein vertrauter Umgang war Carl Windischmann, nachmals Professor in Löwen, dessen frühen Tod im Jahre 1840 er im *Archiv* mit den Worten beklagte: „Ein Mensch kann nicht mehr in einem „Freunde verlieren, als ich in ihm."[72] Im Juli 1830 wurde Müller, auf seine durch Rehfues befürwortete Bitte, ohne daſs eine Nominal-Professur erledigt gewesen wäre, zum ordentlichen Professor ernannt, und dadurch theils gewissen Beschränkungen enthoben, die ihm das Verhältniſs als Extraordinarius zu den ordentlichen Facultätsmitgliedern auferlegte, theils für den Verlust der Secretarstelle bei der Leopoldino-Carolina entschädigt. Zwei Jahre darauf erhielt er einen Ruf nach Freiburg, an Stelle des nach Greifswald abgegangenen Hrn. C. Aug. Sigm. Schultze. Obschon dieser Ruf, namentlich in Ansehung des verhältniſsmäſsigen Werthes des Geldes in Bonn und in Freiburg, ein sehr vortheilhafter war, lehnte Müller ihn dennoch ab, und zeigte dies Rehfues einfach an mit dem Bemerken, daſs, wenn er auch als Familienvater auf Verbesserung seiner Lage bedacht sein müsse, sein Verhältniſs zur preuſsischen Regierung es ihn doch als eine Verletzung der Pietät betrachten lassen würde, wenn er den augenblicklich sich darbietenden Vortheil nicht der Rücksicht auf das, was er Preuſsen schulde, zum Opfer bringe; worauf der Bevollmächtigte in Berlin auf eine ansehnliche Gehaltserhöhung und auf Anschaffung eines vorzüglichen Mikroskops für Müller antrug.

Inzwischen nahte bereits die glücklich entscheidende Wendung für Müller's Laufbahn. Rudolphi war schwer erkrankt; und die Gewißheit seines baldigen Endes, indem sie in Müller die Hoffnung erweckte, in nicht allzu langer Frist sein Nachfolger zu werden, und dadurch den höchsten Wunsch seines Lebens erfüllt zu sehen, an die Spitze einer großen Anstalt gestellt zu sein, hatte ihn, wie er Rust schrieb, außer seiner Anhänglichkeit für Preußen, vorzüglich bestimmt, den Ruf nach Freiburg auszuschlagen. Am 29. November 1832 erfolgte Rudolphi's Tod, und der vornehmste und einträglichste Lehrstuhl der Anatomie und Physiologie in Deutschland war erledigt.

Die Berliner medicinische Facultät, die unter ihren außerordentlichen Professoren bereits einen berühmten Beobachter besaß, scheint die Berufung eines auswärtigen Lehrers an Rudolphi's Stelle anfangs kaum für nöthig gehalten zu haben. Doch war bereits eine Anfrage an Hrn. Tiedemann in Heidelberg ergangen, als sich, von unerwarteter Seite her, eine gewichtige Stimme für Johannes Müller erhob. Hr. Eilhard Mitscherlich, der einen Theil des Winters 1831-32 in Bonn verlebt hatte und dort Zeuge von Müller's Wirken gewesen war, veranlasste nämlich die philosophische Facultät, deren Dekan damals Hr. Boeckh war, sich bei dem Ministerium für die Berufung Müller's zu verwenden. Es sei dies mehr als eine bloße Facultäts-, es sei eine allgemeine Universitäts-Angelegenheit, und überdies die philosophische Facultät besonders dabei betheiligt. Die neuere Zeit habe in der Physiologie eine neue Richtung entstehen sehen, die des Versuches, durch den neue Erscheinungen geschaffen werden. Mit einem Beobachter sei es nun nicht mehr gethan. Hr. Tiedemann (der eben mit Leopold Gmelin „*die Verdauung nach Versuchen*" herausgegeben hatte) und Johannes Müller seien die hervorragendsten Vertreter jener neuen Richtung. Allein Hr. Tiedemann sei nicht mehr jung und in Heidelberg bereits so gestellt, daß wenig Aussicht sei, ihn zu gewinnen. Johannes Müller, in eben erst gereifter Manneskraft, gleich erfolgreich als Lehrer, bewundert als Forscher, geachtet als Mensch, sei der Mann für die Universität, für die Akademie, für Berlin.

Es ist gewiß bemerkenswerth, daß in diesem Schreiben Müller wesentlich als experimentirender Physiolog aufgefaßt wird, während man sich neuerdings, als er sich wieder mehr der Beobachtung zugewendet, daran gewöhnt hat, ihn vielmehr als den ersten Vertreter der morphologischen Richtung anzusehen.

Aber noch eine zweite Stimme ward beim Minister für Müller's Berufung laut;* in der That, wie fern eine solche Selbstempfehlung auch sonst unserer Sitte liegt, keine andere als Müller's eigene. Dieser folgte natürlich der Entwickelung der Dinge mit der Spannung Eines, der die höchsten Ziele seines Lebens auf dem Spiel sieht; und im Gefühl seiner Würdigkeit, und der ganzen Bedeutung eines nicht wiederkehrenden Augenblicks, richtete er am 7. Januar 1833 ein Schreiben an den Minister, worin er die Ansprüche darlegte, die er auf Rudolphi's Stelle zu haben meinte. Das Ungewöhnliche dieses Schrittes erscheint in viel milderem Lichte, ja derselbe fällt kaum mehr auf, wenn man erfährt, daß Müller seit seinem ersten Aufenthalt in Berlin nicht aufgehört hatte, in naher Beziehung zum Minister zu stehen. Er erstattete ihm regelmäßig Bericht über seine Thätigkeit, seine Fortschritte; und so knüpfte sich auch diesmal jener vielbesprochene Brief an die Übersendung der Arbeit über die Lymphe, das Blut und den Chylus.

„Der Tod meines väterlichen Freundes hat mich hart betroffen. Sein „großes Beispiel hatte mich einst den ganzen Ernst der Begeisterung für „meine Wissenschaft fühlen lassen. Meine Verehrung, meine Dankbarkeit „folgen ihm über das Grab und bis an das meinige. Indem ich dem Verlust „eines so theuren Mannes entgegensehen mußte und nachdem ich und so „viele und die Wissenschaft ihn verloren, ist es mir lange schwer geworden, „an mich selbst zu denken und meine Wünsche. Schon lassen sich mannig„fache Gerüchte vernehmen, wer seinen Platz zu ersetzen berufen oder „würdig sei. Ferne und hiesige Freunde spornen mich an, auch Schritte „zu thun, und noch hatte ich es nicht gewagt, Ew. Excellenz meine ehrer„bietigen Wünsche in dieser Angelegenheit vorzulegen.

„Alle mit dem Stand der Wissenschaft und der Verdienste Bekannte „werden darin einstimmig sein, daß von den älteren Anatomen keinem die„ser Rang gebühre, als Meckel. Unter den jetzt lebenden Älteren ist er es „allein, der der Wissenschaft einen großen und mächtigen Impuls gegeben

„und neue Wege betreten hat. Er hat große Sammlungen gegründet, aber „nicht gewöhnlicher Sammlersinn hat ihn belebt. Die große Masse der „Thatsachen, die vor ihm lag, hat er geistig durchdrungen. Während ehren- „werthe Männer um ihn her längst betretene Wege mit Fleiß, Ausdauer „und Sammlersinn gegangen sind und sich Verdienste erwarben die Keinem „fehlen, welcher mit Treue die Natur beobachtet, ist Meckel von wenigen „einer gewesen, vor welchen bei einer großen Geschäftigkeit die Gegen- „stände nicht wie Stückwerk liegen bleiben. Da er so vieles für die phy- „siologische Anatomie geleistet, wer würde es ihm zum Vorwurf machen, „daß er nicht zugleich der Physiologie seine ganze Thätigkeit gewidmet hat. „Sollten Verhältnisse von Meckel abzusehen nöthig machen, so kann ich „freilich bei aller Anerkennung begründeter Verdienste anderer älterer Ana- „tomen vor keinem die Ehrfurcht haben, die ich gegen ihn hege, und ich „dürfte dann vielleicht in den Augen Ew. Excellenz einige Entschuldigung „finden, wenn ich es wage, von mir selbst zu reden. Man weiß recht gut „und allgemein, daß sich die Anatomie in der neuern Zeit durch eine sehr „eigenthümliche Richtung verherrlicht hat, welche für den Zweck der ana- „tomischen Arbeiten erfordert, daß man auch mehr als Anatom, nämlich „Meister in physiologischen Untersuchungen sei. Neue Hülfsmittel sind er- „funden worden, die mikroskopische Anatomie der Theile des Menschen, „die Entwickelungsgeschichte, die großen Resultate derselben zeigen, daß „die bisherige anatomische Topographie ein nothwendiges Gebälk ist, inner- „halb welchem aber die schwierigste Arbeit beginnt. Außerordentliches ist „in dieser Art geschehen. Der 4. Band von E. H. Weber (*Prof. Lips.*) *Ana-* „*tomie*, oder dessen Bearbeitung der *Anatomie* von Hildebrandt giebt eine „Zusammenstellung, was und von wem etwas in diesem schwierigsten Theile „der Anatomie geleistet worden. In Deutschland allein ist dies vollbracht „worden, und unter den Anatomen Preußens sind es v. Baer und ich, wel- „che das ihrige hier gethan, eine Gesellschaft die mir nur sehr zur Ehre ge- „reichen kann. Ew. Excellenz kennen die Fortschritte unserer Wissenschaft „so gut wie wir selbst und beurtheilen, was dem Zustand der Wissenschaft „vor 20 Jahren und was heutzutage angemessen ist, Ew. Excellenz wissen „diesen Zustand in dem Überblick der anderen Wissenschaften wohl noch „besser als wir selbst zu würdigen. Hochdieselben haben gewiß in Er- „wägung nehmen wollen, ob dieser Impuls der Wissenschaft, auf welchen

„man in Deutschland, Frankreich, England mit freudiger Anerkennung hin-„weiset, nicht auch bei der Besetzung von Rudolphi's Stelle Beachtung ver-„dient. Es könnte nicht gleichgültig für den Zustand des wissenschaftlichen „Lebens bleiben, wenn Jemand diesen Sitz einnähme, welcher dieser Ver-„vollkommnung der Anatomie und der Physiologie gänzlich fremd geblieben „ist. Schon Rudolphi war ihr fremd geblieben, aber durch Alter, und der „hatte in seiner Jugendzeit Grofsartiges genug geleistet. Indem in unserem „Staate schon durch C. Fr. Wolff vor 60 Jahren diese Bahn gebrochen, aber „durch unglückliche Verhältnisse vergessen wurde, nun aber vorzüglich wie-„der durch Anatomen unseres Staates mit glänzendem und allgemein freudig „anerkanntem Erfolg durchgeführt worden, kann Berlin allein gleichsam die „Verpflichtung erfüllen, durch seine grofsartigen Hülfsmittel eine dieses „Aufschwunges und der ferneren Früchte würdige Stätte abzugeben."[1]

„Ew. Excellenz kennen meine hiesigen Verhältnisse. Hochdieselben „haben immer gnädig anerkennen wollen, wie viel hier mit wenig Mitteln gelun-„gen ist. Befreundete des Inlandes und Auslandes und ich selbst halten mich „für berufen ein grofses Institut zu leiten, am hiesigen Ort wird sich niemals „eine Gelegenheit für meine ganze Wirksamkeit eröffnen. Indem ich nun „in voller Kraft des jugendlichen Mannesalters fühle, was ich zu wirken fähig „wäre, fühle ich mich verpflichtet und gedrungen an Ew. Excellenz mit tie-„fer Ehrerbietung mich zu wenden und mich Ihrer Aufmerksamkeit bei einem „so äufserst wichtigen Schritt zu empfehlen, der über den Geist vieler Jahre „entscheiden wird, der von Berlin's grofsartigen Instituten ausgehen kann, „und der billig von denselben im Vergleich des grofsartigen Lebens in den „übrigen Naturwissenschaften erwartet wird.

„Ich bin jung, wird man vielleicht hören, aber diefs ist es, was ich „mit einer Jugend voll Arbeit und Erfahrung in die Wage lege gegen das „Alter, da ein älterer Gelehrter, der über gröfsere Materialien, über ein „Museum schon längst disponirt hat, doch nur seine bisherige Wirksamkeit „fortsetzen und es mehr oder weniger beim Alten und bei der Vermehrung „der Vorräthe lassen wird. Handelte es sich darum einer bewährten Thätig-„keit einen Ehrenplatz zu gewähren, den bisherigen Gang der Anstalten „blofs zu erhalten, so wäre die Sache anders. An einem Ort wie Berlin, „von welchem man das höchste erwarten mufs, kann dies nicht die erste „Rücksicht sein. Der Einflufs dieser Stellung auf das ganze wissenschaft-

„liche Leben in Berlin ist zu grofsartig. Gerade in der Form drängt sich „die Betrachtung sogleich auf, dafs Berlin auch in den anatomischen und „physiologischen Wissenschaften den Rang einzunehmen genöthigt ist, auf „den es nach CUVIER's Tod berufen ist.

„Ein Museum vollkommen entsprechend der grofsartigen Leitung, „unter welcher die wissenschaftlichen Anstalten unseres Staates gestellt sind, „welche Früchte wird es bringen, wenn man nicht allein den Sinn hat, „Schätze zu sammeln, die Cataloge zu vergröfsern, sondern sie zu grofsarti„gen wissenschaftlichen Unternehmungen zu benutzen, unter einem Mann, „der das Interesse der menschlichen, vergleichenden, pathologischen Anato„mie zu vereinigen und durch eine erfolgreiche Thätigkeit in der Grundlage „der ganzen Medicin, der Physiologie, den ganzen medicinischen Unterricht zu „beleben versteht. Welche aufserordentliche Gelegenheiten bietet die Thier„arzneischule zu physiologischen Untersuchungen dar. Anatomie, chemisch„physiologische Experimente, mikroskopische Untersuchungen, Entwick„lungsgeschichte, alles dies mufs nun einmal dem Physiologen gleich zugäng„lich sein. Der Ruhm unseres Vaterlandes begeistert mich in diesen Be„trachtungen, und mögen Ew. Excellenz gnädigst entschuldigen wollen, wenn „ich mich in dieser ehrerbietigen Vorstellung selbst zu diesen Empfindungen „hinreifsen lasse. In den Anstalten Berlins, in dem Verkehr mit den ersten „Physikern und Chemikern sehe ich die Quelle für eine mit CUVIER's grofs„artigem Wirken zu vergleichende Thätigkeit, die dasjenige durch Betreibung „der anatomischen Materialien für die Physiologie leisten wird, was CUVIER „einst durch Application der Anatomie für die Zoologie gewonnen. Berlin „ist der einzige Ort dazu. Was DAUBENTON, VICQ-D'AZYR und andere mit „unermüdetem Sammlerfleifs der grofsen Wirksamkeit CUVIER's vorgebahnt, „ist in Berlin geschehen. Aber nun ist der entscheidende Augenblick, dafs „die Vergröfserung der Sammlungen und der Inhalt derselben herrliche „Früchte bringe unter einem Chef, welcher talentvolle Menschen um sich „nicht blofs zu dulden, sondern anzuziehen, zu beleben, zu beschäftigen „und zu fördern versteht. Dann werden auch diese Institute bald ein Leben „hervorrufen, wie man es zu CUVIER's Zeit nur in Paris zu finden gewohnt „war, und wie es jetzt auch dort mit ihm erloschen ist.

„Mit dieser tiefergebenen Vorstellung, zu welcher mich ein entschei„dender Moment aufruft, wende ich mich an Ew. Excellenz und empfehle

„mein Schicksal Ihrer Weisheit und Fürsorge. Ich hoffe und vertraue in „bescheidener Ergebenheit darauf, dafs Ew. Excellenz diesen Schritt durch „das Aufserordentliche der Umstände und durch Ihren gnädigen Antheil an „mir selbst, huldreichst entschuldigen wollen. Aber lassen Ew. Excellenz „mich es wiederholen dürfen, dafs vor Allem die tiefgefühlte Empfindung „mich hiezu nöthigte, dafs sich in der Wendung dieser Angelegenheit das „Schicksal meines Lebens bestimmt, nämlich ob ich hier am Ort für immer „in meiner Thätigkeit halb paralysirt bleiben soll".

Der Ton dieses Schreibens, männliche Klarheit athmend bei heifsem schöpferischen Jugenddrang, traf sympathisch v. Altenstein's grofsen Sinn. „Eine ausgezeichnete Schrift", lautete seine Randbemerkung mit Bezug auf die Arbeit über das Blut, „aber auch ein ausgezeichnetes Schreiben durch „die Auffassung der Aufgabe für den Vorsteher der Anatomie". Und als kurz darauf Hr. Tiedemann ablehnend antwortete, er fühle sich zwar durch wahrhafte Neigung nach Berlin gezogen, gegenwärtig dem lichtesten Punkte in Deutschland, allein er fürchte für die Gesundheit der Seinigen das rauhere Klima der norddeutschen Hauptstadt; da ward Hrn. Johannes Müller die Genugthuung, den Mann, dessen Bedeutung er einst zuerst erkannt, unter dem Beifall aller Einsichtigen auf den ihm gebührenden ersten Platz zu heben.

Wenn aber wir, von unserem in der Zeit bereits weit entlegenem Standpunkt aus, und mit der seitherigen Entwickelung der Menschen und Dinge vor Augen, die Geschichte dieser Berufung überdenken, so erscheint uns Eines wunderbar, dafs nämlich desjenigen Mannes als Mitbewerbers keine Erwähnung geschieht, den Müller selbst dem Minister gleichsam zum Preisrichter vorschlägt, Hrn. Ernst Heinrich Weber's nämlich, der, nur sechs Jahre älter als Müller, damals schon seine bahnbrechenden Arbeiten über die Wellen, den Puls, die Drüsen, den Tast- und Gehörsinn veröffentlicht, und, neben der Bearbeitung des Hildebrandt'schen Handbuches, als anatomischer Schriftsteller in Meckel's *Archiv* mit Müller an Fruchtbarkeit gewetteifert hatte.

Ostern 1833 trat Müller die hiesige ordentliche Professur der Anatomie und Physiologie an, die er genau ein Vierteljahrhundert bekleidet hat. Das Jahr darauf, am 16. Juli 1834, ward er Mitglied dieser Akademie. So gelangte er, noch nicht volle 32 Jahre alt, in eine Stellung, welche ihm nicht allein einen ausgedehnten Wirkungskreis als Lehrer, eine ebenbürtige

Umgebung als Forscher, sondern auch die äufseren Hülfsmittel gewährte, deren er zu seiner vollen Entwickelung bedurfte.

Die Grenzen seines Wirkungskreises zu ziehen, so wie sein Verhältnifs zu seinen neuen Amtsgenossen zu regeln, hatte ihm der Minister, gewifs eine seltene Begünstigung, selbst zu thun verstattet, „damit er nicht mit zu „vielen zerstreuenden Amtsarbeiten überladen und dadurch an der strengen „Verfolgung seines eigentlichen wissenschaftlichen Berufes gehindert werde". Aber noch mehrere Umstände vereinigten sich, Müller's neue Lage zu einer besonders bevorzugten zu machen. Am 10. Mai 1832 hatte George Cuvier, vor der Zeit dahingerafft, den Thron der organischen Naturwissenschaft leer gelassen. Meckel, dessen altberühmter Name einen Augenblick gedroht hatte, Müller gefährlich zu werden, starb noch im Jahre von Müller's Berufung, am 31. October 1833. Das zuletzt von ihm herausgegebene *Archiv für Anatomie und Physiologie*, 1796 von Reil in Halle gegründet, wo schon 1790 durch Gren das *Journal der Physik* entstanden war, fiel nun leicht in Müller's Hände, und folgte der älteren Schwester-Zeitschrift nach Berlin. Es ward für ihn ein um so mächtigeres Werkzeug der Hegemonie, als zu gleicher Zeit, ganz wie es sich für die aus Gren's *Journal* hervorgegangenen *Annalen der Physik und Chemie* ereignete, die übrigen deutschen Zeitschriften ähnlichen Inhalts, Hrn. Tiedemann's und der beiden Treviranus *Zeitschrift für Physiologie*, und Heusinger's *Zeitschrift für organische Physik*, eingingen, so dafs über ein Jahrzehnd das *Archiv* das Feld allein beherrschte. Dem Titel des *Archiv's* fügte Müller die Bezeichnung „*für wissenschaftliche Medicin*" hinzu, und in der That war der Zeitpunkt, um von der Anatomie und Physiologie aus auf die Medicin zu wirken, ein vorzugsweise günstiger. Die Ohnmacht der ärztlichen Kunst einer weltverheerenden Seuche gegenüber hatte das Vertrauen in den Empirismus tief erschüttert, während thörichte theoretische Auswüchse, wie die Homöopathie, wohl geeignet waren, die besonnenen Aerzte auf den Urquell alles ärztlichen Wissens, die Physiologie, zurückzulenken, als deren glänzendster Vertreter und glücklichster Bearbeiter der jugendliche Müller erschien.

Sodann, wenn auch der Stofs der Juli-Revolution noch in seinen Nachschwingungen gefühlt wurde, war es doch bei uns eine Zeit politischen Stillstandes und friedlichen Ausbaues gegebener Zustände, wo die Wissenschaft im Staatsleben noch eine Geltung besafs, die sie in Zeiten politischer

Erregung, vollends kriegerischer Stürme, nur zu rasch verliert. In der von Seiten der Staatsbehörde der Kunst und den verschiedenen Zweigen des menschlichen Wissens geschenkten Aufmerksamkeit bemerkte man ein Gleichmaſs, welches später manchmal vermiſst worden ist. Hrn. v. Humboldt's Einfluſs, der sich erst kürzlich, nach seiner sibirischen Reise, dauernd in Berlin niedergelassen hatte, entfaltete sich mehr und mehr segensreich, und eine seltene Vereinigung ausgezeichneter Männer jedes Faches, die den Gipfel des Ruhmes theils schon erreicht hatten, theils seitdem erstiegen, schickte sich an, Berlin in dem vierten und fünften Jahrzehnd dieses Jahrhunderts in kaum minder hellem Glanze schimmern zu lassen, als dies in dem vorhergehenden Zeitraum für Paris der Fall gewesen war. Endlich dem geistigen Aufschwung entsprach die Entwickelung des Verkehrs, der dem beschreibenden Naturforscher den Stoff seiner Arbeiten zuführt; der vervielfältigenden Künste, die seine Ergebnisse darstellen; und der Mechanik, die ihm sowohl als dem Experimentator neue Organe der Untersuchung schafft.

Dies waren die günstigen Elemente, von denen Müller's Dasein fortan glücklich getragen wurde. Als ob es ihm aber gleichsam an nichts fehlen sollte, hatte ihm das Schicksal in Schlemm einen Gefährten gegeben, der, zufrieden mit einer nicht leicht übertroffenen Virtuosität im beschränkten Kreise der gewöhnlichen menschlichen Anatomie, ihm hülfreich zur Seite stand, ohne jemals seine Eifersucht reizen zu können. Bis zu beider Tode dauerte diese innige Genossenschaft, der die zunehmende Verschiedenheit beider Männer ein eigenes Gepräge verlieh: da Schlemm, durch eine sonderbare Fügung des Geschicks, Müller nur wenige Wochen überlebt hat.[74] Aus Bonn folgten Müller bald zwei jüngere Männer, die ihm dort bereits verbunden gewesen waren, Hr. Henle, der, als d'Alton Michael's Nachfolger ward, die Stelle als Prosector, und Hr. Schwann, der die als Gehülfe am anatomischen Museum einnahm; während aus dem reichen Zufluſs talentvoller Jugend, den jedes Semester unseren Hörsälen bringt, fast ohne sein Zuthun ihm Schüler um Schüler erwuchsen, deren aufkeimendes Ansehen seinen eigenen Ruhm erhöhte.

Hatte so das Glück für Müller das Seinige gethan, so darf man sagen, daſs selten Einer sich solcher Wohlthat würdiger gezeigt hat als er. Denn gewissermaſsen nun erst fing er an, seine gewaltigsten Kräfte aufzubieten; sich scheinbar nicht bloſs zu verdoppeln, nein sich zu vervielfachen als akademischer Forscher auf den mannigfaltigsten Gebieten, als Lehrer, als Vorsteher der anatomischen Sammlung, als Herausgeber der anatomisch-physiologischen Zeitschrift, als Geschäftsmann bei den Staatsprüfungen und in der Facultät. Im Winter, wo er die übelriechende Höhle, welche in Berlin die Stelle eines Anatomiegebäudes vertritt, durch seine Arbeiten verherrlichte, las er menschliche Anatomie und öffentlich Anatomie der Sinnesorgane, zu Anfang des Halbjahres neunstündig, später sechsstündig, und leitete mit Schlemm die Secirübungen. Außerdem hatte er täglich mindestens eine Stunde Staatsprüfungen abzuhalten. Im Sommer, wo er auf dem anatomischen Museum arbeitete, las er sechsstündig Physiologie, mit Einschluß einer öffentlichen Vorlesung über Zeugung und Entwickelung, vierstündig vergleichende, und bis zum Jahre 1856, wo Hr. Virchow berufen ward, dreistündig pathologische Anatomie. Von 1851 an leitete er außerdem noch im Sommer in Gemeinschaft mit mir physiologische Übungen. Dazu kamen noch die Facultätsprüfungen, die ihm einen großen Theil seiner Abende zerstörten. Obwohl es ihm, im Drange seines Forschungseifers, mehreremal begegnete, nicht in's Colleg zu gehen, wie er auch wohl gänzlich der Mahlzeit vergaß, läßt sich eine größere Pflichttreue, als die seinige war, im Allgemeinen nicht denken. Und trotz dieser Überbürdung mit Berufsgeschäften hat er es möglich gemacht, in der Zeit von seiner Berufung nach Berlin bis zu seinem Tode neun selbständige Werke, worunter seine bedeutendsten, zum Theil allerdings in Verbindung mit befreundeten Gelehrten, an's Licht zu fördern. Von den in demselben Zeitraum erschienenen 25 Bänden unserer *physikalischen Abhandlungen*, ist, wenn man das Mittel zieht, nicht einer, der nicht eine größere Arbeit von ihm enthielte; unter den 23 Bänden unserer *Monatsberichte* nicht einer, der nicht mehrere kleine Aufsätze brächte, endlich unter den 25 Bänden des *Archiv's für Anatomie und Physiologie* nicht einer, von dem nicht dasselbe gölte. Außerdem hat er in der ersten Zeit die *Medicinische Zeitung des Vereins für Heilkunde in Preußen;* das *Encyclopaedische Wörterbuch der medicinischen Wissenschaften*, als dessen Mitherausgeber er von 1834 an genannt wird; in den Jahren 1837 bis 1846 das Wiegmann- (nachmals Erichson-)sche *Archiv für Naturgeschichte*, mit vielen, mit einzelnen Mittheilungen aber auch noch Hrn. Poggendorff's *Annalen der Physik und Chemie*, die *Sitzungsberichte* der Wiener, die *Comptes rendus* der Pariser Akademie und verschiedene andere

Sammelwerke bereichert. Eine so unermeſsliche Thätigkeit kann hier natürlich nur flüchtig umrissen werden. Indem wir aber zur Betrachtung von MÜLLER's Arbeiten zurückkehren, setzen wir zugleich seine eigenste Lebensgeschichte fort, in so fern dieselbe von hier ab, wenn man von einigen nicht nachhaltig wirksamen Zwischenfällen absieht, wie bei den meisten groſsen Gelehrten und Künstlern, durchaus mit der Geschichte seines rastlosen Schaffens zusammenfällt.

Das „Handbuch der Physiologie des Menschen für Vorlesungen".

An Bedeutung obenan, und der Zeitfolge nach unmittelbar an die zuletzt erwähnten experimentell-physiologischen Arbeiten sich reihend, steht unter MÜLLER's jetzt zu nennenden Werken das berühmte *Handbuch der Physiologie des Menschen für Vorlesungen*, dessen erste Abtheilung kurz nach MÜLLER's Übersiedelung nach Berlin, im Herbste 1833, ausgegeben wurde, dessen Vollendung sich aber bis zum Jahre 1840 hinzog. Der Plan desselben umfaſst, gleich dem der HALLER'schen *Elementa*, nicht allein die vollständige Darlegung alles bis dahin über die thierischen Verrichtungen sicher Ermittelten, sondern auch die vergleichende Organologie, und die gesammte damalige Gewebelehre, sowohl im mikroskopischen als im chemischen Bezuge. Den Gedanken dazu mag er zeitig gefaſst haben, und alle seine früheren Leistungen sind mehr oder weniger als Vorarbeiten zu diesem Denkmal seines encyklopaedischen Strebens und Wissens anzusehen. Doch gleicht der bereits erwähnte *Grundriſs der Vorlesungen über die Physiologie* vom Jahre 1827 dem späteren Handbuche nicht mehr, als eine Seesternlarve dem entwickelten Echinoderm. Der Plan ist ein ganz anderer, und die Abweichungen lassen auf eine ereigniſsreiche Metamorphose schlieſsen. Obschon im erfahrungsmäſsigen Stoff, und auch sonst noch, das Handbuch mit dem Grundriſs nothwendig Vieles gemein hat, hat es doch die alten mumificirten Kategorieen der Reproduction, Irritabilität und Sensibilität, die noch den Grundriſs beherrschen, glücklich abgestoſsen, und an vielen Punkten ist an Stelle eines öden Schematismus ein lebendiger Inhalt getreten.

MÜLLER's *Physiologie* ist das Werk, von dem man sagen kann, daſs er darin ebenso die Eigenthümlichkeit seines in voller Reife stehenden, zu klarer Objectivität erstarkten Mannesalters ausgeprägt habe, wie einst in der *vergleichenden Physiologie des Gesichtssinnes* die phantastische Subjectivität seiner Jugendperiode. Es ist zugleich das Werk, wodurch er unbedingt den gröfsten Einflufs auf seine Zeit geübt hat. Es wurden dadurch die theils kurz vorher, theils gleichzeitig von Anderen gemachten Versuche, die Gesammtheit der damals vorliegenden physiologischen Erfahrungen im Lehrvortrage darzustellen, in vergleichsweise Unbedeutenheit gedrängt. Physiologen von Fach schlugen noch die Lehrbücher von MAGENDIE, TREVIRANUS, RUDOLPHI, BURDACH, Hrn. TIEDEMANN, Hrn. ARNOLD, Hrn. RUDOLPH WAGNER nach; aus MÜLLER's *Physiologie* aber haben wenigstens in Deutschland unläugbar alle seitdem nachgerückten Geschlechter von Aerzten und Physiologen hauptsächlich ihre Bildung geschöpft. Ja während sonderbar genug die Deutschen sich in anderen Fächern, z. B. der Mathematik, der Physik, vorzugsweise der französischen Lehrbücher bedienen, worin ihre eigenen Entdeckungen oft so schmählich bei Seite gesetzt sind, hat MÜLLER's Handbuch seine eindringende reformatorische Gewalt sogar über die deutsche Sprachgrenze hinaus geübt, da es durch BALY in's Englische[75], durch JOURDAN in's Französische[76] übertragen ward.

Seit dem Erscheinen der einzigen Auflage des zweiten Bandes der *Physiologie* sind bereits 18, seit dem der vierten Auflage des ersten Bandes 14 Jahre verflossen, während welcher fast alle Zweige der Physiologie durch unerwartete Entdeckungen von Grund aus umgestaltet sind, ja das ganze Wesen der Wissenschaft ein anderes geworden ist. MÜLLER's Buch erscheint demgemäfs heutzutage nothwendig veraltet, und für den Anfänger ist es in manchen, wenn nicht den meisten Abschnitten, geradezu unbrauchbar geworden. Von verschiedenen Seiten her sind Versuche gemacht, die Physiologie in ihrer neuen Gestalt darzustellen. Die Hrn. VALENTIN, LUDWIG, FUNKE unter uns, LONGET und MILNE EDWARDS in Frankreich, DONDERS in Holland, CARPENTER in England haben sich auf diese Bahn begeben. Aber wie unschätzbar auch manche dieser Bestrebungen erscheinen; in wie reinem kalten Aether physikalischer Betrachtung auch Hr. LUDWIG weile, während Hr. MILNE EDWARDS mit Geschmack und Sachkenntnifs Schätze wohlgeordneter Gelehrsamkeit häuft: MÜLLER's Handbuch ist nicht nur noch immer in Aller Händen; es gilt nicht nur, kraft des Gesetzes der Trägheit und des Rechtes der Einbürgerung, von Stockholm bis Turin, von Kasan bis Boston, noch stets für den Kanon der neueren Physiologie; sondern da es sich von den älteren Werken viel mehr unterscheidet als von den neueren und als diese unter sich, so hat es auch in der Geschichte der Wissenschaft wirklich eine tiefere Spur hinterlassen, als dies voraussichtlich eines dieser neueren Werke thun wird. So hat dieses Buch für unser Jahrhundert eine ähnliche, ja wenn man den ungleich rascheren Fortschritt der Wissenschaft erwägt, fast eine gleiche Bedeutung erlangt, wie Haller's Werk für das verflossene; und das deutsche Volk hat es Johannes Müller zu danken, daſs durch ihn zum zweitenmal auf lange hinaus die philosophischste der Wissenschaften, wie es sich ziemt, zu einer deutschen Wissenschaft κατ' ἐξοχὴν gestempelt ist; trotzdem daſs die beiden gröſsten Thatsachen der Physiologie, der Kreislauf des Blutes und die Verrichtung der Wurzeln der Rückenmarksnerven, brittischen Ursprunges sind; und trotz dem beispiellos glücklichen Entdecker, der in unseren Tagen Aller Blicke auf den Vivisectionssaal des Collège de France gerichtet hält.

Seinen äuſseren Vorzügen verdankt das Handbuch diese Erfolge nicht. Abgesehen von der bis in die letzte Auflage fast schimpflichen Ausstattung und dem Mangel erläuternder Abbildungen, durch welche die englische und französische Übersetzung sehr an Brauchbarkeit gewonnen haben, muſs man gestehen, daſs auch die Darstellung selber viel zu wünschen übrig läſst.

Zwar an der allgemeinen Anordnung dürfte nicht so viel auszusetzen sein. Keine Wissenschaft bietet bekanntlich in dieser Beziehung gröſsere Schwierigkeiten als die Physiologie. Ja in so fern ein untadelhafter Lehrvortrag nach dem Vorbilde des mathematischen keine Annahme machen sollte, die nicht von selbst verständlich, oder nicht schon erwiesen wäre, kann man von vorn herein sagen, daſs ein solcher Vortrag in der Physiologie unmöglich ist. Es handelt sich um die Darlegung des Spiels einer Maschine, in deren Wesen es liegt, daſs die Wirkung irgend eines Theiles derselben stets durch die anderer, wenn nicht aller Theile bedingt wird. Ganz wie beim Beschreiben einer Dampfmaschine, wenn man mit der Feuerung anfing und das erstemal mit dem Kolben an den Boden des Stiefels gelangt ist, die Einsicht in die hier eingreifende Function der Steuerung fehlt: ganz so fehlt, wenn man, wie Müller, in der Physiologie mit dem Kreislauf, der Athmung, der Ernährung anhebt, bei jedem Schritt das Verständniſs des überall eingreifenden, bald treibenden, bald hemmenden Factors, des Nervensystems, und des, mit der Diffusion und der Flimmerbewegung, sämmtliche Massenverschiebungen vermittelnden Organcomplexes, der Muskeln. Hr. LUDWIG hat geglaubt, auf geringere Übelstände zu stoſsen, wenn er, bei Darlegung der thierischen Maschine, die Geschichte des Nervensystemes vorweg nähme. Ich theile, nach meiner Erfahrung als Lehrer, diese Ansicht nicht, sondern halte dafür, daſs ein richtiger Instinct MÜLLER geleitet habe, als er, obschon ihm die Bedeutung des Stoffwechsels völlig fremd war, der nur aus dem Principe der Erhaltung der Kraft verständlich wird, die alte HALLER'sche Anordnung beibehielt, und die Erklärung des Kraftquells der der Kraftverwendung vorausschickte. Es ist hier nicht der Ort, auszuführen, wie sich meiner Meinung nach dem dieser Anordnung so eben vorgerückten Mangel abhelfen lasse. Wenn ich an dem von MÜLLER befolgten Gange etwas tadeln wollte, so würden es mehr Einzelheiten sein, wie z. B., daſs er bis in die vierte Auflage die thierische Wärme in den Prolegomenis abhandelt, anstatt, wie es sich gehört, daraus ein Corollar zur chemischen Athmungslehre zu machen.

Ein anderer Vorwurf, den man MÜLLER's Darstellung in der *Physiologie* machen hört, hat gleichfalls seinen Grund in der Natur des Gegenstandes. Die Physiologie ist nämlich wohl die einzige Naturwissenschaft, in der man gezwungen ist, auch von dem zu reden, wovon man nichts weiſs. Die Chemie braucht von keiner unbekannten Verbindung, die Physik von keiner unentdeckten Naturkraft zu handeln; Botanik und Zoologie kümmern sich nicht um was noch von Thieren unbeschrieben zwischen unbeschriebenen Pflanzen in unerforschter Wildniſs sich bewegen mag. In der Physiologie dagegen ist ein bestimmter Kreis von Dingen vorgezeichnet, die durchaus besprochen sein wollen. Die Milz z. B., zahlreiche Hirntheile, Ganglien, Nerven, das Labyrinth des inneren Ohres: alles dies ist einmal da, und muſs der gangbaren Vorstellung gemäſs auch zu etwas da sein. Häufige Muthmaſsungen über die Verrichtungen dieser Theile sind durch noch häufigere Versuche halb gestützt, halb widerlegt worden, und haben an Stelle vollkommener Finsterniſs ein an Sicherheit nicht, nur an Täuschungen reicheres Helldunkel gesetzt. Durch dieses muſs der Darsteller unserer Wissenschaft den Leser, den Zuhörer nur zu oft den ängstlichen Weg führen, und zum Dank die empfundene Abspannung, die vielleicht nur dem Gegenstande zur Last fällt, sich vorhalten lassen.

Dann lassen sich die vernehmen, denen jedes Schweifen über die handwerksmäſsige Belehrung hinaus lästig däucht; die nicht begreifen, daſs, gäbe es auch keine Krankheit, die Physiologie nichts an ihrer Berechtigung verlöre; deren Klage ist, daſs Müller sich zu wenig von praktischen Gesichtspunkten leiten lasse, daſs die vergleichende Anatomie am Krankenbett nichts nütze sei. Diese können hier nicht berücksichtigt werden. Es sind dieselben, die jetzt, wo an Stelle der vergleichenden Anatomie in physiologischen Lehrbüchern mitunter eine Formel auftaucht, auch nicht zufrieden sind, und denen nicht zu helfen sein wird, es sei denn, die Physiologie unterliege einer regressiven Metamorphose, und schmiege sich wieder unter die Botmäſsigkeit der Medicin, von der Müller sie befreien half;[77] obschon gerade er, wie wir schon zu bemerken Gelegenheit hatten, vielleicht mehr als irgend ein anderer Physiologe, die Verbindung zwischen Physiologie und Medicin sorgsam im Auge behielt, selbst wenn er in scheinbar noch so groſser Ferne beschäftigt war.

Auch daſs, wegen der Fortschritte der Wissenschaft zwischen dem Anfang und der Vollendung des Werkes, die letzten Abschnitte mit den ersteren oft in Widerspruch oder auſser Zusammenhang gerathen sind, gehört zu den Mängeln, denen in erster Auflage kein physiologischer Lehrbuchschreiber entgeht. Allein abgesehen von dem Allen zeigt sich in Müller's *Handbuch* denn doch wirklich ein etwas zu kleines Maſs literarischer Ansprüche. Sein im ersten Gusse nicht sehr gefälliger Stil entbehrt sichtlich der Feile. Der Fortschritt der Darstellung leidet unter zahlreichen Wiederholungen und Abschweifungen. Oft verliert das *Handbuch* fast ganz den Charakter eines solchen, und nimmt sich mehr aus, wie eine lockere Sammlung von Abhandlungen. Keine Inhaltsübersicht, kein Register weist den Uneingeweihten in diesem scheinbaren Labyrinth zurecht. Kurz, wenn in der *vergleichenden Physiologie des Gesichtssinnes*, trotz der von Müller selbst ausgehängten Goethe'schen Warnungstafel[78], der Gehalt ohne Methode nicht selten nahe an die Schwärmerei führt, so sieht man dagegen im *Handbuch der Physiologie* nur zu häufig den Stoff ohne Form zum beschwerlichen Wissen anschwellen.

Das classische Gleichmaſs der Behandlung, die sorgfältige Gliederung des Stoffes, die Kunst der Übergänge, welche aus den Haller'schen *Elementa* einen bis in's Kleinste vollendeten Riesenbau machen, sucht man hier also vergebens. Obschon aber ferner Müller die tiefste Belesenheit besaſs, und die Literaturgeschichte jedes Kapitels in ihren wesentlichen Zügen meist mit treffender Schärfe zeichnet, hält doch auch in dieser Beziehung das Werk mit den *Elementa* nicht den Vergleich aus, in denen die ältere Literatur bis in Kleinigkeiten und unter Anführung der Quellen wahrhaft erschöpft ist, während Müller sich häufig mit Auszügen in Froriep's *Notizen* oder des Dänen Lund Preisschrift: „*Physiologische Resultate der Vivisectionen neuerer Zeit*"[18] begnügt.

Müller selbst kannte diese Schwächen seines grofsen Buches wohl. Er nannte es scherzend die Rumpelkammer der Physiologie. Wodurch ist es nun, dafs dasselbe, trotz diesen Mängeln, seine ungemeine Wirkung geübt hat?

Zunächst ist zu sagen, dafs es eine solche Bedeutung erlangt hat und für immer behalten wird durch die aufserordentliche Fülle eigener Untersuchungen des Verfassers, welche theils an sich vom hervorragendsten Werthe sind, theils wenigstens ihn zu einer so einsichtigen Beurtheilung der Ergebnisse Anderer befähigten, wie sie eben nur auf dem Wege eigenen Forschens zu erreichen ist. Fast überall befand er sich, in vergleichend anatomischer Beziehung, auf schon bekanntem Boden, dem er selber früher manches Stück hinzugefügt, oder manche neue Ansicht abgewonnen hatte. Gleichzeitig mit dem physiologischen Handbuche brachte er fortwährend vergleichend anatomische Arbeiten von gröfster Bedeutung zur Reife, von denen später die Rede sein wird, und die ihm gleichfalls hier zu statten kamen. Wer aber hätte, im eigentlich physiologischen Gebiete, besser als damals bereits er, die Abschnitte vom Blut und der Lymphe, von den Drüsen, von den Bewegungs- und Empfindungsnerven, von den Bewegungsgesetzen in der Thierwelt, von den Sinnen überhaupt, insbesondere aber vom Gesichtssinn, von der Entwickelung zum Theil, zu schreiben vermocht? Eine grofse Menge anderer Versuche und Beobachtungen über einzelne Gegenstände, die, bei Gelegenheit der Vorlesung entstanden, zwar noch nicht weit genug gediehen waren, um als selbständige Arbeiten zu erscheinen, war doch gewifs schon bereit und tauglich, dem *Handbuch* einverleibt zu werden; und wo es ihm noch an eigenen Untersuchungen gebrach, wurden jetzt dergleichen angestellt, bei denen ihm meist Hr. Schwann zur Hand ging, der schon als Studirender in Bonn ihm bei den Versuchen über die Wurzeln der Rückenmarksnerven und über das Blut behülflich gewesen war. So entstanden die Versuche über die Athmung der Frösche in verschiedenen Gasarten, über die Wiedererzeugung der Nerven, über die Magenverdauung, über die Wimperbewegung bei den Fischen, und noch viele andere.

Es war die Zeit, wo, in Folge des von Selligue, Chevalier und Hrn. Amici ausgegangenen Anstoßes, das Mikroskop plötzlich nicht nur sehr vervollkommnet, sondern auch viel allgemeiner zugänglich gemacht worden war. Gleichen Schritt mit der Erweiterung der optischen Hülfsmittel hielt die Erforschung der pflanzlichen und thierischen Gewebe, und führte zuletzt unter Müller's Augen, im Jahre 1838, zu jener eben so glücklichen wie kühnen Verallgemeinerung, die Hrn. Schwann's Namen unsterblich gemacht hat, und mit deren Ausführung im Einzelnen die Histiologie noch heute beschäftigt ist. An dieser Entwickelung betheiligte sich Müller auf das Lebhafteste, indem er theils selber arbeitend eingriff, wie in der Lehre vom Knorpel- und Knochengewebe, dem Gewebe der Rückensaite bei den Knorpelfischen, theils in seiner Umgebung Arbeiten hervorrief, wodurch einzelne Punkte aufgeklärt wurden, wie die Untersuchung von Ehrenberg über das elastische Gewebe[50], die von Hrn. Jordan über das damals sogenannte contractile Zellgewebe der Fleischhaut[51], welche jetzt freilich über Hrn. Valentin's und Hrn. Kölliker's Entdeckungen vergessen ist, die von Hrn. Miescher über die Wiedervereinigung der Knochen.[52] Müller ist es, der an Stelle des von Alters her gebräuchlichen Namens des *Zellgewebes* den des *Bindegewebes* gesetzt hat[53], dessen zur *Bindesubstanz* verallgemeinerter Begriff in der neueren Histiologie eine so große Rolle spielt. Alles dies wurde in das *Handbuch* hineingearbeitet, so daß die Wissenschaft darin unter Müller's Händen fast durchgängig eine ganz neue Gestalt annahm.

Nirgends jedoch tritt dieser Charakter mehr hervor, als in dem von Müller zuerst so überschriebenen Abschnitte, „der Physik der Nerven". Hier sahen die Physiologen und Aerzte mit Erstaunen das, was bis dahin nur ein Chaos vereinzelter Thatsachen und grundloser Theorieen gewesen, durch Müller's schöpferischen Kopf gezwungen, sich zum erstenmal zu einem wissenschaftlichen Ganzen ordnen, an dem Licht und Finsterniß deutlich geschieden, das Feste vom Schwebenbleibenden abgeklärt war.

In der allgemeinen Nervenphysik hat Müller das Verdienst, die Vorstellung vom sogenannten Nervenprincip und dessen Verhältniß zur Elektricität, nach der damaligen Sachlage, besonders scharf gefaßt, und die seit Haller fast vergessene Frage nach der Fortpflanzungsgeschwindigkeit jenes Agens, wie die sonst noch kaum erwogene nach der ein- oder doppelsinnigen Leitung beider Fasergattungen, in bestimmter Gestalt zur Sprache gebracht zu haben. Von dem Hort hieher gehöriger Erkenntnifs, der versunken mit dem zu Anfang des Jahrhunderts gescheiterten Fahrzeug der thierischen Elektricität, erst in unseren Tagen wieder geborgen wurde, hat übrigens MÜLLER, so wenig als sonst damals Jemand, eine Ahnung gehabt. Ich weifs, dafs er selber viele vergebliche Versuche gemacht hat, elektrische Wirkungen durch die Nerven zu erzeugen, wovon der Artikel „Thierische Elektricität" im *Encyclopaedischen Wörterbuche* nur eine Andeutung enthält. Ein früher auf dem anatomischen Museum befindliches, aus Glasröhren gebogenes Multiplicatorgewinde verrieth, wie MÜLLER daran gedacht habe, ob nicht das Nervenprincip vielleicht nur durch Flüssigkeiten abgeleitet und zur Wirkung auf die Magnetnadel gebracht werden könne. Von wie verändertem Standpunkte wir auch heute auf diese Bestrebungen blicken, man darf nicht vergessen, dafs sie später MÜLLER in Stand setzten, als ihm durch Hrn. von HUMBOLDT der NOBILI'sche Froschstrom in Hrn. MATTEUCCI's *Essai* bekannt wurde, darin die Spur zu wittern, die hier zu Besserem führen konnte, an deren Anfang er dann mich stellte.[34]

Gewährte das BELL'sche Gesetz, welches MÜLLER fast das seine nennen durfte, ihm in der speciellen Nervenphysik bereits einen sicheren Erklärungsgrund und einen leitenden Faden für die Zusammenordnung unzähliger Thatsachen, wie noch kein Vorgänger einen solchen besessen hatte: so war dies in kaum geringerem Grade der Fall mit dem Princip der Reflexion in den Bewegungen nach Empfindungen, wodurch die früher angenommenen Sympathieen beseitigt, und eine Schaar von Wirkungen im gesunden wie im kranken Körper, vom leisen Spiel der Augenblendung in Licht und Schatten, bis zum Wundstarrkrampf oder den Wadenkrämpfen in der Cholera, mit einem Schlage erhellt wurde. MÜLLER ist zum Studium der Reflexbewegungen höchst wahrscheinlich im Verfolg der früher erwähnten Versuche über Resorption an Fröschen geführt worden, wobei er sich des vorzüglichsten Reflex-Narkoticums, des Opiums, bediente. Zwar hatte, worauf Hr. PFLÜGER aufmerksam gemacht hat[35], PROCHASKA bereits im Jahre 1784 jenes Princip richtig ausgesprochen, ja dasselbe Bild einer Zurückwerfung, Reflexion, angewendet, um den Übergang der Erregung von centripetal leitenden auf centrifugal leitende Nerven zu versinnlichen." Eben so weit war, wie ich gefunden habe, übrigens DES CARTES, der gelegentlich auch schon das nämliche Bild gebraucht.[47] Auch hatte, um ein Kleines früher als MÜLLER, MARSHALL HALL jene alte Lehre wiedererweckt. Indessen ist zu bemerken, dafs in PROCHASKA's eigener *Physiologie oder Lehre von der Natur des Menschen* vom Jahre 1820 die Reflexion weder der Sache noch dem Namen nach vorkommt, sondern die Reflexe mit Hülfe des „Consensus Nervorum" und der „polarischen Wechselwirkung der Organe" erklärt werden;[48] so dafs also wohl bei jenen früheren Äufserungen PROCHASKA selber nicht gewufst hat, was er that, als er die Reflexion so treffend definirte. Was MARSHALL HALL betrifft, so kann kaum die Frage sein, wer von beiden, er oder MÜLLER, diese Lehre richtiger erfafst, oder besser verwerthet habe. MARSHALL HALL vermischte sehr bald mit dem Thatsächlichen seine Hypothese eines excitomotorischen Systems, und hat bis zuletzt die Reflexbewegungen narkotisirter Thiere mit den Bewegungen gereizter enthaupteter Thiere verwechselt; während MÜLLER wenigstens später dieselben in seinen Vorlesungen wohl zu trennen pflegte.

Auch die Lehre von der Mitbewegung, in welcher DARWIN und REIL Vieles dunkel gelassen hatten, und die von der Mitempfindung finden sich bei MÜLLER zuerst im richtigen Zusammenhange vorgetragen und auf das Geistreichste erläutert, wobei seine eigenthümliche Begabung für die Behandlung der subjectiven Seite derartiger Phänomene sehr bemerkbar wird. Diese Auseinandersetzungen kann man auch heute nicht ohne den höchsten Genufs lesen; und in der kahlen Dürftigkeit einiger neueren Darstellungen derselben Lehren wird es Einem alsdann freilich schwer, den Fortschritt zu erkennen, dessen ihre Verfasser sich rühmen zu dürfen glauben. In der Mechanik der Empfindungen hat MÜLLER die sogenannte excentrische, besser peripherische Erscheinung der den Nervenstamm treffenden Gefühlseindrücke in derselben Art aus der Sphäre der zufälligen Sinnestäuschungen in die des Gesetzmäfsigen entrückt, wie dies GOETHE, GRUITHUISEN und Andere einst für die früher sogenannten Augentäuschungen thaten. So ist MÜLLER's Name auf's Innigste verknüpft mit denjenigen drei grofsen Errungenschaften der Nervenphysiologie, welche nicht allein zur natürlichen Grundlage der neueren Nervenpathologie in der Gestalt geworden sind, die Hr. ROMBERG ihr ertheilt hat, sondern auch überhaupt die gröfste praktische Wichtigkeit in der Heilkunde erlangt haben: mit dem BELL'schen Gesetze, mit der Wechselwirkung empfindender und bewegender Fäden in den Centralorganen, und mit dem Gesetze der peripherischen Erscheinung der Gefühlseindrücke: ein Umstand, der zu seinem Ruhme um so mehr beigetragen hat, je weniger es gelungen ist, den wichtigsten seitherigen Fortschritten der Nervenphysik eine ähnliche Bedeutung abzugewinnen, was vielleicht erst wieder für die von Hrn. BERNARD angebahnte Entdeckung der vasomotorischen Thätigkeit des Sympathicus glücken wird.

In dem nun folgenden Buche von den Bewegungen, welches den zweiten Band eröffnet, erscheint der Abschnitt über die allgemeine Muskelphysik in mancher Beziehung als einer der schwächsten des Werkes. Indessen bietet doch auch dieser ein ungewöhnliches Interesse dar durch die darin niedergelegte Untersuchung des Hrn. SCHWANN über die Art wie die Kraft des Muskels mit seiner Verkürzung abnimmt, wodurch zum erstenmal eine unzweifelhafte Lebenserscheinung mathematischen in Zahlen ausgedrückten Gesetzen unterworfen ward;[59] und es fehlt nicht an einzelnen Bemerkungen, in denen sich MÜLLER's aufmerksame Kritik zeigt, wovon sein Einwurf gegen PAUL ERMAN's Versuch über die Volumsabnahme des Muskels bei der Verkürzung ein Beispiel giebt, daſs da das Aalstück nicht unter einer tropfbaren Flüssigkeit angerichtet worden, die beobachtete Abnahme vielleicht nur von Luft herrühre, welche in die an der Schnittfläche klaffenden Arterien eingedrungen sei; ein Einwurf, der bekanntlich seitdem durch MARCHAND und Hrn. EDUARD WEBER beseitigt worden ist.[60]

Den höchsten Glanz verbreiteten indeſs, und halfen ganz besonders dem *Handbuch* seine hervorragende Stellung erobern, die im Gefolge der Bewegungslehre darin mitgetheilten Untersuchungen über die Stimme. Die Vollendung derselben fällt in das Jahr 1837; der *Grundriſs der Physiologie* vom Jahre 1827 und das Verzeichniſs der von MÜLLER in Bonn gehaltenen Vorlesungen zeigen aber, daſs das Interesse für diesen Gegenstand bereits viel früher in ihm rege war. Auch erlosch dasselbe nicht, wie dies sonst wohl der Fall zu sein pflegte, mit der Herausgabe des darauf bezüglichen Abschnittes der *Physiologie*. Zwei Jahre später, 1839, lieſs MÜLLER diesem einen Nachtrag in Form eines eigenen Werkes: „*Über die Compensation der physischen Kräfte am menschlichen Stimmorgan, mit Bemerkungen über die Stimme der Säugethiere, Vögel und Amphibien*" folgen, und in so fern sich daran wieder seine letzte physiologische Arbeit, das erst im Jahre 1856 veröffentlichte Bruchstück: „*Über die Fische, welche Töne von sich geben und die Entstehung dieser Töne*" anschloss, kann man sagen, dafs er nie ganz aufgehört habe, sich mit diesem Lieblingsthema zu beschäftigen.

In diesen Untersuchungen sah man MÜLLER, den man bisher nur als Anatomen und als physiologischen Experimentator gekannt hatte, trotz seiner geringen Vorbildung, plötzlich mit aller Sicherheit auf dem Gebiete des physikalischen Versuches erscheinen. Das Feld, auf dem er auftrat, war freilich besonders für ihn geeignet, und zwar, wie paradox dies klingen möge, zum Theil gerade vermöge dessen ungeheurer Schwierigkeit. Die Verhältnisse, unter denen das Stimmorgan seine Töne erzeugt, sind, wie fast überall im Thierleibe, wegen der unregelmäfsigen Gestalt der Theile, ihrer unreinen Aggregatzustände, und der Mittheilung der Schwingungen zwischen ungleichartigen Massen, so verwickelter Art, dafs eine wirklich strenge Zergliederung der Vorgänge aufser den Grenzen der Möglichkeit lag, und was zu thun war, sich auf die experimentelle Verfolgung des Gegenstandes an der Hand jenes inductiven Verfahrens beschränkte, welches ein Gemeingut aller für die Erforschung der Natur organisirten Köpfe ist. Über die Tonerzeugung im Kehlkopfe lag bereits eine grofse Menge von Erfahrungen und Vermuthungen vor; auch der richtige Weg, auf dem man fortzuschreiten hatte, war bereits angedeutet: nämlich durch Versuche am ausgeschnittenen Kehlkopf und durch künstliche Nachbildung desselben. Worum es sich aber vorzüglich handelte, war, die Gesetze der Tonwerke mit häutigen Zungen zu ergründen, welche die meiste Ähnlichkeit mit dem Stimmorgan zu zeigen schienen; wozu übrigens Hrn. WILHELM WEBER's Untersuchung über die Tonwerke mit starren Zungen die nöthigen Anhaltspunkte bot.

Des so gehäuften Stoffes bemächtigte sich MÜLLER mit dem brennenden Eifer, dem biegsamen Geschick und der erschöpfenden Ausdauer, die wir ihn bereits auf so vielen Punkten haben entfalten sehen. Er lehrte den ausgeschnittenen Kehlkopf passend befestigen. Die bisher nur qualitativen Versuche verwandelte er in quantitative. Obschon im Princip unbekannt mit diesem Kunstgriff der physikalischen Methode[11], suchte er mit sicherem Instinct die Tonhöhe des Kehlkopfes als Function der verschiedenen Variabeln zu bestimmen, die darauf von Einflufs sind: der durch Gewichte bewirkten Spannung der Stimmbänder, des manometrisch gemessenen Druckes in dem Windrohr u. s. w. Dieselbe Art der Untersuchung auch auf die häutigen Zungenpfeifen angewendet, führte zu dem entscheidenden Ergebnifs, dafs diese sowohl wie schon nach Liskovius der Kehlkopf[1], sich von den starren Zungenpfeifen dadurch unterscheiden, dafs ihr Ton mit der Stärke des Anblasens steigt, worauf die Möglichkeit und Nothwendigkeit einer durch entsprechende Abspannung der Stimmbänder bewirkten Compensation am Kehlkopfe beruht. Schwierigkeiten blieben bestehen, wie z. B. die von Hrn. Rinne genauer erörterte, dafs der Ton des Stimmorgans von der Länge der im Wind- und Ansatzrohre mitschwingenden Luftsäulen unabhängig ist, während der der häutigen Zungenpfeifen sich in dieser Hinsicht dem der starren Zungenpfeifen ähnlich verhält.[2] Doch ist im Allgemeinen die Natur des Stimmorgans als einer häutigen Zungenpfeife seitdem stets anerkannt worden, und so abschliefsend haben sich überhaupt diese Untersuchungen Müller's erwiesen, dafs bisher an seinen Ergebnissen nur wenig gerührt und geändert worden ist, ja dafs die Erfindung des Kehlkopfspiegels, die die Physiologen sonderbarerweise einem Künstler zu machen überlassen haben, bisher nur zu ihrer Befestigung gedient hat.

An die Arbeit über das Stimmorgan schliefst sich der Zeitfolge der Vollendung sowohl wie der Natur der Aufgaben und der Art der Behandlung nach die über das Gehör, deren Anfänge sich übrigens schon in der *vergleichenden Physiologie des Gesichtssinnes* erkennen lassen. Wie in der Erforschung des Sehens Müller durch ein an Schärfe in Nähe und Ferne, an Ausdauer und an Reichthum des inneren Sinnes besonders begabtes Auge begünstigt war, so schien er auch für das Eindringen in die Geheimnisse des Gehörsinnes von der Natur vorbestimmt. Nicht nur besafs er ein musikalisch richtiges und dabei so feines Gehör, dafs ihm auch eine im Nebenzimmer leise geführte Unterhaltung nicht entging (von der er freilich nur ein Wort zu erlauschen brauchte, um zu wissen, wovon die Rede war), sondern er vermochte auch, wie seine äufseren, seine inneren Ohrmuskeln willkürlich zu bewegen, so dafs Nahestehende das Knirschen der Gehörknöchelchen vernahmen.[3] In der Untersuchung über das Gehör hat vielleicht Müller noch mehr Scharfsinn und Erfindung aufgeboten, als in der über die Stimme, und wenn sein Erfolg ein geringerer geblieben ist, so liegt dies an der fast hoffnungslos dunklen Natur des Gegenstandes. Seine schematischen Versuche über die Bedeutung des

Trommelfelles, und dessen Spannmuskels, über die doppelte Schallleitung in der Paukenhöhle, sind nicht allein fundamental, sondern sie scheinen zugleich den einzigen Weg zu zeigen, auf dem hier weiter fortzuschreiten sein würde. Trotz den durch Hrn. CORTI angebahnten Entdeckungen über den feineren Bau der Schnecke, und trotz Hrn. EDUARD WEBER's neuer Theorie der Fortpflanzung der Schwingungen im inneren Ohr, läſst sich behaupten, daſs es kaum ein Gebiet unserer Wissenschaft gebe, welches noch so wenig seine ihm von MÜLLER ertheilte Gestalt verändert hat, wie die Physiologie des Gehörs.

Aber sogar das Buch vom Seelenleben findet sich bei MÜLLER vielfach mit eigenen Gedanken bereichert, wie denn dieser Abschnitt überhaupt von ihm mit einem Ernst und einer Tiefe der Auffassung behandelt wird, die demselben in physiologischen Lehrbüchern nicht immer zu Theil werden, und in denen sich die seit der Bonner Katastrophe zurückgedrängte innerste Natur des Mannes verräth. Es genüge zu erwähnen, wie hier zum erstenmal die Lehre von den Phantasmen und somit vom Traum in's rechte Licht gestellt ward, und wie MÜLLER an die Stelle der alten Lehre von der Association der Ideen die des Schwankens der Begriffe vom Concreten zum Abstracten, von diesem zu einem anderen Concreten zu setzen versucht.

Die eingehende Behandlung der Frage nach der Thierseele erinnert an das Interesse, welches MÜLLER an den Lebensgewohnheiten der Thiere, als dem Ausdruck ihres geistigen Wesens, nahm. Die Zootomie hat niemals in ihm, wie so häufig in den Einzelnen und in der Wissenschaft im Allgemeinen, die Naturgeschichte, das Studium des todten nie das des lebenden Thieres verdrängt. Seine frühe Schilderung der Spinne in der *Isis* ist BUFFON's würdig; aber noch viel später konnte er sich z. B. in die Beobachtung der Manieren eines groſsen Hundes vertiefen der sein Hausgenosse war, um die das Thier bewegenden Strebungen zu entziffern.

Gegen die Thorheiten des thierischen Magnetismus und der Schädellehre hat MÜLLER sich stets mit dem Ernst und gelegentlich mit der Schärfe und Derbheit ausgesprochen, die dem mühevoll nach Wahrheit strebenden Forscher gegenüber dem leichtfertigen Selbstbetruge oder Betruge Anderer, er geschehe wissentlich oder nicht, wohl anstehen.[71]

So brachte MÜLLER's *Handbuch* also nicht sowohl die Physiologie wie sie damals war, als vielmehr sofort fast auf allen, wenigstens den wichtigsten

Punkten, eine ganz neue Physiologie. Inzwischen war es nicht dies allein, es war zugleich die Art dieser neuen Physiologie, die dem Werke seine außerordentliche Wirkung eintrug; und hier wie so oft gelang die Wirkung deshalb, weil die Zeit reif dafür, und die wirkende Ursache eben nur eine Ausgeburt der Zeit war.

Liest man die Arbeiten der bedeutenden Physiologen der zweiten Hälfte des vorigen Jahrhunderts, z. B. des italiänischen Zwillingsgestirns Spallanzani und Fontana, so muß man sich sagen, daß diese Männer im Allgemeinen bereits durchaus die nämlichen Ziele und in der nämlichen Art verfolgten, wie nur das neueste, auf seine Methoden und seine Erfolge so stolze Geschlecht von Forschern. Obschon nicht frei von vitalistischen Vorurtheilen, gingen sie doch bei ihren Untersuchungen nach den Regeln einer gesunden Induction, rein als physiologische Physiker und Chemiker, zu Werke, und die Mittel der damaligen Physik und Chemie standen ihnen in vollem Umfang zu Gebote. Mehrere Umstände vereinigten sich, dem raschen Fortschritt unserer Wissenschaft, den man danach hätte erwarten sollen, ein Ziel zu setzen. Doradogleich hatte in den neunziger Jahren Galvani's Entdeckung Aller Sinn auf sich gelenkt. Zu Hohes, für alle Zeiten vielleicht, war gehofft worden; zu Schwieriges, für jene Zeit wenigstens, wurde versucht; ganz Anderes, als was Galvani selber und nach ihm die Aerzte und Physiologen geträumt hatten, wurde schließlich erreicht. Eine tiefe Entmuthigung der Experimentatoren war fast überall die Folge.[34] Da stand Cuvier auf, und leicht prägte sein mächtiger Geist der organischen Naturforschung auf ein Menschenalter hinaus die fast ausschließliche Richtung auf die Erkenntniß der Bildungsgesetze der belebten Natur ein. Unermeßliches war hier zu leisten und ward geleistet. Aber wie wir es heute am Einzelnen erleben, daß die morphologische, die Formen beschreibende Richtung sich nur schwer mit der theoretisch-experimentellen, auf die Zergliederung der Vorgänge zielenden paaren läßt; daß beide verschiedene geistige Kräfte und Neigungen voraussetzen, verschiedene Kenntnisse und Fertigkeiten beanspruchen; daß jene, weil sie es mit dem schwierigsten Theile der organischen Vorgänge zu thun hat, leicht dem Vitalismus in die Arme fällt, während diese, in stetem Umgang mit den allgemeinen Begriffen über Materie und Kraft, und der Dunkelheiten, an denen auch die unorganische Natur reich ist, sich besser bewußt, zur Einheit der Weltanschauung strebt; daß über dem unendlichen

6*

Zudrang der Gestalten und dem Ordnen und Beschreiben derselben der Morphologe nicht selten ganz das eigentliche Ziel der Forschung, das Begreifen des Organismus, aus den Augen verliert: so sieht man auch damals die allgemeine Richtung auf die vergleichende Anatomie Hand in Hand gehen mit dem unbedingten Sieg des Vitalismus, und die theoretische Wissenschaft von der organischen Natur darniederliegen. Dazu kam bei uns, wie Jedermann weifs, sonderbarerweise gleich begünstigt durch die romantische Reaction gegen den Goethe'schen Hellenismus, wie durch diesen selber, die Herrschaft der falschen Naturphilosophie, der die morphologische Schule zum Theil eine eben so leichte Beute ward, als manche Galvanisten. Und nichts zeigt vielleicht besser, ein wie leeres Blatt in der Geschichte der Physiologie das erste Viertel dieses Jahrhunderts vergleichsweise blieb, als der Umstand, dafs gegen die Mitte dieses Zeitraumes die gröfste physiologische Entdeckung seit Harvey, die Lehre von der verschiedenen Natur der Wurzeln der Rückenmarksnerven, theoretisch hingeworfen werden konnte, und dafs zwanzig Jahre verstrichen, ehe Müller den ersten sicheren Beweis dafür lieferte.

Allmählig indefs, nach langem Stillstand, bereitete sich der Umschwung vor. Was von den Aufgaben der Morphologie im ersten Anlauf sich bewältigen liefs, war abgethan. Im Gebiete der mit unbewaffnetem Auge oder der Lupe anstellbaren Beobachtungen fing man an einzusehen, dafs zu weiterem Fortschritt in den Deutungen, ja zur Sicherstellung des bereits Erworbenen, es der schwierigen embryologischen Forschungen bedürfe, die noch heute weit entfernt sind, Jedermanns Sache zu sein. Das Mikroskop eröffnete ein zwar lockendes, aber bei der allgemeinen Unerfahrenheit noch sehr gefährliches Feld der Untersuchung. Von der Physik und Chemie herüber kam der Anstofs zur erneuten Prüfung der allgemeinen Anschauungen. Ampère's Entdeckungen, der Magnete aus einem in sich gleichartigen Stücke Kupferdraht wickeln lehrte, entlarvten das Trugbild der Polarität. Berzelius' ernstes Beispiel wies die Physiologie auf das nüchterne Tagwerk des Laboratoriums hin. Immer lauter, von immer mehr Seiten her, erhebt sich der Ruf nach exacter Forschung, und die Rückkehr zum physiologischen Versuch, in Frankreich durch Magendie auf dem Wege der Vivisection, bei uns durch Hrn. Purkinje auf dem der subjectiven Beobachtung angebahnt, gestaltet sich um so fruchtbarer, je mehr neue Hülfsmittel sich mittlerweile in der Physik und Chemie gehäuft haben, die es sich verlohnt auf die Erforschung der Organismen anzuwenden.

Wie MÜLLER, zu Anfang seiner Laufbahn, in jene Wildniss verstrickt wurde; wie er sich mühsam, allmählig, zur Klarheit hindurchwand; wie er zuletzt als Sieger ungeschwächt aus dem Irrsal hervortrat: dies ist der Faden gewesen, an den sich unsere bisherige Darstellung geknüpft hat. Er, der Schüler KASTNER's und jenes NEES VON ESENBECK, dessen Auseinandersetzung über die Farben der Blumen GILBERT, der erbarmungslose Verfolger der falschen Naturphilosophie, in seinen *Annalen* zum Spott und zum warnenden Beispiel abdrucken liess;" er, der einst in gläubiger Minderjährigkeit den Versuch und die verständige Zergliederung in der Physiologie verketzert hatte: er hat sich jetzt an die Spitze derer aufgeschwungen, die kein anderes Princip der Naturforschung gelten lassen, als die Induction, und die in der Morphologie nicht den Zweck der Forschung, sondern nur eine nothwendige Vorstufe, die Grundlage aller Erkenntniss des Lebens erblicken, auf der mit Hülfe der Beobachtung und des Versuches, unter Zuziehung aller erdenklichen Hülfswissenschaften, die Thätigkeit des Physiologen erst beginne.

Der Ausdruck seines Strebens, und somit jener doppelten Reaction, deren Banner er trug, ward das *Handbuch der Physiologie*. „Die vergleichende „Anatomie," hatte noch RUDOLPHI gesagt, „ist die sicherste Stütze der Phy„siologie, ja ohne dieselbe wäre kaum eine Physiologie denkbar".[34] Niemand verkennt heutzutage die unschätzbaren Aufschlüsse, die wir allerwärts der vergleichenden Anatomie schulden, und doch wer unter den jüngeren Physiologen, die ihre Bildung auf MÜLLER's *Handbuch* zurückführen, möchte jenen Satz unterschreiben? So trägt denn dieses Buch, im Gegensatz zu den, bei aller Skepsis und aller Gelehrsamkeit, mehr naturgeschichtlich gehaltenen Werken RUDOLPHI's, TREVIRANUS', ja selbst Hrn. TIEDEMANN's, den Stempel eines ruhelosen Forschens nach den letzten Gründen. Durch die eigene Uebung im Versuch ist der dort schon bemerkbare nüchterne Geist naturwissenschaftlicher Kritik hier vollends zur aufmerksamsten Schärfe erweckt und gesteigert. Alle Thatsachen, die das enge Sieb der HALLER'schen Kritik durchgelassen hatte, und alle seitdem hinzugekommenen, werden zur Musterung herangezogen, und keine erhält den Freipass, die nicht vor der strengsten Prüfung Stich gehalten hat. Nichts wird auf Treu und Glauben hingenommen, nichts als fertig hingestellt. Keine Frage wird verabräumt, keine Schwierigkeit verschwiegen. Nie verdriefst es Müller, als das Ergebnifs einer noch so langen und mühsamen Erörterung, den altschottischen Wahrspruch: „Ignoramus" niederzuschreiben. Es dünkt ihm hinlänglicher Gewinn „dafs die Wichtigkeit des Problems, die Beschaffenheit „einer genügenden Erklärung, und die Unmöglichkeit sie beizubringen, ein„leuchte"." Kein Mittel der Untersuchung wird verschmäht, keins bevorzugt. Morphologie im weitesten Sinne, auch auf die Pflanzen sich erstreckend; Physik und Chemie; die subjectiven Erfahrungen; die Pathologie: Alles ruft er herbei die grofse Aufgabe zu fördern, in einem Mafs und mit einem Erfolg, wie es seit Haller's Werk in gleicher Weise nicht gesehen worden war. Und so hat also sein Buch Epoche gemacht, weil eben damals eine Periode ablief, und eine andere begann, die sich im Voraus darin abspiegelte; eine Periode skeptischen Rüttelns an allem mit Recht oder mit Unrecht längst sicher Geglaubten; erneuten Versuchens nach allen Richtungen; des Angreifens altehrwürdiger Probleme mittels bisher ungeahnter Künste des Versuches, denen sie fallen wie mittelalterliche Burgen vor den neuen Kriegsmaschinen; eine Periode endlich so unverhoffter Erfolge und so rascher Fortschritte, dafs Müller selbst sehr bald davon überholt ward, und dafs es nach kaum zwanzig Jahren nicht überflüssig erscheint zu untersuchen, worin das Geheimnifs der Wirkung seines schon veralteten Buches einst lag.

Wenn aber die nicht unbillige Frage erhoben würde, warum für den Helden jenes Befreiungskampfes, für den Choragen der neuen Schule, gerade Müller gelten solle, der auf so langem Umwege sich in's Rechte fand, und so früh wieder den Kampfplatz verliefs, warum nicht lieber Hr. Purkiňe, von dem so viel Grofses ausgegangen, oder Hr. Ernst Heinrich Weber, dessen Leistungen von Anfang an bis heute in gleichmäfsig fleckenloser Reinheit strahlen: so könnte die Antwort, mit den Worten der Schrift, nicht ohne tiefen Sinn lauten, weil eben im Himmel über Einen Sünder, der Bufse thut, Freude sein wird vor neun und neunzig Gerechten, und weil es eben in der menschlichen Natur liegt, dafs der Tag von Damaskus aus dem grimmigsten Verfolger den eifrigsten Bekehrer machte. Die klarsten und feinsten Köpfe sind nicht immer zugleich am meisten befähigt, als Reformatoren zu wirken. Man denke sich des Erasmus hellen durchdringenden Geist in das Augustinerkloster zu Erfurt gebannt: nie wird aus ihm der gewaltige Mönch werden, der den Mediceer im Vatican aus seinem aesthetischen Quietismus rüttelte. Zum Reformator gehört, außer der Gunst der Umstände, auch noch der Hafs gegen den Irrthum, der im Verhältnifs zur Mühe steht, mit der man ihm entrann; und zudem ein gewisses, zur Wirkung nach Aufsen und zur Herrschaft über die Geister drängendes Element der Leidenschaft, welches MÜLLER keineswegs fremd war.

Und wie sich den Eroberern zuletzt immer etwas von den Eigenthümlichkeiten der Ueberwundenen anhängt; wie die Reformatoren einen Theil der Irrthümer, die sie bekämpften, in die geläuterte Lehre mit hinübernahmen, so ist es, in gewisser Beziehung, auch MÜLLER, als siegreichem Reformator in der Physiologie, ergangen. Eine Schilderung seiner Wirksamkeit als Physiologe würde nicht vollständig sein, wenn darin unberührt bliebe das Verhältnifs, welches er zu den grofsen Principienfragen unserer Wissenschaft, nach dem Wesen der Lebensvorgänge und der dabei thätigen Kräfte, behauptet hat. Jedermann weifs, dafs MÜLLER stets entschiedener Vitalist gewesen und bis an sein Ende geblieben ist.

Bekanntlich nahm MÜLLER eine einfache Lebenskraft an, die, von den physikalischen und chemischen Kräften durchaus verschieden, in den Organismen als Ursache und als oberster Ordner aller Erscheinungen nach einem bestimmten Plane wirksam sei. Vor dieser Kraft liegen alle Räthsel der Physik offen. Im Tode verschwindet sie, ohne eine entsprechende Wirkung hervorzubringen. Sie wird vermehrt durch das Wachsthum, indem Pflanzen organische Stoffe bilden und beleben, Thiere wenigstens das letztere thun. Ohne dafs sie selbst etwas einbüsste, lösen sich bei der Zeugung dem Ganzen gleichwerthige Bruchtheile von ihr ab, um auf den Keim des neuen Geschöpfes überzugehen. Hier kann die Lebenskraft, wie z. B. im Weizenkorne, lange schlummern, um gelegentlich unter dem Einflufs der Lebensreize die Entwickelung einzuleiten. Im vertrockneten Räderthiere, im Scheintode überhaupt, im Rausch, ist sie unterdrückt, „latent", und kann nach Beseitigung der hemmenden Ursachen wieder ihre Wirkungen äufsern. Der Stoffwechsel bleibt ein unerklärtes Räthsel. Doch neigt sich MÜLLER zu Vorstellungen ähnlich denen, die ANDREAS SNIADECKI in seinem, wie schon Hr. LOTZE bemerkt hat[***], von MÜLLER über die Gebühr gepriesenen Werke entwickelt hat. Die Organismen sind übrigens zwar physikalischen und chemischen Einwirkungen zugänglich; allein die Art ihrer Reaction auf diese Einwirkungen unterscheidet sich nach MÜLLER von der physikalischen, wobei der eine Körper auf den anderen seinen Bewegungszustand überträgt, und von der chemischen, wobei die Eigenschaften beider Stoffe in einer dritten untergehen, dadurch, dafs die Reize am Organischen nichts zum Vorschein bringen, als die Eigenschaft des Organischen selber, dessen „Energie".

In diesen Vorstellungen verräth sich, wie man sich nicht verhehlen kann, die mangelhafte theoretische Grundlage von MÜLLER's Bildung, welche auch sonst in dem *Handbuch der Physiologie* bemerklich wird, wo physikalische Anschauungen nicht zu entbehren sind, wie in der Haemodynamik, der allgemeinen Muskelphysik, der Lehre von der Diffusion, von den Athembewegungen, von den Gelenken, und an solchen Stellen mehr. Eine etwas genauere Bekanntschaft mit den Grundbegriffen der analytischen Mechanik würde ihm das Unstatthafte offenbart haben, das in der Annahme einer Kraft liegt, die an kein bestimmtes Substrat geknüpft, auf keinen bestimmten Punkt wirkt; die Billionen von Molekeln auf's Mannigfachste verschiebt und doch Eine sein soll; die zur Materie hinzugefügt und wieder davon getrennt, die ohne Wirkung vernichtet, und ohne Stoffverbrauch vermehrt werden kann. Wäre er nicht so von vorn herein von der gänzlichen Verschiedenheit des Organischen und Unorganischen überzeugt gewesen, es hätte ihm auffallen müssen, dafs eine Repetiruhr genau wie ein Nerv, ein Muskel, eine Mimose, so oft, und gleichviel durch welche als Zwischenglieder benutzte Vorgänge, sie ausgelöst (fast hätte ich gesagt, gereizt) wird, ihre „Energie" in gleicher Weise äussert. Was sich endlich MÜLLER unter einer *Kraft* gedacht habe, die nach einer ihr vorschwebenden Idee den Organismus erzeuge und nöthigenfalls ausbessere, und der dabei eine vollendete Kenntnifs der Physik zu Gebote stehe, Attribute, die doch nur einem mit Bewufstsein handelnden, persönlichen Wesen zukommen können, möchte schwer zu sagen sein.[61]

Allein wie sehr auch MÜLLER in dieser Beziehung auf überwundenem Standpunkte stehen geblieben ist, er hat auch hier Verdienste charakteristischer Art. Er hat nämlich die Lehre von der Lebenskraft mit einer solchen Schärfe und Klarheit ausgesprochen, dafs er dadurch wesentlich denjenigen vorgearbeitet hat, die dieses Dogma kritisch prüfen wollten. Aus dem Nebel vitalistischer Träumereien tritt sein Irrthum hervor mit Hand und Fufs, Fleisch und Bein zum Angriff bietend. Mufs, wie aus MÜLLER's Betrachtungen folgt, die Lebenskraft gedacht werden als ohne bestimmten Sitz, als theilbar in unendlich viele dem Ganzen gleichwerthige Bruchtheile, als im Tode oder Scheintode ohne Wirkung verschwindend, als mit Bewußtsein und im Besitze physikalischer und chemischer Kenntnisse nach einem Plane handelnd, so ist es so gut als ob man sagte, es giebt keine Lebenskraft; der apagogische Beweis für die andere Behauptung ist geführt.

Die neuere physiologische Schule, Hrn. Schwann an der Spitze, hat den Schluß gezogen, zu dem Müller dergestalt die Vordersätze geliefert hat. Sie ist dabei wesentlich unterstützt worden durch drei Errungenschaften, welche Müller erst in einem Alter erlebte, wo tief wurzelnde, mit dem ganzen geistigen Dasein verwebte Ueberzeugungen nicht leicht mehr aufgegeben werden.

Ich meine erstens Hrn. Schwann's Entdeckung der Zusammensetzung des Thier- und Pflanzenleibes aus selbständig, obwohl nach gemeinsamem Princip, sich entwickelnden Elementen, welche die Vorstellung einer den Gesammtorganismus beherrschenden Entelechie, wie Müller ihr anhing, aus dem Gebiete der vegetativen Vorgänge verdrängte, und die Möglichkeit einer dereinstigen Erklärung dieser Vorgänge aus den allgemeinen Eigenschaften der Materie von ferne zeigte. Ich meine zweitens die näheren Aufschlüsse über die Natur der Nerven- und Muskelwirkungen, deren Reihe mit Hrn. Schwann's vorher erwähnter Untersuchung über die sich mit der Verkürzung ändernde Kraft des Muskels begann, und wodurch an Stelle der früheren Wunder der Lebenskraft auch hier ein Molecular-Mechanismus gesetzt ward, dessen Verwickelung unserer Bemühungen zu seiner Enträthselung vielleicht noch lange spotten wird, der aber darum nicht minder eben nur als ein Mechanismus erkannt ist. Ich meine drittens die Lehre von der Erhaltung der Kraft, in so fern dieselbe den Schlüssel zur Erklärung des Stoffwechsels in den Pflanzen und Thieren lieferte. Durch die Einsicht daß die Kraft, mit der wir unsere Glieder bewegen, wie nach George Stephenson die seiner Locomotive[102], nichts ist, als durch die Pflanzen verwandeltes Sonnenlicht; daß die hochoxydirten thierischen Auswürflinge es waren, die bei ihrer Verbrennung diese Kraft, und nebenher die thierische Wärme, das *ἔμφυτον θερμὸν* der Alten, erzeugten: durch diese Einsicht ist über den chemischen Mechanismus des Thier- und Pflanzenleibes eine Tageshelle verbreitet, welche das blasse Gespenst der früher hier spukenden Lebenskraft gar nicht mehr sichtbar werden läßt.

Die erste dieser drei Gruppen von Thatsachen, die Lehre von den Zellen, war zur Zeit der Herausgabe des zweiten Bandes der *Physiologie* Müller bereits völlig bekannt, und er selber hat daselbst die allgemeinen Folgerungen daraus zu entwickeln gesucht. Für einige niedere Organismen, wie die Fadenpilze, die Naiden, liefs er die Schwann'sche Theorie gelten. Weil er aber bei der Anwendung derselben auf die höheren Thiere auf zu grofse Schwierigkeiten stiefs, gab er sie für diese auf, und hielt an seiner Vorstellung einer organischen, das Ganze beseelenden Kraft fest, die er denn auch in der vierten Auflage des ersten Bandes unverändert vorträgt; wodurch seine Anschauungen in dem Maſse verdunkelt erschienen, als sie an innerer Folgerichtigkeit verloren hatten.[10]

Hätte Müller in früheren Jahren die Theorie der Organismen auf Grund jener neuen Thatsachen durchdenken können, er wäre schwerlich Vitalist geblieben. Denn in seiner *Physiologie* zeigt sich überall das natürliche Bestreben, die Erscheinungen physikalisch aufzufassen, d. h. sie unter den Gesichtspunkt eines einfachen ursächlichen Zusammenhanges von Wirkung und Gegenwirkung zu bringen. So hat er zuerst im Geiste die Lehre vom Nervensystem als die Physik des unbekannten Nervenagens angeschaut, und bis in die Lehre vom Seelenleben verpflanzt er mit Herbart das der Mechanik entlehnte Bild einer Statik der Leidenschaften. Inzwischen ist zu bedenken, daſs dies Gebiet von Fragen ganz nahe an das grenzt, auf dem die innersten Ueberzeugungen nicht mehr durch Gründe des Verstandes allein, sondern nicht minder durch das Gemüth, durch ethische und aesthetische Gründe, ja durch unauslöschliche Jugendeindrücke bedingt werden. Erwägt man, wie oft über diese Dinge bereits mit Sonnenklarheit das Rechte gelehrt wurde, so kann man daran zweifeln, ob hier die Wahrheit überhaupt bestimmt sei, Gemeingut zu werden. Mit Behagen mag man sich alsdann zu den „Wenigen" zählen, „die was davon erkannt"; nie aber sollte man vergessen, daſs die Gröſse der wirklichen Leistungen mit diesen allgemeinen Anschauungen sehr wenig zu thun hat, wovon, nach und neben so vielen anderen, Müller auf's Neue ein ehrfurchtgebietendes Beispiel giebt.

An den Streitigkeiten, die während des letzten Jahrzehends in der Physiologie über die Theorie des Lebens, oft lauter als wünschenswerth für die Ehre des Hauses, und zum Theil von solchen geführt wurden, die sich deshalb auf diesen Gegenstand zu werfen schienen, weil sie sonst nur geringe Erfolge aufzuweisen hatten, nahm Müller keinen Antheil. Er war dazu viel zu sehr in seine thatsächlichen Forschungen vertieft. Er hat sich auch nie gegen mich über die unumwundene Kritik seiner Lehre geäufsert, die ich in der Vorrede zu meinen *Untersuchungen über thierische Elektricität* gewagt hatte. Doch glaube ich, dafs er, ohne dadurch überzeugt zu sein, sich in seinen Meinungen erschüttert und geneigt fühlte, die Berechtigung der Gegenpartei zuzugeben. Denn ich kann nur hierauf die Aeufserung beziehen, die er einst gegen mich that, als ich in Erwiederung der freundlichen Art, wie er von dem eben erschienenen zweiten Theil meiner *Untersuchungen* sprach, ihm sagte, wieviel ich ihm zu schulden glaube: „Ob geben Sie doch, Sie stehen auf einem ganz anderen Standpunkt!"

Hatte Müller, als Denker über allgemein physiologische Gegenstände, bei weitem nicht über den Stoff zu verfügen, wie heute wir, so hat er es dagegen als Experimentator noch besser gehabt. Fast überall in der Physiologie haben die Fragen überraschend schnell eine aufserordentlich verwickelte Gestalt angenommen, bei der oft die gröfsten Anstrengungen nur noch vergleichsweise unbedeutende Fortschritte bewirken. Müller bedurfte noch nicht der langen Vorbereitungen und der feinen Beredungskünste, die jetzt schon nothwendig sind, um die Natur zu weiteren Zugeständnissen zu bewegen. Er konnte noch, wie Faust, gerade darauf losgehen, ohne sich viel um Mephisto's welsches Recept zu kümmern. Die Kunst der mathematischen Auffassung und Zergliederung der Aufgaben, die Vertrautheit mit den Hülfsmitteln der Mechanik, welche beide dem Physiologen heute so nöthig wie dem Physiker sind, besafs Müller noch nicht. Seine chemische Bildung war auf dem früher bezeichneten Standpunkte geblieben. Was wir die Aesthetik des Versuches nennen, war ihm fremd. Seine Art zu experimentiren war roh in den Nebendingen, aber grofsartig. In raschen Sprüngen erreichte er irgendwie sein Ziel, unachtsam der kleinen Hindernisse auf der Bahn, wie der glänzenden (nicht immer goldenen) Aepfel, die, ähnlich Atalante's Freier, der verfolgte Gegenstand bei jeder Untersuchung fallen läfst, gleichsam um den Forscher abzulocken und zu zerstreuen; und so ist auch seine Darstellung nicht inductorisch, und daher für den angehenden Forscher minder bildend, sondern dogmatisch nach Art eines mündlichen Lehrvortrages, indem die im voraus irgendwie gesicherten Hauptergebnisse vorausgeschickt, und dann durch angehängte Bemerkungen erläutert sind.

Es ist ein geläufiger Vorwurf gegen Müller als experimentirenden Physiologen, daſs er nicht genug Vivisectionen gemacht habe, und man pflegt anzunehmen, er sei davon durch eine Art von Scheu abgehalten worden. Sollte Müller vor unnützen oder leichtsinnig unternommenen Vivisectionen sich gescheut haben, so wird ihm dies hoffentlich nicht zum Tadel gereichen. Ob er Recht daran gethan, daſs er in seinen Vorträgen keine Vivisectionen an warmblütigen Thieren vorführte, kann dagegen wohl die Frage sein. Es ist wahr, die ersten Vivisectionen an Kaninchen und Hunden, die wir gesehen, sind die, die wir selber gemacht haben, und es hat uns hierin an einer Schule gefehlt, wie sie z. B. in Paris mindestens schon aus Legallois' Zeit herstammt. Daſs aber Müller selber je eine Vivisection an einem Warmblüter gemieden, wo er geglaubt habe, etwas daraus lernen zu können, möchte schwer zu beweisen sein. Es ist kaum denkbar, daſs er als erfahrner Anatom und auch Wundarzt eine Scheu sollte empfunden haben, von der er als ganz junger Student nichts gewuſst. In Wahrheit hat er, sobald es ihn interessirte, dergleichen Versuche angestellt, z. B. über die vorderen und hinteren Wurzeln an Katzen und Kaninchen[104], über die Contractilität des Ductus thoracicus an der Ziege[105], des cavernösen Gewebes am Pferde, Schafbock, Hund[106], über den Erfolg bei Reizung des N. vagus am Hunde[107], des N. splanchnicus an Hunden und Kaninchen[108], über die Wiedererzeugung der Nerven an denselben Thieren[109], über den Einfluſs der Nierennerven auf die Harnabsonderung[110], des N. vagus auf die Magenverdauung[111], über den Erfolg der Reizung des Ganglion coeliacum[112] am Kaninchen, u. s. w. Die Sache läuft also wohl darauf hinaus, daſs Müller, namentlich in späterer Zeit, mehr auf solche Fragen geführt worden ist, zu deren Beantwortung er nicht nöthig hatte, lebende Thiere zu öffnen, und daſs er allerdings nicht, wie heute Einige thun, für das nothwendige Attribut eines Physiologen hielt, daſs seine Hände täglich von Hundeblut rauchen.

Für das *Handbuch der Physiologie* erhielt Müller vom Könige die goldene Medaille für Kunst und Wissenschaft. Mit dem Abschnitt über die Stimme bewarb er sich bei der Pariser Akademie der Wissenschaften um den in den Jahren 1833 — 1843 für die Bearbeitung dieses Gegenstandes wiederholt ausgesetzten Preis; jedoch konnte seine Arbeit, als bereits gedruckt, nicht berücksichtigt werden. Der Preis wurde übrigens von der Akademie keinem der anderen Bewerber zuerkannt.[113]

Müller's sonstige Arbeiten bis zum Jahre 1840. Der Jahresbericht. „Ueber den feineren Bau und die Formen der krankhaften Geschwülste". Entdeckung der Ranken-Arterien. Neurologische Studien. „Vergleichende Anatomie der Myxinoiden".

Als ein wie riesenmäfsiges Werk auch das *Handbuch der Physiologie* erscheint, wir sind schon gewohnt, Müller stets zu gleicher Zeit die Leistungen Vieler vollbringen zu sehen. Während derselben Jahre 1833—1840, die die Herausgabe des *Handbuches* dauerte, hat er eine grofse Zahl theils vergleichend, theils pathologisch-anatomischer, theils systematisch-zoologischer Arbeiten geliefert, und überdies einen Jahresbericht über die Fortschritte der anatomisch-physiologischen Wissenschaften verfafst.

Berzelius' glückliche Erfindung, wodurch die Nachtheile der stets wachsenden Journal-Literatur in den Naturwissenschaften minder fühlbar gemacht werden"[114], hatte früh in ihm den Plan eines ähnlichen Unternehmens für seine Fachwissenschaft entstehen lassen. Schon 1828, als er die *Jahresberichte der Schwedischen Akademie über die Fortschritte der Naturgeschichte, Anatomie und Physiologie der Thiere und Pflanzen* übersetzte, hatte er die Absicht, dieselben auf eigene Hand fortzuführen. Dies wurde nun in's Werk gesetzt, indem er sofort im Jahre 1834 den ersten Band des *Archiv's für Anatomie, Physiologie und wissenschaftliche Medicin* mit einem Bericht über die Fortschritte der anatomisch-physiologischen Wissenschaften im Jahre 1833 eröffnete; und zwar begnügte er sich nicht mit einer blofsen Chronik der Leistungen, sondern lieferte meist sehr eingehende Beurtheilungen, wobei er Gelegenheit hatte, den erstaunlichen Umfang seiner Sachkenntnifs zu entfalten. Wurde er auch durch diese Thätigkeit in manche Unannehmlichkeit verwickelt, so trug dieselbe doch wiederum nicht wenig dazu bei, seinen Einflufs auszubreiten und sein Ansehen zu heben: denn damals war das Schreiben eines Jahresberichtes noch nicht etwas so alltägliches, wie es seitdem geworden ist. Vom Jahre 1838 an nahm Müller bei dieser Arbeit Hülfe an, indem er den Hrn. Henle, C. Krauss, Th. L. Bischoff, Tourtual, v. Siebold, Reichert, Hannover nach und nach die Berichte über physiologische Pathologie und pathologische Anatomie, menschliche Anatomie, Physiologie, Physiologie der Sinne, vergleichende Anatomie der Wirbellosen, mikroskopische Anatomie und skandinavische Literatur abtrat. Am längsten behielt er den Bericht über die vergleichende Anatomie der Wirbelthiere, bis er zuletzt auch diesen, vom Jahre 1845 an, fallen liefs, da, wie er mir damals, bei Entstebung des Jahresberichtes der physikalischen Gesellschaft, sagte, das Berichterstatten ein Geschäft sei, welches Jeder, mit welchem Eifer er auch daran gehe, nach kurzer Zeit satt bekomme. Um so bewundernswürdiger erscheint also hier Berzelius, der diese Thätigkeit über ein Vierteljahrhundert lang mit gleicher Frische fortgesetzt hat.

Mit besonderer Wärme sind unter den von Müller verfafsten Berichten die beiden einzigen pathologischen Inhalts, über 1833, und über 1834 und 1835, geschrieben. Angeregt durch das schon seit Walter in der anatomischen Sammlung gehäufte, und durch v. Graefe und Dieffenbach, Hrn. Jüngken und Hrn. Froriep sich täglich mehrende Material an Mifsbildungen und Geschwülsten, hatte in der That Müller um diese Zeit ein lebhaftes Interesse für pathologische Anatomie gefafst. Er unternahm es, diese Disciplin von der Beschreibung der äufseren Formen und ihrer mehr rohen malerisch bildlichen Darstellung zu einer mit chemischen Prüfungen gleichen Schritt haltenden mikroskopischen Untersuchung der einzelnen Formelemente zu erheben. Er begann die Geschwülste, von denen ihm 400 zu Gebote standen, vorzüglich die der Knochen, in dieser neuen Art zu untersuchen. Wie natürlich, richtete er dabei besonders sein Augenmerk auf die Unterscheidung der gutartigen, durch Ausrottung heilbaren Formen, von den bösartigen, die nach der Ausrottung in demselben Organe oder an anderen Orten wiederkehren. Es gelang ihm bald, unter den gutartigen Schwämmen eine besonders charakteristische Form abzugrenzen, die er das Enchondrom nannte, weil darin eine Neubildung hyalinen Knorpels stattfindet. Bei der chemischen Untersuchung dieses Knorpels fand Müller, wie er mir erzählt hat, zuerst jene besondere, von ihm durch ihre Reactionen, von Hrn. Mulder später auch durch die Elementaranalyse unterschiedene Leimart, das Chondrin, die er darauf noch in den perennirenden Knorpeln und den Knochenknorpeln vor der Verknöcherung entdeckte. Ueberhaupt hängen diese Untersuchungen eng zusammen mit den vorher erwähnten über das Knorpel- und Knochengewebe, welche ihrerseits in der allseitigen Betrachtung wurzeln, der er damals, wie wir bald näher sehen werden, das Skelet der Wirbelthiere unterwarf.

Während Müller diese Studien verfolgte, trat Hrn. Schwann's Entdeckung an's Licht, und sofort bemächtigte sich Müller der neuen Gesichtspunkte, welche daraus auch für die Erforschung der krankhaften Neubildungen entsprangen. Während er selber und Andere schon früher Körner, Zellen und geschwänzte Körperchen in manchen Geschwülsten beobachtet hatten, ohne deren Beziehungen zu durchschauen, wies er nun die Uebereinstimmung der pathologischen und der embryonalen Entwickelung nach, indem er die Entstehung der meisten parasitischen Geschwülste aus Zellen, und in vielen Fällen die endogene Zellenbildung erkannte. Ja er zeigte, dafs es überhaupt in Geschwülsten keine anderen mikroskopischen Elemente gebe, als solche, die sich auf die verschiedenen Entwickelungsformen der Zellen zurückführen lassen, und sich somit der äufseren Form nach nicht von den normalen Gewebe-Elementen unterscheiden; und dafs die normalen Gewebe und die Geschwülste in der ersten Bildung meistens einander gleichen, und erst in der weiteren Entwickelung Verschiedenheiten erkennen lassen. Auch die chemische Constitution der Geschwülste fand er nicht sehr von der der normalen Gewebe abweichend.[113] Von dem Werk: *Ueber den feineren Bau und die Formen der krankhaften Geschwülste*, worin Müller, im Jahre 1838, diese Entdeckungen darlegte, ist nur die erste Lieferung erschienen; aber von dem Anstofs, den es gegeben, schreibt sich die durch Reinhard, den jüngsten Meckel, G. Simon und Hrn. Virchow auf die Anwendung des Mikroskopes gegründete Berliner Schule der pathologischen Anatomie her.

Müller selber hat seitdem nur noch in seiner Abhandlung über das Osteoid, die Knochengeschwulst mit glutingebender Grundlage, vom Jahre 1843, und wenn ihm der Zufall Beobachtungen aufdrängte, wie die der Psorospermien, und der sonderbaren, von mir aufgefundenen Pilze in den Luftsäcken der Vögel[114], das pathologische Gebiet berührt. Ihn zog es jetzt immer gewaltiger, immer ausschliefsender, zur Erforschung der Bildungsgesetze der Thierwelt hin. Doch müssen wir, um uns seinen Gang zu vergegenwärtigen, uns nochmals in die ersten Jahre seiner hiesigen Thätigkeit zurückversetzen.

Eine Zeitlang interessirte ihn der Bau der Geschlechtswerkzeuge, indem er hoffte, in Bezug auf den Mechanismus der Erection zu neuen Aufschlüssen zu gelangen. Ganz nahe glaubte er sich diesem Ziele, als er, im Jahre 1835, die Ranken-Arterien im cavernösen Gewebe des Menschen und einiger Thiere entdeckte, und dies ist vielleicht das einzige Beispiel davon, dafs er sich zu einem voreiligen Urtheil über die Tragweite einer Beobachtung hat hinreifsen lassen. Die Ranken-Arterien haben zwar siegreich mancherlei Anfechtungen überstanden, und sind sogar von Hrn. Hyrtl im Hahnenkamm und in den Carunkeln am Halse des Truthahns entdeckt worden, und so werden sie wohl mit der Erection irgend etwas zu schaffen haben. Inzwischen sind sie bisher außer Stande gewesen, einen Einfluß auf die Theorie der Erection zu gewinnen, und die Art ihres Vorkommens im Individuum nicht minder als in der Thierwelt macht es überhaupt wenig wahrscheinlich, daß ihr Antheil an dem Phänomen ein wesentlicher sei. Müller hat daher wohl sein Glück im Entdecken unterschätzt, als er den Tag, an dem er die Ranken-Arterien fand, einen der glücklichsten seines Lebens nannte.[117]

In diese Gruppe von Arbeiten gehören die über die sogenannte Schürze der Buschmänninnen, wo sich Müller auch als ethnographischer Forscher zeigt, über zwei verschiedene Typen im Bau der erectilen Organe der straußartigen Vögel, über die Dammmuskeln und die von ihm entdeckten organischen Nerven des cavernösen Gewebes. Die letztere Arbeit führt uns zu den neurologischen Studien, denen Müller gleichfalls um diese Zeit oblag.

Schon 1832, im letzten Jahre seines Bonner Aufenthaltes, war er als Schiedsrichter zwischen Schlemm und Hrn. Friedrich Arnold aufgetreten. Schlemm hatte die gangliöse Natur des, wie es scheint, von Santorini, Palletta, Comparetti bereits gesehenen, von Hrn. Arnold aber wiederentdeckten, genau beschriebenen und von ihm sogenannten Ohrknotens, ferner die nervöse Natur des N. petrosus superficialis minor, endlich den Ursprung des N. Musculi Mallei interni seu Tensoris Tympani aus dem Knoten geläugnet. Dieser Zweig sollte nach Schlemm vielmehr aus dem N. pterygoideus internus entspringen, und den angeblichen Knoten nur durchsetzen. Damit wäre, selbst wenn sich letzterer wirklich als Ganglion erwies, Hrn. Arnold's Entdeckung doch gleichsam die Spitze abgebrochen gewesen, in so fern der Ohrknoten ja gerade die automatischen Bewegungen des Tensor Tympani, wie der Augenknoten die der Iris, beherrschen sollte.[118]

Während Müller mit seinen wichtigen Arbeiten über das Blut und die Lymphe, und über die Systematik der Amphibien beschäftigt war, und die Herausgabe der *Physiologie* vorbereitete, fand er gleichwohl Zeit und geistige Ruhe genug, um sich hinzusetzen und durch häufige Präparation sich ein eigenes Urtheil in dieser schwierigen Sache zu bilden. Er gab Hrn.

Arnold Recht gegen Schlemm, was die Natur des Knotens und des N. petrosus superficialis minor, Schlemm dagegen, was den Ursprung des N. Tensoris Tympani betrifft. Weitere Untersuchungen, an denen sich noch mehrere Anatomen betheiligten, haben indeſs gezeigt, daſs auch hier Hr. Arnold in so fern im Rechte war, als der N. Tensoris Tympani sich aus zwei Fäden zusammensetzt, einem wirklich, wie Hr. Arnold wollte, vom Ganglion kommenden, und einem minder beständigen, der Schlemm's Angabe gemäſs vom inneren Flügelmuskelnerven stammt.[119]

Müller's Schiedsrichteramt, zu dem beide Parteien ihn berufen hatten[120], trug keine guten Früchte. Denn als er das Jahr darauf den leicht verzeihlichen, so eben erst Hrn. Arnold selbst begegneten Fehler beging, ein zweites, im N. glossopharyngeus über dem Ganglion petrosum gelegenes Knötchen als ein neues zu beschreiben, welches schon 1790 Ehrenritter in der *Salzburger medicinisch-chirurgischen Zeitung* einmal erwähnt hatte, wurde er von Hrn. Arnold in einem Tone zurechtgewiesen, für den sich wenigstens in Müller's gedruckten Aeuſserungen kein Grund auffinden läſst.[121] Auch in dem Streit über das Blut, der in dieselbe Zeit fällt, erschien Hr. Arnold in dem jenseitigen Lager:[122] da denn zuletzt Müller, im Jahre 1837, den Handschuh aufnahm. Die „*Historisch-anatomischen Bemerkungen*" geschrieben zu haben, hat Müller, als in späteren Jahren sein Gemüth weicher geworden war, oft leid gethan. Doch hat dies Ereigniſs das Gute gehabt, daſs er seitdem, trotz seiner ausgesetzten Stellung in der Literatur, mit Fehden verschont geblieben ist.[123]

Was den oberen Knoten an der Wurzel des N. glossopharyngeus betrifft, so bleibt, was Müller darüber beobachtete, verdienstvoll und wichtig, auch nachdem Ehrenritter von Hrn. Arnold in sein Recht, als erster Entdecker desselben, wieder eingesetzt ist. Indem nämlich Müller zeigte, daſs nur ein Theil der Wurzelfäden des N. glossopharyngeus zu jenem Knötchen anschwillt, während ein anderer daran vorbeistreicht, stellte er den Platz dieses Nerven im physiologischen System der Hirnnerven fest, als eines doppeltwurzeligen Nerven von gemischter Function gleich dem N. trigeminus, und das Ganglion jugulare inferius seu petrosum erschien nun nicht mehr als Analogon des Ganglion jugulare N. vagi, sondern als das des Plexus gangliiformis desselben Nerven.[124]

Für die Angriffe, die MÜLLER jetzt, wo sein Glückstern culminirte, in Deutschland von mehreren Seiten erfuhr, entschädigten ihn die wachsenden Freundschaftsbeziehungen zu den skandinavischen Anatomen ESCHRICHT und RETZIUS, die in ununterbrochener Innigkeit bis zu seinem Tode dauerten. Mit dem ersten derselben beschrieb er im Herbste 1835 in Kopenhagen die Wundernetze an der Leber des Thunfisches, von denen er vermuthet, daſs sie in Beziehung zu der von Hrn. JOHN DAVY beobachteten hohen Eigenwärme dieses Fisches stehen;[125] eine Vermuthung, für die jetzt ein neuer Grund darin gefunden werden könnte, daſs, wie uns Hrn. CLAUDE BERNARD's Untersuchungen über die Temperaturtopographie des Thierkörpers gelehrt haben, die Leber ein vorzüglicher Sitz der Wärmeentwickelung ist.[126]

Alle diese Arbeiten waren indessen nur die Früchte von Nebenbeschäftigungen, zu denen er in den Augenblicken überging, die er von der Vollendung des groſsen vergleichend anatomischen Werkes absparte, welches er, als morphologisches Seitenstück zum *Handbuch der Physiologie*, in dieser Periode zur Reife brachte, des berühmten Cyklus von Abhandlungen nämlich, der unter dem Titel *„Vergleichende Anatomie der Myxinoïden, der Cyclostomen mit durchbohrtem Gaumen"*, eine der vornehmsten Zierden unserer akademischen Schriften bildet.

Als er beim Antritt seiner hiesigen Stellung die nunmehr unbeschränkt in seine Hände gefallenen Schätze der anatomischen Sammlung mit brennender Entdeckungsbegier durchsuchte, stieſs er unter einer Sendung von Tafelhaifischen auf ein einzelnes, zwar der Haut beraubtes, sonst aber vortrefflich erhaltenes Exemplar des merkwürdigen, *Myxine* verwandten Fisches, den FORSTER zuerst von Neu-Seeland mitgebracht und beschrieben, und dem DUMÉRIL wegen der Zahl seiner Kiemenöffnungen den Gattungsnamen *Heptatrema* in so fern fälschlich ertheilt hatte, als diese Zahl sogar innerhalb der Species schwankt. *Amphioxus lanceolatus* stand damals noch unter den Weichthieren, als *Limax lanceolatus* seines Entdeckers PALLAS, und die Myxinoïden erschienen somit noch als die letzten und einfachsten Fische. „Unter allen „Thieren müssen aber", sagt MÜLLER, „vorzugsweise diejenigen die Neugierde „nach der Kenntniſs ihres innern Baus erregen, welche an der Grenze „einer Classe stehen und, indem sie einen Theil der Charactere der Classe „zu verlieren scheinen, uns gleichsam den Typus der Classe am allereinfach-

„sten zeigen. In dieser Hinsicht mufste die Anatomie des Schnabelthiers „und der Echidna für die Classe der Säugethiere, die der Proteïdeen und „Coecilien für die Classe der Amphibien, die der Cyclostomen für die Classe „der Fische, der Lernaeen für die Crustaceen von großer Wichtigkeit sein. „Die Cyclostomen mufsten den Anatomen in doppelter Hinsicht interessant „sein, einmal weil sie an der Grenze der Fische, das andremal, weil sie an „der Grenze der Wirbelthiere überhaupt stehen".[117] Zur Kenntnifs derselben hatten bereits durch die Anatomie der Petromyzonten vorzüglich Hr. Rathke, durch die der *Myxine* Hr. Retzius den Grund gelegt. Müller beschlofs nunmehr, das *Bdellostoma Forsteri*, wie er jenen Fisch wegen seines Saugermaules und seines Entdeckers nannte, seinem Bau nach vollständig zu beschreiben, indem er Schritt vor Schritt und Schichte vor Schichte von der Oberfläche gegen die Tiefe vorzurücken, und von jeder Muskellage, die er zur Untersuchung der tieferen Theile wegzunehmen hatte, nach genauer Präparation Zeichnungen zu entwerfen gedachte.

Dies schwierige Unternehmen war schon ziemlich weit gediehen, als es ihm durch die Einsicht erleichtert wurde, daß *Myxine glutinosa* der nordischen Meere, die ihm seine Freunde, die Hrn. Eschricht und Retzius, in gröfserer Menge verschafften, im Skelet- und Muskelbau völlig mit seinem *Bdellostoma* übereinkomme. Auch erhielt er vom zoologischen Museum noch ein zweites kleineres, und später aus der im Jahre 1836 für die hiesigen Museen angekauften Sammlung von Lamare-Piquot noch ein drittes, wiederum gröfseres *Bdellostoma*, beide gleichfalls vom Cap herrührend. Eine gröfsere Anzahl Exemplare dieses seltenen Fisches sandte erst im April 1845 Hr. Peters vom Cap ein, als Müller's Arbeit bereits abgeschlossen war.[118]

Mit so beschränkten Mitteln also fuhr Müller in seinen Untersuchungen fort, deren Ergebnisse er in dem Mafse, wie sie gewonnen wurden, der Akademie vorlegte. An die Beschreibung der einzelnen organischen Systeme bei seinem Fisch knüpfte er vergleichend anatomische Betrachtungen, die sich zwar vorzugsweise auf die Fische, oft aber auch auf das ganze Wirbelthierreich erstreckten, und in denen er seine tiefen Anschauungen der Organisation dieser Thierclasse ausprägte.

Diese Mittheilungen erstreckten sich über eine Reihe von acht Jahren. In der *Osteologie und Myologie der Myxinoïden*, die bereits im December

1834 gelesen ward, beschäftigte sich Müller zunächst mit der Uebereinstimmung der perennirenden Zustände der Wirbelsäule in den Cyklostomen mit deren vorübergehenden Zuständen in den übrigen Wirbelthieren, und mit derselben Untersuchung in Betreff des Schädels. Hier hat er seine Ansichten über die Wirbeltheorie des Schädels niedergelegt, die er gegenüber Goethe und Oken für Johann Peter Frank in Anspruch nimmt;[129] und ganz vertieft erscheint er hier in das Labyrinth der Deutung der Schädelknochen, insbesondere der Schläfengegend, woraus nur Ein Faden führt, an dem es damals noch vielfach gebrach, der nämlich der Entwickelung bei den einzelnen Thierclassen. Hier findet sich ferner wohl zum erstenmal mit einer vergleichend anatomischen Untersuchung verbunden die mikroskopische und chemische Prüfung der Theile, welche Gegenstand der morphologischen Betrachtung sind, des Knorpel- und Knochengewebes durch das ganze Wirbelthierreich. In der *Myologie* sucht Müller die im sogenannten allgemeinen Plane der Wirbelthiere liegenden Gruppen von Muskeln auf, betrachtet ihre verhältnissmässige Entwickelung und Reduction in den verschiedenen Classen, und die Analogie der Muskeln in den verschiedenen Gegenden des Rumpfes. Diese Betrachtung führt ihn von den Bauchmuskeln der Myxinoïden bis zu denen des Menschen, von den Rücken- und Seitenmuskeln der Fische bis zu den Rückenmuskeln des Menschen. Und so waren es diese anscheinend so entlegenen und abgezogenen Forschungen, — ein Wink für die, welche Lehrer zu berufen haben — worauf nachmals die Vortrefflichkeit seiner Erklärung der Rückenmuskeln in der gemeinen menschlichen Anatomie beruhte, wo uns das Licht, das er über die scheinbare Verwirrung all der zahllosen Fleischzipfel ausgoss, nicht minder in Entzücken, als die rasche Sicherheit in Erstaunen versetzte, mit der die Pinzette auf den zu bezeichnenden Dornfortsätzen, wie der Virtuos auf den Tasten, umherklopfte.

Die zweite Mittheilung, vom April 1836, behandelt den Bau des Gehörorganes bei den Cyklostomen, und enthält ausserdem Betrachtungen über die Sinneswerkzeuge bei den Myxinoïden überhaupt. Während das aus Einem halbzirkelförmigen Canal bestehende Gehörorgan der Myxinoïden das sämmtlicher Wirbellosen an Ausbildung übertrifft, besitzen sie nur höchst unvollkommene, vermuthlich nur zur Unterscheidung von Hell und Dunkel geeignete Augen, und gar keine Augenmuskeln. Denn wie der Mensch durch den Verlust eines Sinnesorganes einen Theil seiner Aussenwelt verliere, so werde auch umgekehrt die Natur die Sinnesorgane beschränken, wenn sie die Aufsenwelt eines Thieres in enge Grenzen setze. Die Myxinoiden, die als Parasiten in's Innere des Dorsches und Hornhaies dringen, bedürfen bei dieser Lebensart der Augen nicht. Die Unpaarigkeit des Geruchsorganes, wodurch sich die Cyklostomen (und der damals noch nicht hinlänglich gekannte *Amphioxus*) von allen Wirbelthieren unterscheiden, erklärt MÜLLER daraus, dafs zum Riechen ein Impuls nöthig sei, der bei den Fischen sonst durch die beim Athmen entstehende Bewegung des Wassers in der ganzen Umgebung des Kopfes vermittelt werde. Die Cyklostomen bedienen sich entweder gar nicht des Mundes zum Einathmen, oder wenigstens nicht beim Ansaugen, vielmehr mufs alsdann das Ein- und Ausathmen durch dieselben Oeffnungen der Kiemen geschehen. Da nun die Lage der Kiemen und des Geruchsorganes hier der Art sind, dafs das Athmen nur geringen oder gar keinen Einflufs auf die Erneuerung des Wassers an letzterem haben kann, so erhellt die Nothwendigkeit einer eigenen Ventilationsvorrichtung für das Geruchsorgan. Diesen Zweck habe der Spritzsack der Neunaugen und der segelartige Ventilator am Gaumen der Myxinoiden. Weil aber die gleichzeitige Erneuerung des Wassers an zwei Geruchsorganen hier vermuthlich einen zu grofsen Aufwand an organischen Theilen verursacht haben würde, habe sich die Natur mit nur Einem begnügt. Diese auf die sogenannten Endursachen zielenden Betrachtungen, von denen MÜLLER sagt, dafs sie den letzten Grund der zu erklärenden Formverhältnisse enthalten, sind bezeichnend für den Standpunkt, auf dem er mit seinen allgemeinen Anschauungen zu dieser Zeit seiner höchsten Blüthe sich befand, und ohne Zweifel stehen geblieben ist.

Die *vergleichende Neurologie der Myxinoiden*, vom Februar 1838, beschäftigt sich vorzüglich mit der Deutung der Hirntheile, mit der Analogie der Hirn- und Rückenmarksnerven und mit der Ersetzbarkeit des N. sympathicus durch andere Nerven, indem den Cyklostomen jede Spur dieses Nerven abgeht, und der unpaarige Ramus intestinalis N. vagi dessen Stelle vertritt, ähnlich wie es nach Hrn. ERNST HEINRICH WEBER bei den Schlangen sein sollte, wo indefs MÜLLER den Fall anders auslegt.

Der angiologische Abschnitt, vom Ende des folgenden Jahres 1839, enthält, abgesehen von der allgemeinen Morphologie des Gefäfssystemes, auch noch MÜLLER's ebenso vollendete als umfangreiche Untersuchungen über die Nebenkiemen, auf die er nicht weniger als 262 Gattungen von Knochenfischen untersucht hatte, über den Choroïdalkörper im Auge der Knochenfische, den Blutgefäfskörper der Schwimmblase und andere Bildungen der Art, endlich über die Wundernetze überhaupt, deren vollständiges morphologisches System er gegeben hat, ohne dafs es ihm gelungen wäre, irgendwo mit Sicherheit in ihre physiologische Bedeutung einzudringen.

Den Schlufs dieses grofsen Werkes bilden endlich die im Juni 1842 vorgetragenen „*Untersuchungen über die Eingeweide der Fische*". Hier ragen an Interesse hervor der Abschnitt über die Nieren, deren Bau bei den Myxinoïden den inzwischen durch Hrn. Bowman entzifferten Bau der Nieren bei den höheren Thieren wunderbar vereinfacht wiederholt[126], so wie der über die Schwimmblase, der die Entdeckung eines Springfederapparates an der Schwimmblase mehrerer Welse enthält. Eine vom ersten Wirbel jederseits ausgehende federnde Knochenplatte drückt den vorderen Theil der Schwimmblase zusammen; ein Muskel, der die Platte zurückzieht, vermag den Luftbehälter wieder zu erweitern. Dadurch wird diesen Fischen möglich, den vorderen Theil ihres Körpers specifisch leichter zu machen, und so ihren Kopf nach oben zu stellen. Läfst der Muskel nach, so mufs sich der Kopf wieder senken, und der Fisch wagerecht schweben. Ein Anhang zu diesem Abschnitt, „*Ueber die Statik der Fische*", zeigt uns Müller noch einmal als sinnigen Experimentator, indem er die Veränderungen in den Bewegungen der Fische untersucht, welche auf die Entfernung einzelner Flossen folgen, so wie die merkwürdigen Augenbewegungen, womit die Fische auf Drehung um ihre Längsachse oder um eine auf die Längsmittelebene des Körpers senkrechte Queraxe antworten.

In der *vergleichenden Anatomie der Myxinoïden*, namentlich in deren ersten Abschnitten, herrscht, wie in der *Bildungsgeschichte der Genitalien*, im Allgemeinen eine gröfsere Vollendung der Form, als sonst in Müller's Schriften. Und wenn es nicht genug zu beklagen ist, dafs es Müller, so wenig wie Cuvier, vergönnt ward, den Plan eines Lehrbuches der vergleichenden Anatomie auszuführen, was er sich für die Zeit versparte, wo er nicht mehr würde selber beobachten können, ja dafs nicht einmal seine Vorlesungen, wie die Cuvier's, gesammelt und herausgegeben wurden: so darf man, was die Wirbelthiere betrifft, in der *vergleichenden Anatomie der Myxinoiden* eine Art von Ersatz sehen für das, was Müller in einem solchen Lehrbuch anders als Andere gegeben haben würde, jedenfalls aber, seinem eigenen Ausspruch nach, ein Beispiel von dem, was er unter vergleichender Anatomie verstand.[11] Es waren in ihm die Gegensätze versöhnt, die in Cuvier und Geoffroy de Saint-Hilaire einander so schroff entgegenstanden, und über deren Zusammenstoß einst Geoffroy's Vorläufer in Deutschland, Goethe, das welterschütternde Getöse des Julikampfes vergaß.[12]

„Betrachtet man", schrieb Müller zur selben Zeit, wo er den ersten Theil der Myxinoïden herausgab, „die Controverse zwischen den beiden „berühmten Mitgliedern der französischen Akademie über die Methode in „den Naturwissenschaften, unabhängig von ihrem nationalen Interesse, so „erleidet es keinen Zweifel, daß die Methode Cuvier's es ist, welche den „Naturwissenschaften dauernde und reelle Früchte bringt. Diese Methode „ist so wenig bloß empirisch, daß, obgleich sie vor der Aufstellung von Ge„setzen Scheu trägt, doch die Analyse der Facta von einer beständigen, er„setzten, logischen Operation des Geistes abhängt. Dagegen der berühmte „Geoffroy durch das Streben nach Analogien und Gesetzen trotz allem „Talent, Geist und Verdienste, sich oft und stark geirrt hat. Es ist jedoch „nicht zu verkennen, daß der unsterbliche Cuvier in jenem Streite nicht Ein„mal ungerecht gewesen und zu weit gegangen ist. Die Methode, welche er „bekämpft, hat in Deutschland, wie in Frankreich oft unfruchtbare Specu„lationen hervorgebracht. Aber die erhabene Gestalt, welche die Anatomie „durch die Entwicklungsgeschichte und vergleichende Anatomie in philoso„phischem Sinne in der neuern Zeit vorzüglich in Deutschland erlangt hat, „entspricht sehr wenig den Mängeln der Prinzipien, welche Cuvier bekämpft. „Es ist wirklich nicht zu läugnen, daß die Natur bei jeder großen Abthei„lung des Thierreichs von einem gewissen Plane der Schöpfung und Zusam„mensetzung aus theils verschiedenen, theils analogen Theilen nicht abweicht, „daß dieser Plan allen Wirbelthieren zu Grunde liegt, daß sie sich Reductio„nen und Erweiterungen der Zahl nur nach der individuellen Natur der ein„zelnen Geschöpfe ausnahmsweise erlaubt."[13]

Dies ist die Art der Betrachtung, welche die *vergleichende Anatomie der Myxinoïden*, wie überhaupt die Arbeiten Müller's beherrscht, wo die Erkenntniß der Bildungsgesetze ihm Hauptzweck ist; während er in den zootomischen Einleitungen zu den einzelnen Capiteln der *Physiologie*, die er deshalb auch gelegentlich als „Organologie" der entsprechenden Werkzeuge des Körpers bezeichnet, mehr die Behandlungsweise CUVIER's vorwiegen läfst.

Als mit den *Myxinoïden* eng verknüpft, oder gar als Ergänzung dazu ist zu betrachten MÜLLER's Untersuchung „*Ueber den Bau und die Lebenserscheinungen des Branchiostoma lubricum* COSTA, *Amphioxus lanceolatus* YARRELL." Zur selben Zeit fast, wo MÜLLER anfing, sich mit der Anatomie seines *Bdellostoma* zu beschäftigen, ward *Amphioxus* von Hrn. COSTA in Neapel wieder beobachtet und als einfachster Fisch und mithin einfachstes Wirbelthier erkannt. Nachdem von verschiedenen Forschern Mittheilungen darüber eingelaufen waren, die die Merkwürdigkeit des Thierchens immer mehr in's Licht stellten, auch MÜLLER selbst bereits von Hrn. RETZIUS übersandte Weingeistexemplare untersucht hatte, begab er sich endlich im Herbste 1841 mit Hrn. RETZIUS in die Einsamkeit der Scheeren von Bohus-Län, in der Schwedischen Landschaft Göteborg, wo er binnen zwölf Tagen eine so erschöpfende Beschreibung des erwachsenen *Amphioxus* zu Stande brachte, dafs, wenn man von der Riechgrube, welche Hr. KÖLLIKER[134], und von dem lichtbrechenden Apparat, so wie den kolbenförmigen Endigungen der Hautnerven, die Hr. ARMAND DE QUATREFAGES[135] beobachtete, absieht, er seinen Nachfolgern kaum etwas Wesentliches zu thun übrig gelassen hat.[136]

MÜLLER's morphologische Periode. Forschungen im Gebiete des lebenden und fossilen Wirbelthierreiches. System der Plagiostomen. Der glatte Hai des ARISTOTELES. Bau und Grenzen der Ganoïden und System der Fische. Gesetze und System der Passerinen. Der „Hydrarchus".

Das Jahr 1840, in dem MÜLLER die *Physiologie* vollendete, führt einen neuen Wendepunkt in seiner Entwickelung herbei. Obschon er nämlich nach dieser Zeit den ersten Band der *Physiologie* noch einmal auflegte, auch gelegentlich einige physiologische Arbeiten lieferte, wie die schon erwähnten über die Bewegungen und die Töne der Fische, die Versuche über die Unterbindung der Leber bei Fröschen[137], und die über die elektromotorische Unwirksamkeit des pseudoelektrischen Organes im Schwanze des gemeinen Rochen[138], kann man doch sagen, dafs von hier ab sein Interesse für die Physiologie in den Hintergrund trat.

Einem verschlossenen Sinn, wie dem seinigen, in die Gründe einer solchen Wandlung zu folgen, ist nicht leicht. War es sein freier, mit Bewußtsein und Ueberlegung gefaßter Entschluß, daß er der Universal-Monarchie, die er so lange angestrebt und jetzt nahe erreicht hatte, entsagte? Fast hat es, nach der Phase schwermüthiger Verstimmung, die er um diese Zeit durchmachte, zu urtheilen, den Anschein. Der Aufschwung, den die physiologische Chemie, die mikroskopische und pathologische Anatomie, die Entwickelungsgeschichte damals nahmen, mußte es ihm nachgerade unmöglich erscheinen lassen, im Wettkampf mit Allen zugleich noch stets der Erste zu bleiben. Die Physiologie bot zudem nur ein beschränktes Gebiet der Forschung, wenn auch von grenzenloser Tiefe, dar, auf dem er auf Punkte hätte zurückkommen müssen, die er schon einmal abgemacht hatte, was er so wenig wie Berzelius mochte. Vielleicht indeß hat eine solche Ueberlegung gar nicht bei ihm stattgefunden. Vielleicht folgte er nur, indem er von hier ab reiner Morpholog, und zwar der erste seiner Zeit, wurde, theils dem äußeren Anstoß, der ihm aus seiner Stellung als Vorsteher einer der bedeutendsten Sammlungen erwuchs, theils dem natürlichen Hange seines Talents, welches doch vielleicht mehr in der Richtung plastischer Betrachtung, als in der theoretischer Zergliederung lag.

Bezeichnet wird dieser Umschwung in Müller's Laufbahn, was auch dessen Ursache war, durch sehr umfangreiche systematisch-zoologische Arbeiten. Hervorstechend ist in denselben, wenn ich mich nicht täusche, das Bestreben, durch Auffinden absoluter Merkmale die praktischen Vorzüge der künstlichen mit den theoretischen der natürlichen Systeme zu verbinden. Die künstlichen Systeme gewähren unstreitig die größere Leichtigkeit und Sicherheit der Bestimmung, aber sie befriedigen nicht die Anforderungen des Verstandes, denen die natürlichen Systeme ihrerseits zwar Genüge leisten, aber nur indem sie, bei der in verschiedenem Sinne stattfindenden Abstufung der Merkmale, deren Gesammtheit ihnen zu Grunde liegt, nicht selten den Systematiker bei seinen Operationen im Stich lassen. Dem Ideal eines Systemes nähert sich wohl am meisten des Aristoteles und Linnaeus verschmolzenes System der Säuger, welches ein künstliches ist, in so fern es vom Gebiß und der Fußbildung ausgeht, zugleich aber ein natürliches, in so fern Gebiß und Fußbildung, wie Cuvier so schön entwickelt hat[129], die ganze Natur des Thieres bestimmen. Müller schloß sich denen an, welche Merkmalen nachspüren, die, wenn auch nicht wie bei den Säugern Gebifs und Fufsbildung aus bekannten, doch gleich denselben aus unbekannten Gründen, zur Gesammtorganisation in einem so wesentlichen Bezuge stehen, dafs die blofse Untersuchung auf diese Merkmale ausreicht, um die natürliche Verwandschaft der Geschöpfe durch alle nur scheinbaren äufseren Unterschiede hindurch erkennen zu lassen. Er suchte in einem solchen absoluten Merkmal gewissermafsen ein Reagens auf eine Thiergruppe, wie die Chemie dergleichen auf Stoffe besitzt. Oder, wie er selbst es wendet, „die vergleichende Anatomie führt „in ihrer vollkommenen Gestalt zu solchen nothwendigen Consequenzen, „dafs sich für die Organisationen Ausdrücke finden lassen, welche dem Ausdruck einer Gleichung ähnlich sind. Sind diese Ausdrücke erst gefunden, „so müssen sich im gegebenen Fall, wie in einer Gleichung, aus den bekannten Grössen die unbekannten berechnen lassen."[140] Schon in Müller's frühester systematischen Aufstellung, über die natürliche Eintheilung der Amphibien, vom Jahre 1832, findet sich der Keim dieses Verfahrens, indem er die froschartigen Thiere nach dem Bau ihrer Gehörwerkzeuge in drei Familien vertheilte; und wir werden bald noch andere Beispiele derselben Methode kennen lernen.

Die erste der grofsen zoologischen Arbeiten, die Müller jetzt vollendete, ist die im Verein mit Hrn. Henle im Jahre 1841 herausgegebene „*Systematische Beschreibung der Plagiostomen.*" Hr. Henle hatte sich schon früher mit der Systematik der elektrischen Rochen beschäftigt.[141] Müller seinerseits war bei seinen Untersuchungen über das Kopfskelet der Myxinoïden vielfach zur Betrachtung der Knorpelfische, namentlich der Myliobatiden, geführt worden. Beim Auspacken eines Fasses sicilianischer Fische, die Hr. A. W. F. Schultz dem Museum geschenkt hatte, und beim Durchsehen der Sammlung ostindischer Fische von Lamare-Piquot, stiefsen im Jahre 1836 Müller und Hr. Henle, als sie die darunter befindlichen Plagiostomen nach den vorhandenen Hülfsmitteln bestimmen wollten, auf grofse Schwierigkeiten, zugleich aber auch auf mehrere noch unbeachtete Kennzeichen, die für die Systematik von Nutzen zu werden versprachen, als da sind bei den Haien die Anwesenheit oder der Mangel einer Nickhaut und der Spritzlöcher, bei den Rochen die Form der Nase und Nasenklappen; und so ward die Nothwendigkeit, die neuen Erwerbungen zu ordnen, Anlafs zu jener gemeinschaftlichen Arbeit, die als eine Beschäftigung in

Mufsestunden begonnen, in dem Maße, wie immer neuer Stoff zuströmte, an Ausdehnung gewann. Zum Zweck der vollständigen Sammlung der dazu gehörigen Materialien unternahmen beide Forscher Reisen nach den grofsen Sammlungen des Auslandes. Unter anderen besuchten sie im Herbste 1837 zusammen Holland und England, wo Müller hoch gefeiert ward. Durch das so ermöglichte Studium der Original-Exemplare und durch sorgfältige Vergleichung vieler Exemplare derselben Art gelang es ihnen, sich einen sicheren Weg durch eine verwirrte Synonymik zu bahnen, während sie ihre gröfseren Gruppen auf tiefe anatomische Unterschiede, ihre Gattungen zum Theil auf jene neuen Kennzeichen, ihre Arten aber fast durchgängig auf Formverhältnisse gründeten: da sie die aus der Färbung entnommenen specifischen Merkmale bei den Plagiostomen überhaupt, und die der Hautbekleidung und den Zähnen entlehnten bei den Rochen insbesondere, als trüglich erkannt hatten.

An diese Arbeit knüpft sich die so berühmt gewordene Abhandlung Müller's über den sogenannten glatten Hai des Aristoteles. In seiner Geschichte der Thiere erzählt nämlich Aristoteles unter anderen Beobachtungen über den Bau und die Fortpflanzung der Knorpelfische, daß es unter den Haifischen eierlegende und lebendig gebärende, und unter den letzteren auch solche gebe, bei denen der Foetus mit dem Uterus, wie bei den Säugern, durch einen Mutterkuchen verbunden sei. Obgleich im Jahre 1673 der Däne Stenson an der Küste von Toscana eine ähnliche Beobachtung gemacht hatte, war doch der γαλεὸς λεῖος des Aristoteles völlig räthselhaft geblieben, und es hatte sich seit Stenson, dessen Hai selbst nicht bestimmt werden konnte, bei keinem der Haie des Mittelmeeres etwas der Angabe des Aristoteles Entsprechendes wiederfinden lassen.

Im Verfolg seiner Arbeiten über die Anatomie der Knorpelfische hatte Müller, einige Jahre zuvor, einmal die Verbindung eines Haifoetus mit den Wänden des Uterus durch eine Dottersackplacenta beobachtet. Bald darauf lernte er die Nachrichten des Aristoteles und des Stenson kennen; allein der Fisch, auf den sie sich beziehen, war jedenfalls ein anderer als der seinige. Dieser nämlich gehörte zu den *Carcharias*, wo auch schon der alte Pater Dutertre und Cuvier eine Anheftung des Dottersackes am Uterus wahrgenommen hatten, während die *Carcharias* sich unter denjenigen Fischen befanden, die es gelungen war, durch entscheidende Merkmale von der Bewerbung um die Einerleiheit mit dem Fisch des Stenson oder des Aristoteles auszuschliefsen.

Jetzt aber ward Müller's Wifsbegier in Betreff dieses Punktes rege. Hr. Peters, der damals nach Nizza ging, um für das anatomische Museum zu sammeln, übernahm den Auftrag, dem räthselhaften *Galeus laevis* des Stenson nachzuspüren, und von allen vorkommenden Haifischarten Embryen im Uterus einzusenden. Fast ein Jahr lang blieben alle Bemühungen vergeblich. Endlich aber brachte die im Frühling 1840 von Nizza abgegangene Sendung den gewünschten Aufschluss, indem unter einer Anzahl Eiern der Gattung *Mustelus* mehrere waren, an denen eine solche Verbindung des Dottersackes mit dem Uterus stattfand, wie bei den *Carcharias*. Es stellte sich heraus, dafs es im Mittelmeer zwei leicht zu verwechselnde *Mustelus*-Arten gebe, von denen die eine sich den lebendig gebärenden Haien ohne Verbindung mit dem Uterus, den Vivipara akotyledona, anschliefst, die andere aber jene Verbindung zeigt. Daraus erklärte sich zugleich, weshalb diese Sache so lange hatte im Dunkel bleiben können. Der Zufall hatte den Beobachtern anfangs immer nur die erste *Mustelus*-Art, die man *M. vulgaris* nennen kann, in die Hände gespielt, nach deren Untersuchung dann die der Exemplare der anderen, äufserlich schwer zu unterscheidenden Art, deren Eier am Uterus angeheftet sind, überflüssig erschien. Jetzt gelang es auszumachen, dafs dieser letzteren, *M. laevis* zu nennenden Art, zweifellos der von Stenson beobachtete Fisch angehörte, und es wurde wenigstens äufserst wahrscheinlich, dafs sie es auch gewesen, auf die sich Aristoteles' Angabe bezog. Gleichzeitig wurden übrigens, wie dies bei Müller nicht anders zu erwarten war, alle Verschiedenheiten in der Art der Fortpflanzung bei den Haien und Rochen genau ermittelt und in systematische Uebersicht gebracht.

Seit seiner Jugend, wo er des Stagiriten Lehre vom Traum verdeutscht und in ihr geschichtliches Recht als physiologische Urkunde wieder eingesetzt hatte, war in Müller ein lebhaftes Interesse für das Studium des griechischen Altmeisters wachgeblieben. Wie freute es ihn jetzt, dessen Physiologie dies Denkmal zu errichten, welches zugleich ein Denkmal seiner eigenen seltenen Gelehrsamkeit ward.

Müller's tiefgehende Untersuchung der Knorpelfische hatte ihn natürlich in häufige Berührung mit den Knochenfischen gebracht, in deren Systematik, trotz den Arbeiten Cuvier's und Hrn. Valenciennes's, und Hrn. Agassiz's, noch ein großes Dunkel herrschte. Durch Hrn. Agassiz's palaeontologische Entdeckungen war die Verwirrung, was die lebenden Fische betrifft, in mancher Beziehung nur gesteigert. Hr. Agassiz hatte unter den fossilen Fischen die Ordnung der Ganoïden, als durch ihre mit Schmelz überzogenen, rhomboïdalen Schuppen gekennzeichnet, und den älteren Formationen bis zur Kreide angehörig, unterschieden, und zugleich die genaue Uebereinstimmung im Schuppenbau zwischen zwei jetzt noch lebenden Fischgattungen, dem *Polypterus* aus dem Nil und dem *Lepidosteus* aus den Strömen Nordamerika's, und den Ganoïden, erkannt. Er hatte dadurch auf die systematische Stellung dieser beiden Fische, welche Cuvier, wenig befriedigend, unter seine Clupeïden gebracht hatte, ein großes Licht geworfen, und denselben, als den vereinzelten Trümmern einer unzählbaren Schaar, welche einst die Meere der Vorwelt belebte, ein besonderes Interesse gesichert. Ein wie großes Verdienst aber auch Hr. Agassiz sich durch diese bahnbrechende Aufstellung erwarb, die Art seiner Studien hatte ihn mehr auf die Beobachtung derjenigen Kennzeichen der Fische gelenkt, welche die Umwälzungen der Erdrinde überdauern, wie Schuppen und Skelet, und vorzugsweise nach diesen urtheilend, hatte er noch einige andere Familien von Fischen unter die Ganoïden aufgenommen, welche mit denselben nur in solchen mehr äußerlichen Merkmalen übereinkommen. Dadurch entsprangen, wegen der augenfälligen inneren Verwandschaft dieser Fische mit solchen, denen diese Merkmale abgehen, neue Verlegenheiten, und der Begriff der Ganoïden drohte so verwirrt zu werden, daß Niemand mehr hätte sagen können, was denn eigentlich ein Ganoïd sei.

Jetzt warf sich Müller, in seiner Abhandlung „*Ueber den Bau und die Grenzen der Ganoïden und über das natürliche System der Fische*" vom Jahre 1844, mit seinem ganzen Scharfsinn, seiner ganzen Uebung, und einem seit Jahren gesammelten Material, auf die Entwirrung dieses Knotens. Er begriff sogleich, daß der Schwerpunkt der Frage in der genauen Begrenzung des Begriffes eines Ganoïds liege, und daß diese wiederum nur durch die vollständige Untersuchung und Vergleichung des inneren Baues der noch lebenden unzweifelhaften Ganoïden und der übrigen, mit Recht oder Unrecht zu denselben gebrachten Fische zu erreichen sei. Zwar hatten sich, außer Hrn. Agassiz, schon Geoffroy de Saint-Hilaire und Cuvier selbst, wie auch die Hrn. Valentin und van der Hoeven, mit der Zergliederung des *Polypterus* und *Lepidosteus* beschäftigt. Müller, der den letzteren Fisch im Herbste 1844 im Pariser Pflanzengarten untersuchte[141], zeigte jedoch, daſs diesen Forschern gewisse Eigenthümlichkeiten entgangen seien, welche beiden Fischen zukommen, und sie von allen übrigen lebenden Fischen trennen, mit Ausnahme der Störe und der Spatularien, die er somit allein unter den lebenden Fischen noch für Ganoïden gelten lieſs.

Unter diesen Eigenthümlichkeiten obenan steht der Bau des Arterienstieles des Herzens, der nicht nur bei den Ganoïden wie bei den Knorpelfischen mit mehreren, aber noch zahlreicheren und längeren Klappenreihen, ähnlich den Eimern einer Baggermaschine, besetzt ist, sondern auch aus quergestreiften Muskelfasern besteht, und daher als wahrer Herztheil anzusehen ist; während der Wulst an der Kiemenarterie der Knochenfische, wie Müller zuerst darthat, kein schlagender Herztheil, und nur aus glatten Muskelfasern gewebt ist. Dadurch allein ist zwischen den Ganoïden und Knochenfischen eine Grenze gezogen, so scharf wie zwischen den nackten und beschuppten Amphibien, von denen die ersteren ein Aortenherz besitzen, die letzteren keins. Die Ganoïden besitzen ferner ein Chiasma der Sehnerven, eine Spiralklappe des Darmes, freie Kiemen mit einem Kiemendeckel zugleich mit abdominalen Bauchflossen, und auſser diesen absoluten Merkmalen noch viele andere von geringerer Beständigkeit, wie z. B. eine respiratorische Kiemendeckelkieme, die von Hrn. Agassiz sogenannte heterocerke Schwanzflossenbildung der Haie, Spritzlöcher, u. a. m. Die Beschaffenheit der Schuppen aber, von der Hr. Agassiz bei Aufstellung der Ganoïden ausgegangen war, fiel merkwürdigerweise nunmehr unter diese minder beständigen Merkmale. Ja ein ächtes Ganoïd kann nach Müller, wie die Spatularien, schuppenlos sein.

So hatte also Müller seine Aufgabe gelöst, Kennzeichen zu finden, welche über alle äuſseren Formverhältnisse hinaus die Fische nach ihren fundamentalen inneren Verwandtschaften zusammenführen. Die von Cuvier einst verlangte und vermiſste Grundlage, um das unübersehbare Heer der Fische in Unterclassen mit festen und sicheren Charakteren zu vertheilen, war gewonnen. Die Ganoïden gingen aus Müller's Untersuchung hervor als eine Unterclasse der Fische, gleichwerthig den Amphioxus, den Cyklostomen, den Knochenfischen und den Plagiostomen, zwischen welchen letzteren sie aufzunehmen sind, indem sie Merkmale beider in sich vereinigen. Und wie erst Hrn. AGASSIZ's palaeontologische Forschung das Verständniss der lebenden Schöpfung ermöglicht hatte, so vermochte nun MÜLLER umgekehrt die Reihen der von Hrn. AGASSIZ aufgestellten fossilen Ganoiden von manchen Eindringlingen zu säubern.

Für die neue Charakteristik der Ganoïden fand sich bald eine Gelegenheit, sich zu bewähren. Hr. CARL VOGT beobachtete bei *Amia calva*, die CUVIER unter die Clupeïden gebracht und MÜLLER darunter gelassen hatte, einen Bau des Herzens, wie er nach MÜLLER nur einem Ganoïd zukommen kann, glaubte aber, dafs *Amia* von *Sudis* und *Osteoglossum*, Knochenfischen mit zwei Herzklappen ohne Muskelbeleg des Arterienstiels, nicht getrennt werden könne, da sie sonst zu ähnlich seien.[143] MÜLLER jedoch faſste die Sache so auf, als habe Hr. VOGT in *Amia* vielmehr ein neues Ganoïd der Jetztwelt entdeckt, und er sagte voraus, daſs sich *Amia* auch in den übrigen Punkten als Ganoïd verhalten werde. Auch behielt er im Wesentlichen Recht, obschon es sich dabei fand, daſs einige Merkmale der Ganoïden, die er für absolut gehalten hatte, dies nicht seien, da FRANQUE dieselben in der *Amia*, bei der unter MÜLLER's Leitung angestellten Untersuchung, vermiſste.[144]

Die Amphioxus, die Cyklostomen, die Plagiostomen, die Ganoïden hatte nun schon MÜLLER durch seine Untersuchungen erläutert. Es blieb ihm übrig, von den fünf Unterclassen der Fische die zahlreichste, die der eigentlichen Grätenfische, in ihre Ordnungen und natürlichen Familien besser als bisher zu spalten. Dies unternahm und vollbrachte er jetzt. Als Vorarbeit dazu aber diente ihm die Erörterung des relativen Werthes der verschiedenen Charaktere, die einer solchen Eintheilung zu Grunde gelegt werden können; welchen er überdies durch Beachtung der Nebenkiemen, der unteren Schlundknochen und des Baues der Schwimmblase mehrere neue und wichtige hinzufügte.

So sah man MÜLLER, freilich nach jahrelanger Vorbereitung in der Stille, plötzlich unter den ersten ichthyologischen Systematikern Platz nehmen. Eine Zeit lang machte es ihm Freude, diese Stellung zu behaupten, und er begann mit Hrn. TROSCHEL seine *„Horae ichthyologicae"* in zwanglosen Heften herauszugeben, von denen aber nur drei, in den Jahren 1845—1849, erschienen. Das erste und zweite enthalten eine Monographie der Characinen, einer Familie die MÜLLER denen zugesellte, welche die von Hrn. ERNST HEINRICH WEBER entdeckte Verbindung der Schwimmblase mit dem Gehörorgan haben.

Inzwischen sann er bereits auf neue Eroberungen. Unter den Wirbelthierclassen, in deren Systematik es noch etwas Erhebliches zu thun gab, waren die Vögel bisher bei ihm vergleichsweise leer ausgegangen. Seit seinen Untersuchungen über die Strausse vom Jahre 1836, hatte er nur einmal, im Jahre 1841, das ornithologische Gebiet berührt in seinen „*Anatomischen Bemerkungen über den Quacharo*", den von Hrn. von HUMBOLDT in der Höhle von Caripe in den Missionen der Chaymas entdeckten lärmenden feisten Nachtvogel. Hrn. von HUMBOLDT's Exemplare waren mit einem Theile von dessen Sammlungen durch Schiffbruch an der afrikanischen Küste zu Grunde gegangen, und da bis 1834 kein neues Exemplar nach Europa kam, hatte CUVIER, trotz Hrn. von HUMBOLDT's Angaben im *Recueil d'Observations de Zoologie et d'Anatomie comparée*, in seinem *Règne animal* des *Steatornis* nicht erwähnt. Jetzt erhielt Hr. von HUMBOLDT durch L'HERMINIER, Arzt auf Guadeloupe, Exemplare seines Vogels zugeschickt, die MÜLLER beschrieb, wobei er Hrn. von HUMBOLDT's Ausspruch bestätigen konnte, dafs *Steatornis caripensis* sich von den Ziegenmelkern, denen er beim ersten Anblick nah verwandt scheint, ansehnlich entfernt. Unter anderen bietet er das nahezu einzige Beispiel eines doppelten Kehlkopfes dar, indem, statt der Luftröhre selber, jeder Bronchus einen solchen besitzt, so dafs, wenn *Steatornis* nur kein Schrillvogel wäre, er würde zweistimmig singen können.

Doch war die Systematik der Vögel schon längst MÜLLER's Augenmerk gewesen. CUVIER hatte, MÜLLER's Ueberzeugung nach, diesen Theil seines *Règne animal* ganz unangebaut gelassen. Die Familien der Dry-skin philosophers, wie der Jäger aus dem fernen Westen, AUDUBON, die nur balggelehrten Ornithologen nannte, waren nur irrationale Haufen, und fielen deshalb bei den verschiedenen Vögelkennern verschieden aus. NITZSCH freilich und seine Nachfolger, und mit MACGILLIVRAY's Hülfe AUDUBON selber, gingen von ernsten Forschungen über den Bau der Vögel aus, aber ihre Bestrebungen waren zu vereinzelt, um zum Ziele zu führen. Mit Recht im Allgemeinen beklagte man sich darüber, dafs die im Vergleich zu den anderen Wirbelthierclassen so grofse Einförmigkeit in dem Bau der Vögel die Systematik wenig unterstütze. Allein Müller war es nicht entgangen, dafs diese Bemerkung nicht auf alle Organe passe. Die Geschlechtswerkzeuge z. B. machen schon eine Ausnahme, wie er bei den Straufsen gezeigt hatte; vor Allem aber, worauf er vielleicht bei seinen Untersuchungen über die Stimme geführt worden war, das Stimmorgan, in welchem wichtige innere Merkmale zur naturgemäfsen Eintheilung der Passerinen im weitesten Sinne oder der *Insessores* liegen, selbst wo äufserlich nur Uebergänge zu sein scheinen.

Durch Arbeiten, zu denen er lange ein grofses Material von Vögeln in Weingeist, das einzige wahrhaft belehrende, gesammelt hatte, und die sich allein unter den Passerinen der neuen Welt auf mehr als hundert Gattungen erstreckten, zeigte Müller im Jahre 1845, dafs es bei den Passerinen drei wesentlich verschiedene Kehlkopfsformen gebe, die der *Polymyodi*, die mit vielen Muskeln singen, oder der eigentlichen Sänger, die der Luftröhrenkehler, und die der Sperlingvögel mit nur Einem Kehlkopfsmuskel. Unter den früher nach äufseren Merkmalen als ächte Sänger bezeichneten Vögeln sind viele, die den zusammengesetzten Singmuskelapparat nicht haben. Namentlich ist dies der Fall für die Gattungen der neuen Welt, daher es sich erklärt, dafs die Wälder des tropischen Amerika viel mehr von Geschrei als von Gesang wiederhallen.

Auf Grund der verschiedenen Kehlkopfsbildung allein so ähnliche Vögel zu trennen, wie häufig die sind, welche den Singmuskelapparat besitzen, und die, so ihn entbehren, wie z. B. die gemeinen und die Mauer-Schwalben, wäre unzulässig gewesen. Sollte die Kehlkopfsbildung bei den Passerinen eine typische Bedeutung erlangen, so mufsten noch andere Merkmale entdeckt werden, welche stets mit einer bestimmten Kehlkopfsform zusammenfallen. Dies gelang Müller schliefslich im Verein mit Hrn. Cabanis. Es ergab sich erstens, dafs mit dem Singmuskelapparat zugleich stets eine mehr oder weniger zusammenhängende Hornbekleidung des Laufes, oft in Gestalt der sogenannten Stiefelschienen, vorkommt, wodurch eine Wahrnehmung der Hrn. Blasius und Graf Keyserling bestätigt ward; und zweitens, dafs bei den polymyoden Sängern die erste der zehn Handschwingen verschiedene Grade der Verkümmerung, bis zum gänzlichen Verschwinden, erleidet, worin bereits Hr. Sundewall ein Kennzeichen der ächten Singvögel gesucht hatte.[145]

Die Arbeit über die Passerinen, wodurch Müller nun auch der Ornithologie die bleibende Spur seines Fleifses aufgeprägt hatte, war die letzte gröfsere Bemühung, die er den lebenden Wirbelthieren widmete. Ehe er sich jedoch gänzlich der Erforschung der Wirbellosen hingab, sollte zuerst noch die Geschichte untergegangener Thiergeschlechter einen Strahl aus dem Lichtquell empfangen, den er nach und nach allen Punkten des Gebietes organischen Lebens zukehrte. In dem Ruhmeskranz des deutschen Cuvier durfte das Blatt palaeontologischer Entdeckung nicht fehlen. Sein Bestreben, die ganze belebte Schöpfung zu umfassen, führte ihn mit Nothwendigkeit auf diesen Weg. Die geognostische Grundlage zu diesen Studien hatte sich Müller, nach dem Urtheil von Kennern, so weit angeeignet, als es ohne selbst im Gebirge den Hammer zu führen möglich ist.

Schon bei seinen Untersuchungen über die Ganoiden war er auf dieses Feld hinübergeschweift. Auch hatte ihn Hr. Agassiz selber über die Wirbel fossiler Haie zu Rathe gezogen. Endlich hatte er bereits an den von dem unglücklichen Sello aus der Banda oriental dem mineralogischen Museum eingesandten Fufsknochen des grofsen fossilen Gürtelthieres, *Glyptodon clavipes* Owen, seine Hand versucht und bewährt.

Da erschien bei uns, im Frühjahre 1847, auf seiner Rundreise durch die deutschen Hauptstädte, ein wunderbares, als riesenhafte Seeschlange, Hydrarchus, wie sein Besitzer, Hr. A. Koch, es nannte, zugestutztes Denkmal der Vorwelt. Die Gestalt des Thieres, durch willkürliche Zusammenfügung von Knochen und Knochenbruchstücken erzeugt, schien den Umrissen von Retzsch zum *Kampf mit dem Drachen* entlehnt. Die Länge richtete sich nach der Oertlichkeit, und betrug somit im Ausstellungssaal der Akademie der Künste über neunzig Fufs.

Es war nicht das erstemal, dafs ähnliche Reste die Aufmerksamkeit der Gelehrten auf sich zogen. In Nordamerika, aus dessen südlichen Staaten sie stammten, in England, wohin zuerst einzelne Bruchstücke davon gelangten, hatten sie bereits den Scharfsinn der Palaeontologen geübt und verschiedene Auslegungen erfahren. Ein Blick auf einen der zweiwurzeligen Zähne hatte dem Verfasser der *Odontography* genügt, um das von dem ersten Beobachter, Dr. Harlan, entworfene Phantasiebild eines Königs unter den Sauriern, *Basilosaurus*, zu zerstreuen, dessen Gebeine hier vorlegen sollten. Hr. Richard Owen sprach die Ueberzeugung aus, daſs diese Zähne nur einem Säuger, und zwar einem Wale aus der Nachbarschaft der Manati angehören konnten: da ihm nämlich die an die Seehunde erinnernde sägeförmige Gestalt der Krone noch nicht bekannt war. Er schlug dafür den Namen *Zeuglodon cetoïdes* vor, der daran erinnern soll, daſs im Querschnitt die Krone der zweiwurzeligen Zähne so aussieht, als seien zwei Zähne mit einander verwachsen oder zusammengejocht.[116] Dennoch wurde in Dresden, wo der Hydrarchus gezeigt wurde, ehe er hierher kam, die Natur des Thieres abermals verkannt, und dasselbe, unter einer Menge wunderlicher Miſsgriffe, von Neuem zu den Sauriern gestellt. Daraus entstand übrigens das Gute, daſs die allgemeine Aufmerksamkeit auch der Nichtgelehrten sich diesem Gegenstande zuwendete, welche sich leichter für ein riesiges Krokodil als für einen Wallfisch der Vorwelt gewinnen läſst, dergleichen es noch heute von nicht geringerer Länge giebt.

Mit Leidenschaft ergriff jetzt Müller die Aufgabe, diese Trümmer wissenschaftlich zu sichten und zu ergänzen, und das Koch'sche Ungeheuer unter die Gesetzmäſsigkeit der organischen Natur zu bringen. Von frühem Morgen bis spät in die Nacht sah man ihn mit Steinsplittern und Kalkstaub bedeckt an den Zeuglodonknochen bergenden Felsstücken meiſseln, bis Fläche um Fläche aus vieltausendjähriger Gruft an's Licht trat, die Dinge sich zu ordnen begannen, und zuletzt ein fast vollständiges Bild des ganzen Schädels, wie er nicht anders gewesen sein konnte, gewonnen war. Die gröſste Freude hatte dabei Müller, als es ihm eines Tages gelang, durch eine glückliche Sprengung aus dem Felsenbein, das in Dresden für einen Gaumenzahn war gehalten worden, noch die Schnecke des Labyrinthes mit drittehalb Windungen und Spiralplatte in vollkommener Erhaltung darzustellen.

Während Müller so das Material, aus dem der Koch'sche Hydrarchus-Schädel aufgebaut war, mehreren Schädeln eines delphinähnlichen Walthieres zuwies, setzte ihm die Wirbelsäule zunächst noch Schwierigkeiten entgegen, die er im ersten Anlauf nicht zu bewältigen vermochte. Er konnte den *Plesiosaurus*-ähnlichen Hals, den Hr. Koch dem Hydrarchus gemacht hatte, nicht loswerden; nicht, weil er durch die gegenwärtige Aufstellung befangen war, deren Unwerth er bei der Zersetzung des angeblichen Schädels besser als sonst Jemand hatte kennen lernen, sondern weil die Wirbel, die den angeblichen Hals bildeten, wenn sie nicht Halswirbel waren, als rippenlos, Lendenwirbel sein mufsten, er sich aber nicht entschliefsen konnte, solche Lendenwirbel auf Rückenwirbel folgen zu lassen, wie sich deren zwei unter den nicht zur Aufstellung benutzten Koch'schen Vorräthen befanden. Ein Hals, wie der des Hydrarchus, bei einem Walthiere wäre ein Vorkommen von grofser Bedeutung gewesen, weil dadurch gleichsam von den Walthieren aus ein Kettenglied gegeben gewesen wäre zur Vervollständigung der Verbindung zwischen den Walthieren und den Sauriern, von der die fossilen Rieseneidechsen von Lyme Regis ein Glied von den Sauriern aus darstellen.

In dieser Lage mufste Müller die Untersuchung abbrechen, da der Besitzer der Knochen damit weiter gen Leipzig zog. Hier wurden dieselben von Hrn. Burmeister aus Halle untersucht. Indem dieser von der Ansicht ausging, dafs Zeuglodon ein Walthier sei, und die Wirbelsäule der Walthiere mit der des Koch'schen Skelets verglich, ohne jene beiden Wirbel und somit den Umstand zu kennen, der Müller's Fortschritt gehemmt hatte, gelangte er zum Beweise, dafs der Hals des Hydrarchus ein Kunstproduct sei, ohne dafs er jedoch vermocht hätte, es anders als wahrscheinlich zu machen, dafs der Zeuglodonhals gleich dem anderer Wale ein kurzer, aus platten und miteinander verwachsenen Wirbeln bestehender gewesen sei.

Inzwischen wurde der Ankauf der ganzen Koch'schen Sammlung für das anatomische Museum durch Seine Majestät den König für eine ansehnliche Leibrente vermittelt, und Müller konnte in seinen Arbeiten fortfahren, die jetzt vorzüglich auf die Wirbelsäule, den Brustkasten und die etwaigen Gliedmafsen des Thieres gerichtet wurden. Hrn. Burmeister's Behauptung hinsichtlich des Halses wurde dadurch zur Gewifsheit gebracht, dafs Müller unter den Koch'schen Vorräthen einen Atlas und einen anderen Halswirbel fand, die zweifellos zu Zeuglodon gehörig, Halswirbeln von Walthieren gleichen. Indessen war damit erst der kleinste Theil der Schwierigkeiten besiegt, die hier seiner warteten. Er hatte unter mehreren hundert oft sehr verstümmelten Wirbeln von ganz ungewöhnlicher Gestalt, die von verschiedenen Fundorten, also von verschiedenen Individuen verschiedenen Alters, vielleicht gar verschiedener Art herrührten, die am wahrscheinlichsten zusammengehörigen herauszufinden. Nach unendlichem Vergleichen, Ausmessen und Versuchen, wobei allein das fortwährende

Hin- und Hertragen der schweren Steinblöcke für Viele eine aufreibende Leistung gewesen wäre, fand MÜLLER eine befriedigende Lösung in der Annahme, daſs er es mit Individuen zweier verschiedenen Zeuglodonarten zu thun habe, einer mit langen Wirbeln, die er *Z. makrospondylus*, und einer mit kurzen, die er *brachyspondylus* nannte. Der Zeuglodon war nunmehr unter MÜLLER's Händen zu einem 60—70 Fuſs langen Seethier geworden, welches dem Bau nach zwischen Seehunden und Delphinen die Mitte hält, indem es den ersteren die Form der Zähne und manche Eigenthümlichkeit im Schädelbau, den letzteren die lange Schnauze und den fischähnlich gestreckten Körper entlehnt, dessen Extremitäten auf zwei Flossen reducirt sind. Ob die Panzerstücke, die zugleich mit den Zeuglodonknochen in dem Gestein gefunden worden, dem Thiere angehörten, läſst MÜLLER unentschieden. Auch ohne diese Rüstung mag der Zeuglodon, obschon er den glänzenden Rang, den ihm zuerst die Phantasie einiger Palaeontologen beigelegt hatte, hat aufgeben müssen, für die Mitbewohner der subtropischen Meere der Eocenperiode ein schrecklicher Gast gewesen sein. Ungern vermiſst man, am Schluſs des groſsen Werkes, worin MÜLLER seine Untersuchungen über die Zeuglodonreste zusammengefaſst hat, eine Abbildung des restaurirten Skelets, und eine Skizze des Thieres, wie es im Leben ausgesehen haben mag. Daſs MÜLLER dem Reiz widerstand, eine solche zu veröffentlichen, ist für die Nüchternheit und Vorsicht, zu der er gelangt war, nicht wenig bezeichnend. Denn er hatte mehrere solcher Skizzen entworfen, an deren „lebensfähigem" Aussehen er sich freute, und die gewiſs, da die fischähnliche Gestalt des Thieres den Schwankungen des äuſseren Umrisses enge Grenzen zieht, sich nicht weiter von der Wahrheit entfernten, als CUVIER's berühmte Skizzen des Palaeotherium's und Anoplotherium's in den *Recherches sur les Ossemens fossiles*.[147]

So zu Hause war damals MÜLLER in der Palaeontologie der Wirbelthiere, daſs er in den Sommern 1846 und 1847, zur Erholung von dem ewigen Einerlei seiner gewöhnlichen Vorlesungen, ein Publicum über fossile Fische und Amphibien hielt. Er hatte im anatomischen Museum eine schöne Sammlung davon gebildet, und die Bearbeitung der von Hrn. VON MIDDENDORFF aus dem nordöstlichen Sibirien mitgebrachten fossilen Fische, die Revision einer Reihe fossiler Fischgattungen, die Bemerkungen über den *Archa-*

gosaurus aus den Eisensteingruben von Lebach und über *Delphinopsis* Freyeri von Radoboy, aus den Jahren 1848—1853, zeigen hinlänglich, daſs er diesen Zweig der Schöpfungsgeschichte nie ganz aus den Augen verlor.

Fortsetzung von Müller's morphologischer Periode. Forschungen im Gebiete der Wirbellosen. Pentakrinus Caput Medusae. „System der Asteriden." Die Entwickelung der Echinodermen. Die Erzeugung von Schnecken in Holothurien. Letzte Arbeiten Müller's.

Während Müller mit diesen Arbeiten im Gebiete der Wirbelthiere beschäftigt war, vollendete er theils, theils vorbereitete er zugleich nicht Geringeres im Gebiete der Wirbellosen. Der Typus der Strahlthiere war es, der ihn von nun ab mit immer ausschlieſsenderem Interesse fesseln sollte.

Schon im Jahre 1840, als er erst eben das *Handbuch der Physiologie* und die Arbeit *über den glatten Hai des* Aristoteles vollendet, und noch das *System der Plagiostomen* und die *vergleichende Splanchnologie der Myxinoiden* in Händen hatte, überraschte er die Zootomen mit einer im Vergleich zu dem, was man vorher besaſs, vollständig zu neunenden Anatomie des *Pentakrinus Caput Medusae* von den kleinen Antillen, des merkwürdigen Thieres, welches allein in der jetzt lebenden Welt übrig ist von einem sonst zahlreichen Geschlecht, dessen Reste in den Schichten der Oolithperiode begraben sind. Auſser dem von Müller beschriebenen Exemplar gab es deren in den Museen Europa's überhaupt nur sechs mehr oder weniger verstümmelte. Auch an dem hiesigen fehlten die Eingeweide, und die Anatomie der verwandten Comatulen, zu denen die Krinoïden der Vorwelt embryonische Typen in Hrn. Agassiz's Sinne sind[145], wurde gleichzeitig in's Reine gebracht, um wenigstens mit gröſster Wahrscheinlichkeit jene Lücke zu füllen.

Wie aber die Untersuchung über den inneren Bau der heutigen Ganoïden für Müller nur ein Glied einer groſsen, das ganze Heer der Fische umfassenden Musterung war, so gingen auch jetzt mit der Erschlieſsung des Baues der Krinoïden höchst ausgedehnte und erschöpfende Studien über die Systematik der Echinodermen einher, die von Müller in Gemeinschaft mit Hrn. Troschel in allen erreichbaren Sammlungen betrieben, und deren Ergebnisse theils in einer groſsen Anzahl einzelner Abhandlungen, theils in dem von beiden im Jahre 1842 herausgegebenen *„System der Asteriden"* niedergelegt wurden.

Allein diese systematischen Arbeiten sollten diesmal nur die Vorläufer noch wichtigerer und tiefer reichender Entdeckungen sein. Der alte freudige Griechenruf: ΘΑΛΑΤΤΑ! ΘΑΛΑΤΤΑ! war damals mehr und mehr das Losungswort aller derer geworden, die mit bewaffnetem Auge neuen Formen und Verwandlungen der organischen Wesen nachspähen wollten. In der Mitte der vierziger Jahre begann auch Müller sich diesem Zuge anzuschliefsen. Gleich bei seinem ersten Aufenthalt auf Helgoland im Herbste 1845 stiefsen ihm bei der mikroskopischen Untersuchung des eingebrachten Seewassers einige ganz fremdartige Formen auf, die sich schlechterdings in keiner der bekannten Abtheilungen der Thierwelt unterbringen liefsen. Die abentheuerlichste darunter war *Pluteus paradoxus*, wie Müller, „da einmal Alles einen Namen haben mufs", dies Geschöpf wegen seiner Aehnlichkeit mit einer Staffelei nannte, über die man ein Gewand geworfen hätte. Ein zartes Kalkgerüst aus zusammenstrebenden, oben durch einen Ring verbundenen Stäben, mit thierischer Masse bekleidet, die sich bogen- und vorhangförmig von Stab zu Stab spannt; eine Wimperschnur rings um Saum und Zipfel des Gewandes, durch deren Cilien die Ortsbewegungen erfolgen; sonst nur an einer Stelle, wo der Mund zu sein schien, von Zeit zu Zeit eine deutliche Zusammenziehung: so zeigte sich dies Gebilde im Lauf eines Monates fünfmal unter kleinen Algen und Polypen, die von Steinen abgelöst waren, und versagte vor der Hand jeden Aufschlufs über seine Herkunft, seinen Verbleib, seine Bedeutung.

Der nächste Herbst, 1846, sah Müller, sobald seine Vorlesungen es erlaubten, wieder auf dem Felsen in der Nordsee, mit dem Mikroskop dem räthselhaften Funde nachspürend, der sich auch sogleich wieder, und zwar diesmal viel häufiger, zur Untersuchung stellte. Wie grofs war seine Spannung, als er nunmehr im Inneren des Pluteus gewisse blindsackförmige Falten keimen, sich erweitern, vermehren und zu einer rundlichen, mit fünf stumpfen Fortsätzen überwachsenen Scheibe ordnen sah, welche frei über die Oberfläche des Pluteus vorragte; wie lebhaft sein Erstaunen, als die Ablagerung von Kalk in verzweigten Figuren in dem neuen Gebilde, wie sie dem Hautskelet der Echinodermen eigen ist, ihm keinen Zweifel mehr liefs, dafs er im Pluteus auf die Larve eines solchen gestofsen sei, welches sich im weiteren Verlaufe der Entwickelung als eine Ophiure erwies.

Das Unerhörte dieser Verwandlung aber liegt darin, dafs der Pluteus, oder die Ophiurenlarve, eine vollkommene bilaterale Symmetrie zeigt, ohne eine Spur des dem Echinodermen wesentlichen radiären Typus. In der That nehmen die Arme oder Stäbe der Larve an der Bildung des Echinodermen keinen Theil, ja sie haben sogar ihrer Lage nach keine einfache Beziehung zu dessen Armen; diese und jene sind „heterolog", und der Pluteus verhält sich, wie MÜLLER es ausdrückt, zu dem in ihm entstehenden Seestern, wie die Staffelei zum Gemälde, oder der Stickrahmen zu der darin ausgearbeiteten Stickerei. Das Einzige, was aus dem Pluteus in das neue Wesen ganz aufgenommen wird, ist der Magen. Der Mund wird neu gebildet. Anfangs ist der neuentstandene Stern noch kleiner als der Rest des Pluteus, je mehr aber der Stern wächst, um so mehr erscheinen die Theile des Pluteus nur als Anhänge desselben, bis die letzten Spuren, die frei am Stern hervorragenden Kalkstäbe der Staffelei, endlich auch verloren gehen. Die Uranlage des Sternes, die Staffelei der Larvengestalt mit sich herumschleppend, widerstrebt schon durch die Bewegung der Saugfüfschen jeder Lage auf dem Glase, wobei diese nicht gegen das Glas gerichtet sind, und stellt mit ihrer Hülfe die natürliche soblige Lage her.

Nachdem einmal MÜLLER die allgemeinen Züge der Metamorphose eines Echinodermen erfafst hatte, gelang es ihm sofort bei seinen mikroskopischen Fischzügen noch andere Echinodermen-Larven zu erkennen, und auch diese bis zu ihrer Umwandlung in unzweifelhafte Echinodermen zu verfolgen. Zuerst glückte ihm dies mit einer Form, die noch einige Aehnlichkeit mit dem Pluteus hat, nur dafs sie, statt einer Staffelei, einem auf vier Füfsen stehenden Uhrkasten gleicht, von dessen hinterer Seite das Mundgestell als Pendel herabhängt, und dafs, zu den Wimperschnüren, mit sehr langen Cilien besetzte Wimperepauletten hinzukommen. An einer der Seiten des Kastens, wo das Zifferblatt nicht sein würde, keimt, sonst dem Zifferblatt vergleichbar, diesmal das radiäre Echinoderm. Es wird daraus ein Seeigel, wie MÜLLER sogleich errieth, mit Bestimmtheit jedoch erst im folgenden Herbste, 1847, ausmachte, wo er am Sund in Helsingör seine Beobachtungsstätte aufschlug.

Hier wurde wieder eine neue Larve ohne Kalkstäbe beobachtet, die MÜLLER wegen ihrer coquett geschwungenen Wimperschnüre vorläufig die Roccoco-Larve von Helsingör nannte, und aus der eine Asterie wird, was sich folgendermaßen ergab. Schon im Jahre 1835 hatte der um die Kenntniß der niederen Thiere hochverdiente schwedische Pfarrer, unser Correspondent Hr. Sars, bei Florö ein polypenartiges, an dem einen Ende mit vielen Armen, an dem anderen mit zwei Lappen oder Flossen versehenes Seethierchen angetroffen, an dessen ersterem Ende ein Seestern befestigt war, weshalb er das Thier, welches er unter die Akalephen setzte, *Bipinnaria asterigera* nannte. Lange war diese Beobachtung ganz räthselhaft geblieben. Da sah man eines Tages, im October 1846, den Hafen von Bergen so von Salpen und Bipinnarien wimmeln, daß man nicht ein Glas Seewasser schöpfen konnte, welches nicht eine Menge dieser Thiere enthielt. Die Hrn. Koren und Danielssen benutzten dies um zu zeigen, daß sich aus der Bipinnaria wirklich ein Seestern entwickelt.[149] An zwei Weingeistexemplaren, die ebendaher rührten, gelang wiederum Müller der Nachweis, daß Bipinnaria eine höhere Entwickelungsstufe der Roccoco-Larve von Helsingör sei, wodurch Jener endliches Schicksal aufgeklärt ward. Der Seestern erscheint hier „am „obern Umfang des Körpers der Larve, über den Armen, so wie man die „Himmelskugel auf den Schultern des sternkundigen Königs Atlas vorstellt."[150]

Der Herbst 1848 ging Müller, weil er Rector war, für diese Studien verloren. Zwar versuchte er, da er für den Winter Urlaub erhielt, im November in Ostende das Versäumte nachzuholen, allein die Witterung war schon zu rauh. Dagegen fand er im Februar und März in Marseille die günstigste Gelegenheit, den abgebrochenen Faden wieder aufzunehmen. Abermals boten sich hier neue Larven dar, die, oberflächlich betrachtet, einem Wappenschilde mit Roccoco-Verzierungen gleichen, und wegen ihrer ohrförmigen Zipfel vorläufig *Auricularia* genannt wurden. Ein Theil derselben ist durch äußerst zierliche, in den Ohrzipfeln eingebettete Kalkrädchen ausgezeichnet, wie sie, jene unbegreiflich sonderbaren Guirlanden bildend, in den Hautwärzchen gewisser Holothurien, der Chirodoten, vorkommen. In der That sind die Auricularien die Larven der Holothurien, wie Müller in den Herbstferien desselben Jahres 1849 in Nizza ermittelte. Die Metamorphose der Holothurien unterscheidet sich dadurch von der der Ophiuren, Asterien und Seeigel, daß nicht wie dort eine in der Larve als Minimum angelegte Knospe sich zur Gestalt des Echinodermen entwickelt, sondern daß die ganze Larve darin umgewandelt wird. Dies geschieht jedoch nicht in stetiger Art, sondern auf das bilaterale Larvenstadium folgt hier ein zweites wurmförmig radiäres Stadium, worin die fäfschenförmige Holothurien-Larve Wimperreifen nach Art der Anneliden-Larven besitzt.

Von den vier grofsen Abtheilungen der Echinodermen, von denen Müller die Sipunculiden ausschliefst, blieben nun noch die Krinoïden auf ihre Entwickelung zu untersuchen übrig. Dies selber zu thun war Müller versagt, weil die Entwickelung der Comatulen in den Juli fällt, wo seine Vorlesungen ihm nicht erlaubten das Meer aufzusuchen. Hr. Wilhelm Busch, der Müller's Begleiter auf mehreren Reisen gewesen war, übernahm es, an den Küsten des atlantischen Oceans, zu Kirkwall auf den Orkneys und zu Malaga, diese Lücke auszufüllen. Durch ihn erfuhr Müller, dafs die Larven der Comatulen gleich denen der Holothurien, aber äufserst rasch, das Stadium der bilateralen Form durchlaufen, um in das der Puppenform mit Wimperkränzen einzutreten.[111]

Als Müller die Verwandlung des Pluteus beschrieb, waren erst vier Jahre verflossen, seit Hr. Steenstrup eine Anzahl theils neuer, theils bis dahin verschieden gedeuteter oder wenigstens nicht mit einander verglichener thierischer Verwandlungen unter den fruchtbaren allgemeinen Gesichtspunkt des Generationswechsels zusammengefafst hatte. Beim ersten Blick erschien die Umwandlung des Pluteus in die Ophiure oder den Seeigel als ein neues Beispiel des Generationswechsels. Der geschlechtlich erzeugte bilaterale Pluteus erzeugt als Steenstrup'sche Amme durch innere Knospung das radiäre Echinoderm, aus dem wiederum geschlechtlich die bilaterale Enkelgeneration hervorgeht u. s. f. Ebenso bei den Bipinnarien oder Rococo-Larven der Asterien. Während aber Andere die Sache unbedenklich so ansahen, hielt Müller zurück, und sprach sich, was damals fast geschraubt scheinen konnte, nur dahin aus, „dafs die Metamorphose der Echinodermen der Larvenzeugung oder der geschlechtslosen Knospenzeugung „beim Generationswechsel verwandt sei .... Das Echinoderm entsteht als „eine Knospe, als ein sehr Kleines in dem Leibe der Larve, es wird ein neues „Wesen angelegt, genährt, ausgebildet; aber aufser dem hier offenbaren „Generationswechsel kommt etwas vor, welches unter das Princip der Metamorphose gehört und nicht unter das Princip des Generationswechsels. „Das durch Knospe entstandene neue Wesen umwächst den Magen und „Darm des alten. ... Es geschieht also mit Magen und Darm, was mit

„den meisten Organen, nicht allen, bei der Verwandlung des Frosches geschieht, daſs sie in die neue Form mit hinübergenommen werden.. Und damit ist bewiesen, daſs das Princip der Metamorphose ebenso unverkennbar „bei der Entwickelung der Echinodermen auftritt, als das Princip des Generationswechsels."[1] Diese Auffassung des Vorganges, die sich schon in Müller's ersten Abhandlungen findet, erhielt ihre Bestätigung durch die Entwickelung der Holothurien und Krinoïden, deren Verwandlung sich von der einfachen Metamorphose so wenig entfernt, daſs sie einen Uebergang dazu bildet, wie andererseits die Verwandlung der Seeigel und Seesterne einen solchen zum ächten Generationswechsel darstellt. So bewährte sich hier Müller's wachsames, vorzeitigen Verallgemeinerungen abgeneigtes Urtheil.

Müller's Beobachtungen über die Entwickelung der Echinodermen muſs man sich nicht so vorstellen, als habe er alle die beschriebenen Phasen, oder auch nur einen Theil davon, am nämlichen Individuum gesehen. Dazu taugen diese ebenso zarten als zierlichen Organismen nicht, da sie schon nach mehrstündiger Beobachtung absterben und zerflieſsen. Sondern es wurden sehr viele Individuen auf verschiedenen Entwickelungsstufen, wie sie sich in derselben Jahreszeit immer zugleich im Meerwasser finden, beobachtet und gezeichnet, und dadurch die ganze Reihe der Entwickelungsstufen festgestellt.

Die oft prachtvoll gefärbten Echinodermen-Larven schwärmen, bei stillem und mildem Wetter, das allein zu ihrem Fange geeignet ist, durch ihre Wimpern getrieben, die Pluteus mit den Füſsen der Staffelei oder des Uhrkastens voran, an der Oberfläche des Meeres umher. Der Fang wurde bewerkstelligt, indem Müller im Ruderboot in die hohe See hinaus- und zurückfuhr, welches ein feines Netz an Stangen mit sich schleppte. Indem das Wasser das Netz durchströmt, sammelt sich im Netze der sogenannte Auftrieb in um so gröſserer Menge an, je schneller und länger die Fahrt. Der Auftrieb wird in einem Gefäſs mit Seewasser heimgebracht, und die Aufgabe ist nun, die zarten mikroskopischen Formen darin ohne Verletzung aufzufinden, auf den Objectträger zu bringen und auf diesem zu handhaben, wozu Müller, im Laufe seiner langen Untersuchungen, verschiedene Kunstgriffe erfand.

Die Larven sind nur ausnahmsweise, wie die Bipinnarien, so groſs, daſs sie eine Behandlung mit der Secirnadel unter der Lupe gestatten. Sie sind aber im Leben glücklicherweise so durchsichtig, daſs ihr innerer Bau mittels des Mikroskopes bei durchfallendem Lichte erkannt werden kann.

Die Ausbeute an Echinodermen-Larven, welche das Fischen mit dem feinen Netze am Ruderboote gewährt, ist sehr veränderlich. Manche Tage und selbst Wochen bringen gar nichts oder nicht das Gesuchte, und dann kommen wieder Tage an denen der Auftrieb so reich ist, daſs der Tag zu kurz ist um das Material zu verarbeiten. Die künstlichen Befruchtungen leisten zwar gute Dienste für die jüngeren Stadien des Larvenlebens, ja sie sind unentbehrlich um die ersten Vorgänge der Entwickelung zu beobachten und die Species festzustellen, denen bestimmte Larven angehören. Allein dies Verfahren schlägt nicht nur häufig fehl, sondern da es trotz allen Wasserwechsels nicht gelingt die Larven weit genug aufzuziehen, so ist dasselbe auch für die Metamorphose in das Echinoderm und die späteren Stadien des Larvenlebens überhaupt nicht anwendbar. Nimmt man hinzu daſs, wie schon bemerkt, bei stürmischer See die Larven nicht zu haben sind, und daſs Müller, tief im Binnenlande lebend, nur eine kurze und nicht immer die günstigste Zeit des Jahres zu diesen Arbeiten benutzen konnte, so kann man ermessen, wie viel Hingebung, Geduld und Ausdauer er hat aufwenden müssen, um, wie Hr. Huxley von ihm sagt, zugleich der Columbus und der Cortez dieses neuen Gebietes zu werden; um die neue Welt nicht bloſs zu entdecken, sondern sich auch sogleich aller ihrer Schätze zu bemeistern.[16]

Von einer Anzahl besonderer Entwickelungsformen, die theils von Müller, theils von Anderen, als verschiedenen Echinodermen-Gattungen angehörig erkannt wurden, kann hier nicht die Rede sein. Wie mannigfach alle diese Formen, der *Pluteus*, die *Bipinnaria*, die *Auricularia*, die *Brachiolaria*, die *Tornaria*, u. s. w. an sich und in ihren Abarten erschienen, es gelang Müller eine Grundform anzugeben, aus der sie alle vermöge gradweiser Veränderungen in etwas verschiedenem Sinne abgeleitet werden können, und so einen allgemeinen Plan in der Entwickelung der Echinodermen aufzudecken. Dieser früh, schon bei den ersten Helgoländer Beobachtungen, erkannte Plan setzte ihn in Stand, in dem Gedränge neuer pelagischer Geschöpfe, das ihm nicht selten der Auftrieb im feinen Netze darbot, die Echinodermen-Larven sogleich von den übrigen schwärmenden Thierformen von noch unbekanntem Endziel zu unterscheiden.

Wie aber die Bildungsgeschichte überall der sicherste Weg ist, um in das Verständnifs der Formen einzudringen, so wurde Müller durch diese Untersuchungen zugleich tiefer als irgend einer seiner Vorgänger in den Bau und in die Homologieen der Echinodermen eingeweiht. Die Anatomie dieser Thierclasse nennt er selber, dem an Erfahrung auf den verschiedensten Punkten des Thierreiches sich nur Wenige an die Seite stellen dürfen, den schwierigsten Theil der vergleichenden Anatomie. „Wer jemals versucht hat eine Holothurie zu zergliedern," sagt Hr. Huxley, „wird sich des „Gefühls von Verzweiflung erinnern, womit er die verschlungene, schleimige, „ausgeweidete Masse betrachtete, die nur zu oft der Lohn all seiner Mühe und „Vorsicht war."[134] Aber Müller drang auch hier durch, wo ja schon lange vor ihm Hr. Tiedemann ein Denkmal deutscher Tüchtigkeit errichtet hatte. Die Bedeutung und Entstehung des Steincanals und der Madreporenplatte erklären; die Kenntnifs des Wassergefäfssystemes vervollständigen; die Urform eines Echinodermen angeben, aus der sich die Typen aller vier Abtheilungen entwickeln lassen, und die radiäre Gestalt des Echinodermen mit Hülfe gewisser Merkmale auf eine bilateral symmetrische zurückführen: das sind einige der Aufgaben, die vor ihm bereits den Scharfsinn manches Naturforschers geübt hatten, und die in erschöpfender Weise zu lösen, jetzt Müller's Ausdauer und Combinationsgabe vorbehalten war. Eine mit Dinte bemalte Orange, die er stets bei sich trug, diente ihm, um das auf die ideale Kugelgestalt reducirte oder mittlere Echinoderm, mit seinem Mund- und Apical-Pol, seinem Bivium und Trivium und Afterfeld zu versinnlichen; da er denn durch passende Drehungen aus dem Echinus, den die Orange bei senkrechter Stellung ihrer Axe vorstellte, vor unseren Augen die verschieden orientirten Gestalten der Spatangoiden und Holothurien werden liefs.

Hatten diese Untersuchungen, in ihrer ersten Entstehung, einen Bezug auf untergegangene Thiergeschlechter gehabt, so wurde Müller auch im Laufe derselben wieder vielfach auf die Vergleichung fossiler Echinodermen hingewiesen, von denen der Eifeler Kalk eine ergiebige Fundgrube ist, deren Schätze ihm durch seine Rheinischen Jugendfreunde unaufhörlich zuflossen. Der letzte Vortrag Müller's in der Akademie, den er in der Classensitzung am 1. März d. J. hielt, betraf neue Krinoïden und Echinoïden aus der Rheinischen Grauwacke und dem Eifeler Kalk.

In Müller's Arbeiten über die Echinodermen mitten hinein fällt eine wissenschaftliche Episode von ungewöhnlichem Interesse, die einen um so größeren Wiederhall gefunden hat, je mehr damals die Blicke aller Morphologen und Physiologen auf die sich unter Müller's Händen entfaltenden Wunder der Metamorphose der Echinodermen gerichtet waren. Jedermann erräth, daſs von der Erzeugung von Schnecken in Holothurien die Rede sein soll.

Schon während der Osterferien 1851 hatte sich Müller in Triest beschäftigt mit einer im feinen Schlamm der Bucht von Muggia in 6—8 Faden Tiefe sehr häufig vorkommenden Holothurie von der Gattung *Synapta* Eschsch., so genannt, weil zahllose mikroskopische Doppelhaken aus Kalk, die genau die Gestalt eines Schiffsankers haben, ihre Haut kletten machen. Die Art, um die es sich hier handelt, heiſst *Synapta digitata*. Das Thier ist wurmförmig, seine Leibeswandungen sind durchscheinend, im vorderen Theile mennigroth. Es besitzt die sonderbare Eigenschaft, daſs ein jedes Stück, an dem noch der unverletzte Kopf sitzt, sich bei unsanfter Berührung, wie Rumpelstilzchen im Märchen, selbst zerbricht; daher man die *Synapta* nie ganz zu sehen bekommt, sondern die mittlere Länge des Thieres nach der Zahl der Kopf- und Schwanzenden schätzen muſs, die zu der Gesammtlänge gehören, welche man durch Aneinanderlegen aller in einem Fange erlangten Bruchstücke erhält.[115]

Die *Synapta* ist, nach Hrn. de Quatrefages' Entdeckung, hermaphroditisch; da sonst bei den Echinodermen die Trennung der Geschlechter Regel ist. Im Frühling hatte Müller die Zwitterdrüse oder den Keimschlauch der Synapten von den gelben Eiern strotzend verlassen. Mitte August nach Triest zurückgekehrt, erwartete er nach Hrn. de Quatrefages' Angabe die Bildung der Spermatozoïden aus den kleinen Zellen des Keimschlauches erfolgen zu sehen. Statt dessen fand er bei einer *Synapta* einen Keimschlauch von ganz abweichender Bildung, der auch Eier von ganz fremdartiger Beschaffenheit enthielt, und kaum hatte er sich dies so ausgelegt, als habe sich Hr. de Quatrefages doch vielleicht in dem Hermaphroditismus dieser Holothurien getäuscht, als ihm Mathias Frusing, der Zaoleser Fischer, eine *Synapta* brachte, bei der derselbe unregelmäſsige Keimschlauch lauter Blasen mit wohlgebildeten jungen Schnecken enthielt. Zwischenformen wurden auch bald beobachtet, und es ward gewiſs, daſs die Schnecken sich in jenem Schlauche aus Dottern entwickeln, die durch Samen befruchtet werden, welcher sich gleichfalls in dem Schlauche gebildet hat. Das eine Ende des Schlauches steht mit dem einen Darmgefäfs der *Synapta* in einer höchst sonderbaren organischen Verbindung, das andere, offene hängt in der großen Mehrzahl der Fälle frei in die Bauchhöhle hinein. In dem Schlauch stecken die Schneckeneier und die Samenkapseln wie der Schufs, Pulver und Schrot, im Laufe des Gewehrs, die Eier mehr nach der Anheftung am Darmgefäfs, die Samenkapseln mehr nach dem freien Ende des Schlauches hin. Die gereiften und freigewordenen Spermatozoïden befruchten die Schneckendotter, welche sich zu furchen beginnen, und dann in der Entwickelung fortschreiten, ganz wie sie von anderen Schnecken bekannt ist. Die sich entwickelnden Schnecken, anfangs zu mehreren in Blasen eingeschlossen, die sich um einzelne Gruppen befruchteter Dotter bilden, rücken dem freien Ende des Schlauches zu. Die Schnecken sind eben mit bloßem Auge sichtbar. Sie haben eine spiralige, $\frac{1}{10}$—$\frac{1}{6}$ Linie lange Kalkschale von anderthalb Windungen, und stehen der Gattung *Natica* am nächsten. Auch die stecknadelförmige Gestalt der Spermatozoiden weist auf die Abtheilung der Gasteropoden, die Pectinibranchier, hin, denen diese Gattung angehört. Durch Eine solche Tracht kommen gegen 2400 Schnecken in die Welt. Diese Schnecken nannte MÜLLER vorläufig, auf ihren wunderbaren Ursprung anspielend, *Entoconcha mirabilis*.

Also Schnecken werden erzeugt in Holothurien; ein Weichthier in einem Strahlthiere. Es ist nicht anders, als ob ein Wirbelthier, etwa eine Maus, ein Gliederthier, etwa einen Schmetterling, erzeugte; es wäre im Vergleich dazu etwas Natürliches, von selbst Verständliches, brächte eine Aeffin, und zwar durch unbefleckte Empfängnifs, ein Menschenkind zur Welt. Ein jeder Anatom und Physiolog würde wohl, gleich MÜLLER, verwirrt und gepeinigt, angezogen und abgestofsen zugleich, vor diesem Ereignifs gestanden haben. Der Eindruck davon war, wie er selber berichtet, „keineswegs jene „freudige Aufregung, welche einen fruchtbaren Blick in die Natur oder die „Entdeckung einer verständlichen und Verständnifs bringenden Thatsache „zu begleiten pflegt, vielmehr war der erste und bleibende Eindruck beun- „ruhigend, verwirrend und demüthigend zugleich. Ich fühlte im voraus, „dafs es mir die längste Zeit nicht, oder vielleicht niemals gelingen würde „dasjenige zu verstehen, was das Zeugnifs der Sinne täglich vorführte. Es

„wurde auch nöthig, die zierlichen pelagischen Larven und die seit vielen „Jahren geübte und gepflegte Fischerei bei Seite zu legen und die ganze „Kraft dem neuen Gegenstande zu widmen."[15]

Zwei Monate stand er so „Schildwacht bei der Hexerei von Schnecken," wie er es nannte, und vielfach waren die Gedanken, die er sich diese Zeit über durch den Sinn gehen liefs. Er fühlte den Boden unter seinen Füfsen beben, dem er die Mühen seines halben Lebens anvertraut hatte. Er sah bereits im Geiste das Gebäude der zoologischen Systematik, an dessen Ausbau er sich so eifrig betheiligt, erschüttert und durch tiefe Risse gespalten. Denn obschon von der Physiologie zur Zoologie herübergekommen, kann man nicht anders sagen, als dafs MÜLLER einfach den Grundsätzen der herrschenden zoologischen Schule huldigte, ohne dafs sich in seinen Schriften, wie man es wohl erwarten könnte, eine kritische Begründung seiner zoologischen Forschungsgrundsätze, oder auch nur eine Spur davon fände, dafs er mit sich selber darüber in einem, irgendwie vermittelten Streite gelegen.

MÜLLER lehrte die Bestimmung der Art als des Inbegriffes der Individuen verschiedenen Geschlechtes, die mit einander eine fruchtbare, und der Gattung als des Inbegriffes derer, die miteinander eine unfruchtbare Nachkommenschaft erzeugen. Es störte ihn aber anscheinend nicht in dem Glauben an die principielle Bedeutung seiner systematischen Operationen, wenn man ihm bemerklich machte, dafs für die ungeheure Mehrzahl der von den Zoologen und Palaeontologen gebildeten Gattungen und Arten nicht nur der Versuch nicht angestellt, ja nicht einmal anstellbar sei, ob dieselben jener Begriffsbestimmung entsprächen, sondern dafs auch beim Aufstellen der Gattungen und Arten weder er selbst noch sonst Jemand daran denke, ob die trennenden Merkmale wohl zur Anzeige dienen könnten, dafs diese und jene Thiere fähig seien oder nicht, sich miteinander fruchtbar zu begatten, oder eine fruchtbare Nachkommenschaft zu erzeugen, und dafs die Bedeutung der Gattungen und Arten ganz verschieden ausfalle bei den scharf ausgeprägten Säugethieren z. B. und den unmerklich fein abgestuften Vögeln oder Insecten. Die Discontinuität im System, die darin liegt, dafs dessen höhere Gruppen, die Familien, Ordnungen u. s. w. einer physiologischen Begründung entbehren, wie sie durch jene Begriffsbestimmung für die Arten und Gattungen gegeben ist, kümmerte ihn scheinbar nicht.

Müller lehrte ferner die Unwandelbarkeit der Species, und das palaeontologische Dogma von den schubweise in die Welt gesetzten Schöpfungen. Es liefs ihn unerschüttert, wenn man zur Sprache brachte, dafs wir aus der Uebereinstimmung auch der ältesten Thiermumien aus den Nekropolen des Nilthals mit den heutigen Thieren derselben Species, ebensowenig auf die Unwandelbarkeit der Species schliefsen dürfen, als aus dem Bogendifferential einer Curve auf die Natur derselben. Es rührte ihn nicht wenn man ihm vorhielt, dafs, was unsere Sammlungen uns von untergegangenen Thiergeschlechtern erzählen, sich zu dem, was einst wirklich gelebt hat, kaum so verhalten dürfte, wie was in unseren Museen von den Kunstschätzen des Alterthumes geborgen ist, zu dem was die Strafsen und Hallen Rom's und Hellas' einst wirklich geschmückt.

Endlich, da Müller Zeuge gewesen war des Falles der scheinbar letzten Bollwerke der Lehre von der Urzeugung, so waren auch in Rücksicht hierauf seine Ueberzeugungen festgestellt, und es irrte ihn nicht, wenn man ihm zu bedenken gab, dafs die berühmten Versuche der Hrn. Fr. Schulze,[117] Schwann[118] und Helmholtz[119] doch im Grunde nur bewiesen, dafs in diesen wenigen Fällen, mit wenigen Grammen Substanz, im Laufe weniger Wochen kein organisches Wesen entstanden sei, nicht aber, dafs sich nicht im Laufe von beliebig vielen Millionen Jahren, und mit der sonnedurchglühten Oberfläche des Erdballs zum Laboratorium, dies räthselhafteste aller Ereignisse habe zutragen können.

Genug, wie Müller in den einzelnen Organismen Kräfte walten liefs, die der unorganischen Natur fremd seien, so war er auch in der Schöpfungsgeschichte zur Annahme von Kräften geneigt, welche der heutigen Natur fremd geworden wären; und Sir Charles Lyell's Princip des „Actualismus"[120] aus der Entstehungsgeschichte der unorganischen auch in die der organischen Welt zu übertragen, lag seinen Ueberzeugungen, seinem Bildungsgange, vielleicht seiner Natur fern. In den verschiedenen Thierformen glaubte Müller nicht allein, was das physiologische Interesse daran ist, die verschiedenen Arten kennen zu lernen, wie die bildende Natur das Problem einer durch Oxydation von Eiweifskörpern, Kohlehydraten und Fetten betriebenen, empfindenden und der eigenen Vervielfältigung fähigen Kraftmaschine löst. In der Systematik sah er nicht blofs ein unentbehrliches Fachwerk, wodurch allein die Uebersicht der zahllosen Thiergestalten möglich wird. Indem er den Verwandschaften der Thiere nachging, hatte er nicht im Sinne, wie wenn man in einem unbekannten Familienkreise die Gesichter mustert, den Grund für einen künftigen Stammbaum des Thierreiches zu legen. Sondern im natürlichen System der Thiere, wie dessen Ideal ihm vorschwebte, forschte MÜLLER, mit voller Ueberzeugung, dem allgemeinen Plane nach, den die schaffende Macht von Anbeginn der organischen Welt, von jenen ersten Bryozoen, Krinoïden, Nautileen, Trilobiten, Placoïden unseres noch jungen Planeten an, bis in die menschenbelebten Tage der Jetztwelt verfolgt habe.

Dieser in sich geschlossenen, über das Unerklärliche beruhigten, an dem sauberen Zurechtlegen des Verständlichen sich erfreuenden Orthodoxie tritt nun plötzlich jenes Unerhörte entgegen, wie der Wittenberger Philosophie der Geist des Dänenkönigs. Schnecken in Holothurien erzeugt; ein Weichthier in einem Strahlthiere, scheinbar in einem eigens dafür bestimmten Organe des Strahlthieres zwar geschlechtlich, doch ohne Begattung, geboren: so erschien das Phaenomen beim ersten Anblick, und so stellte es sich dem unbefangenen Beobachter stets von Neuem und selbst dann noch dar, als, was erst in Berlin an mitgebrachten Weingeistexemplaren glückte, in zwei Synapten der „Schneckenschlauch" zugleich mit dem gewöhnlichen Keimschlauch dieser Thiere gefunden, und dadurch, ein erheblicher Fortschritt, bewiesen worden war, daß die Geschlechtswerkzeuge der *Synapta* in keiner Beziehung zur Schneckenerzeugung stehen.

Sollte dies eine Art sein, fragte sich MÜLLER, wie die Natur neue Thiergeschlechter in's Dasein ruft? „Sie entständen nicht in der Luft und „nicht im Schlamm des Meeres, sondern in einem Organ *ad hoc* innerhalb „eines schon vorhandenen Thiers, also durch einen schon vorhandenen or„ganischen Werkmeister, der zwar in seinem eigenen Dienste Gleiches aus „Gleichem erzeuge, aber auch im Dienste einer höhern Gesetzgebung in die „Geschichte der Schöpfung nach Gesetzen eingreife, die für jetzt noch un„sern Blicken entzogen sind."[141]

Aber es ist noch eine andere Möglichkeit da. „Vergleichbar dem „Schild des Gottfried, welcher die Zaubereien der Armida löste, muß der „Schild des Generationswechsels und der Metamorphose jedem scheinbaren „Zauber der Natur hartnäckig entgegengehalten werden, so lange eine Spur „von Hoffnung ist, ihn zu lösen ... Wir sind schon auf diesem Felde an

„viel Wunderbares gewöhnt, welches sich doch demselben Gesetze fügen „muſs und wir muſsten noch auf starke Stücke gefaſst sein."[107] Also man hätte sich, um dieser Vorstellungsweise einen bestimmten Gehalt zu geben, z. B. zu denken, daſs der Schneckenschlauch, durch Knospung entstanden, gleichsam den Vorkeim, wie ein solcher bei den Moosen und Farren vorkommt, für die Erzeugung der Schnecken liefere, daſs die Schnecken wieder Holothurien zeugen u. s. f. Allein wie man sich auch wende, es bleiben bei dieser Deutung der Schwierigkeiten unzählige, und gewonnen ist so gut wie nichts: das zoologische System würde auch so auf das Tiefste erschüttert, da Holothurien und Schnecken nicht, wie z. B. die Meduse und ihre polypenartige *Strobila*, demselben Typus angehören.

Was Schnecken erzeugt, sagte zuletzt Müller, muſs schlechterdings selbst eine Schnecke sein. Es kann nichts helfen, der Schneckenschlauch ist eine wurmförmige geschlechtsreife verlarvte Schnecke, nicht Schneckenlarve, welche von der Schnecke Alles abgelegt hat: Sinnesorgane, Fuſs, Leber, After, Herz und Gefäſse, den Bau der Geschlechtstheile der Gasteropoden und Mollusken überhaupt; welche in die Holothurie in irgend einem Zustande irgendwie eingedrungen ist; welche stets dieselbe Anheftungsstelle an dem einen Darmgefäſs findet, damit in der sonderbarsten Weise verwächst, und die Lebensart der Schnecken verläugnend, vom Blut der Holothurie zehrt. Stellt man sich die Dinge in dieser Art vor, so ist Alles gerettet: man hat es nur noch mit einer neuen Art von Parasitismus zu thun.

So abenteuerlich ist indeſs die Vorstellung der dergestalt reducirten Schnecke, und so unbegreiflich vor Allem der Umstand, daſs dieselbe, selbst wenn man sie sich bereits in die Leibeshöhle der *Synapta* gelangt denkt, stets jene nämliche Anheftung am Darmgefäſs sollte finden können, daſs Müller in seiner ersten Mittheilung, vom October 1851, diese Erklärung kaum anzudeuten wagte. Allmählig indeſs trat dieselbe bei ihm mehr in den Vordergrund, zum Theil vielleicht, weil andere Zoologen, mit gänzlicher Verwerfung der beiden ersteren Deutungen, und unbekümmert an die unsäglichen Dunkelheiten auch dieser letzteren, sich entschieden dafür aussprachen; hauptsächlich aber, weil, wie bemerkt, dies die einzige Vorstellungsweise ist, bei der die Zoologie der Gefahr eines Umsturzes ihrer Grundsätze und der daraus entspringenden Verwirrung entgeht.

In dem Werke: „*Ueber Synapta digitata und über die Erzeugung von Schnecken in Holothurien*", dessen Vorrede vom August 1852 ist, läuft die Darstellung auf diesen Compromiss mit dem Unbegreiflichen hinaus. Der ausserhalb des zoologischen Interesses stehende Leser kann jedoch nicht umhin zu bemerken, dass die bevorzugte Hypothese kaum weniger als die beiden anderen zur Classe derer gehört, die in den theoretischen Naturwissenschaften nur sehr ungern gemacht werden und einem sehr geringen Ansehen geniessen, nämlich derer, welche eine Erscheinung aus Gründen ableiten, die lediglich aus den zu erklärenden Wirkungen erschlossen sind. Es ist hier nicht der Ort, und ich würde mich nicht für berufen halten, die Fälle von Reduction der Thierformen und von Parasitismus näher zu erörtern, welche der ungenannte Berichterstatter in den *Annals of Natural History* für geeignet hält,[161] dem Parasitismus der *Entoconcha* fast alles Auffallende zu nehmen. Meines Amtes ist nur, Johannes Müller's weiteres Verhalten diesem Gegenstande gegenüber zu schildern und dessen Deutung zu versuchen.

Sonderbar genug: er, der mit höchster Spannung und glühendem Forschungsdrang im Herbste 1851 die Kenntniss der Thatsachen bis zu dem bezeichneten Punkte geführt, der mit einer Art von Verzweiflung hier nach Licht gerungen, hat keinen weiteren Versuch gemacht, um für eine der aufgezählten Möglichkeiten entscheidende Gründe zu entdecken. Zwar begab er sich, im Herbste 1852, abermals nach Triest, jedoch, wie es scheint, nur, um seine Untersuchungen über die Entwickelung der Echinodermen fortzusetzen. Die Synapten mit ihrer unheimlichen Brut wurden ziemlich oft wiedergesehen. Aber von dem Wald von Köpfen, den ihm, sollte man meinen, diese Hydra, jeden Kopf eine Frage, entgegenhielt, hat er auch nicht einen mehr herabgeschlagen. Kommen die Schnecken ausserhalb der *Synapta* frei im Schlamme vor? Was sind ihre Schicksale? Wovon leben sie? Wie und was zeugen sie? Was ist die Geschichte des Schneckenschlauches? Wie entsteht, wie vergeht er? Was sind die Mittelformen zwischen den fast mikroskopischen Schnecken und dem mehrere Zoll langen Schlauche, der angeblich verlarvten Schnecke? Wie gelangen die Schnecken in die *Synapta*? Wie aus der *Synapta* in's Freie? Oder bleiben sie in der *Synapta*, und was sind dann ihre Schicksale? Was lehrt die Erfahrung über die gleichartige Synaptenbrut? Und so fort in's Grenzenlose.

Unzweifelhaft wird die Beantwortung vieler dieser Fragen mit ungeheuren Schwierigkeiten verknüpft sein. Allein von keiner derselben heifst es auch nur, dafs deren Erledigung versucht worden und mifsglückt sei.

Man würde sich, glaube ich, täuschen, legte man Müller's Trägheit diesen Aufgaben gegenüber so aus, als sei er von dem Parasitismus der *Entoconcha* jetzt so überzeugt gewesen, dafs er es für unnöthig, oder wenigstens für unfruchtbar gehalten habe, denselben durch weitere thatsächliche Forschungen festzustellen. Die Art, wie er sich, unmittelbar vor seiner Abreise, in dem erwähnten Buche darüber ausdrückt, schliefst diesen Gedanken aus. Die vortheilhafte Meinung, die sich innerhalb der Schule kundgab, dafs es ihm gelungen sei, den Parasitismus der Entoconcha „im höchsten Grade glaublich zu machen", theilte Müller selbst nicht. Vielmehr habe ich Grund anzunehmen, dafs er noch immer die Möglichkeit des Zutreffens einer der anderen Deutungen vor sich sah, und dafs er eine weitere Aufklärung des Gegenstandes deshalb vermied, weil seine tief erregbare Natur vor den Folgen der Thatsache zurückschreckte. Um es auszusprechen, Müller getraute sich nicht, den Schleier vom Bilde zu heben, und zog es vor, sich wieder in die ruhige, wenn auch vielleicht trügliche Sicherheit zu wiegen, deren er für den Fortbau seiner einmal begonnenen Unternehmungen bedurfte. Er fühlte sich vielleicht nicht mehr jung genug, um die, wie er argwöhnte, ihm angebotene Rolle eines Zertrümmerers der alten Ordnung zu übernehmen, wo er kaum hoffen durfte, selber noch der Hersteller einer neuen Ordnung zu sein, oder auch nur dieselbe zu erleben.

Der zoologischen Schule sind solche Bedenken fremd. Ihrer Lehre gewifs, weifs sie *a priori*, dafs Müller, einen Augenblick vielleicht älteren phantastischen Neigungen und naturphilosophischen Gedankenwegen folgend, sich durch ein Trugbild hat irre machen lassen; dafs der Schneckenschlauch nur eine parasitische reducirte Schnecke ist. Wird sie aber nichts unternehmen, um den Uneingeweihten die Theilnahme an dieser Einsicht zu erleichtern? Wird man noch lange in zoologischen Handbüchern von der „sehr auffallenden rückschreitenden Metamorphose der *Entoconcha mirabilis*, die bis jetzt noch ganz isolirt stehe", als von einer ausgemachten Sache lesen, während noch Niemand ein Mittelglied zwischen den Schnecken und dem Schneckenschlauch auch nur zu beobachten versucht hat?

Im Jahre 1854 schloſs Müller die Untersuchungen über die Entwickelung der Echinodermen ab. Gleich denen über die Myxinoïden hatten sie sich über einen Zeitraum von acht Jahren erstreckt, auf deren jedes eine Abhandlung kommt, wenn man diejenige hinzuzählt, in der Müller von dem Bau der Echinodermen überhaupt handelt. Diese Arbeiten brachten Müller mehr Auszeichnung, als irgend eine seiner früheren Leistungen. Noch in demselben Jahre 1854 erhielt er die Copley-Medal der Royal Society,[164] und den Prix Cuvier der Pariser Akademie,[165] der erst einmal, nämlich an Hrn. Agassiz für die Untersuchungen über die fossilen Fische, ertheilt worden war, und, wegen der Erinnerung an Cuvier, Müller besonders gefreut zu haben scheint.[166] Im Jahre 1857 bekam Müller auch noch den Sömmerringschen Preis der Senckenbergischen Gesellschaft.

Wir dürfen Müller's Arbeiten über die Echinodermen nicht verlassen, ohne noch der wichtigen Beobachtung zu erwähnen, die ihm an den Eiern der Holothurien gelang. Er beschrieb daran einen, die Eihülle senkrecht durchsetzenden Canal, und diese Wahrnehmung ist nach der des Hrn. Keber die erste in der Reihe derjenigen gewesen, aus welchen sich die Lehre von der Befruchtungspforte der Eier entwickelte; ein Fortschritt, an dem sich Müller auch noch durch die Entdeckung der zahlreichen, die Eikapsel einiger unserer Fluſsfische durchbohrenden Porencanäle betheiligt hat.

Von 1854 ab verfolgte Müller vorzüglich verschiedene pelagische Thierformen, die ihm bei seinen mikroskopischen Fischzügen aufgestoſsen waren. Mehrere davon ergaben sich gleichfalls als Larven bekannter Thiere, Medusen, Planarien, Pteropoden; in anderen dagegen, den von ihm sogenannten Akanthometren, erkannte Müller den Thalassicollen und Polycystinen verwandte Organismen, welche mit jenen zusammen als radiäre Rhizopoden den Polythalamien entgegenzusetzen sind. Die Akanthometren sind sphaeroïdische, bewegungslose Massen gallertiger belebter Substanz, in welchen, wie die Nadeln im Nadelkissen, lange, gewöhnlich vierkantige Kieselnadeln stecken, die im Mittelpunkt zusammenstoſsen. Sie kommen an der Oberfläche des Meeres bei Messina, Nizza, Triest überall da reichlich vor, wo das Wasser völlig rein ist. Ihre Lebenserscheinungen sind noch unbekannt. Von diesen Geschöpfen, und den radiären Rhizopoden überhaupt, handelt Müller's letzte, erst nach seinem Tode ausgegebene Abhandlung in unseren Denkschriften.

Endlich hatte Müller über dem vorwiegenden Interesse an den pelagischen Thierformen doch auch die mikroskopische Süſswasserfauna nicht unbeachtet gelassen, deren Unendlichkeit uns durch Hrn. Ehrenberg's Arbeiten aufgedeckt worden ist, von denen er sagte, daſs er ihrer nie ohne Leidenschaft gedenken könne. Sein Streben, für welches er mehrere jüngere Genossen warb, ging dahin, die Lebenserscheinungen der Infusorien, und die Bedeutung ihrer Organe, tiefer zu ergründen, als dies, inmitten des Andranges so zahlloser Gestalten, dem ersten Beschreiber möglich gewesen war, und es gereichte ihm zu groſser Genugthuung, durch Auffindung Spermatozoïden-ähnlicher Gebilde in der von Hrn. Ehrenberg sogenannten Samendrüse der Stentoren eine glückliche Ahnung seines Vorgängers zu bestätigen.

Aeuſsere Schicksale Müller's während der Berliner Lebensperiode.

Von Müller's äuſseren Geschicken während der fünfundzwanzig Jahre, die von seiner Berufung nach Berlin bis zu seinem Tode verflossen, ist wenig zu berichten. Wie schon gesagt, das Entwerfen, das Ausführen, das Vollenden seiner groſsen Werke, von denen immer eines das andere drängte: das sind die wahren Ereignisse, nach denen die Abschnitte seines Lebens zu zählen sind. Denn auch die häufigen Reisen, durch die fast allein in dieser ganzen Zeit seine einförmig arbeitsame Lebensweise unterbrochen wurde, geschahen mit wenigen Ausnahmen nur im Dienste der Wissenschaft, zum Zweck des Besuchs von Museen, oder pelagischer Thierstudien.

Im Jahre 1841 erhielt Müller einen Ruf nach München an Döllinger's Stelle, den er gegen Zusicherung einer Gehaltserhöhung ablehnte.

Dreimal ist Müller Dekan gewesen, zweimal Rector, das letztemal in dem verhängniſsvollen Jahre 1848.

Düsteren Muthes sah er den Sturm von Westen heraufziehen, dem er an so ausgesetzter Stelle die Stirn bieten sollte. Müller war kein Politiker. Wenn er auch den Quietismus nicht so weit trieb, wie Cuvier, der die Beschäftigung mit der Zoologie als Mittel gegen die politische Aufregung seiner Zeit empfahl[167], so war er doch wesentlich Aristokrat der Intelligenz. Er hatte ein Herz für Deutschland, und wenige haben mehr gethan als er, um auch in der Wissenschaft das deutsche Nationalgefühl zu starker Unabhängigkeit zu wecken. Aber er war vor Allem Gelehrter, und er wuſste wohl, daſs es ein vollkommener Irrthum ist, wenn man die Blüthe der Kunst und Wissenschaft als abhängig darstellt von dem Maſs der bürgerlichen Freiheit und der Betheiligung der Einzelnen am Staatsleben. Wie für jenen Halcyon der Fabel, muſs sich für die Wissenschaft die Woge des Staatslebens glätten, damit sie sicher nisten könne. Die erste Bedingung für die Zeitigung groſser Werke des Geistes ist die Ruhe, welche aus dem Vertrauen auf die Dauerhaftigkeit geordneter Zustände erwächst, diese mögen sonst beschaffen sein wie sie wollen, wenn sie nur mit keiner unmittelbaren Bedrückung der Geister verknüpft sind. So ward, älterer Beispiele zu geschweigen, gerade die Restauration für die französische Wissenschaft die Zeit des höchsten Ruhmes. Müller war conservativ, wie tief bedächtige Kenner der menschlichen Natur zu sein pflegen, sofern sie nicht selbst bei der Bewegung interessirt sind. Wie er in der Facultät das Bestehende zu erhalten suchte, auch wo es abgelebt ist, wie der Gebrauch der lateinischen Sprache zu Prüfungen und Gelegenheitsschriften, so sah er im Staatsleben mit Besorgniſs Neuerungen entgegen, von denen Niemand verbürgen konnte, daſs sie besser sein würden, als das dafür Aufgegebene. Einem Manne von Müller's strengem Ordnungssinn war die Anarchie in der Staatsmaschine, vollends auf der Straſse, kein geringerer Greuel als unter den Präparaten des Museums oder in seiner Bibliothek. Das Berufen auf die rohen Elementarmächte der Gesellschaft erschien ihm als ein Preisgeben der Cultur mit allen ihren Errungenschaften. Dazu kam sein besonderes Verhältniſs zur Regierung, gegen die er fast kindliche Verpflichtung empfand. Was ihn aber ganz unglücklich machte, war die lange Störung, ja Unterbrechung, die, wie er mit Bestimmtheit vorhersah, seinen Studien jetzt bevorstand.

Nun war der Sturm da, und bald fand sich Müller in die schwierigste Lage versetzt: ohne eine andere Gewalt, als die moralische seiner Amtswürde, seines Ansehens als Lehrer und seiner Mannhaftigkeit, berufen eine feurige, im Taumel der höchsten Aufregung hin- und herwogende, den mannigfachsten Einflüssen preisgegebene, von Parteiungen zerrissene Jugend zu zügeln und wo möglich zu leiten, der er, ein ungewohntes Geschäft, mit eigener Hand Waffen hatte austheilen müssen. Dazu ging ihm eine Gabe ab, die man doch damals an jeder Straſsenecke traf, die der leichtflieſsenden und vollltönenden, wenn auch gedankenleeren Beredsamkeit, welche nach Bedürfniſs schmeichelt, hinreiſst, droht. Seine Rede hatte leicht etwas hölzernes, zugeschnürtes, und der Rector zog nicht selten den Kürzeren im Kampf mit den Commilitonen auf den Rostren der Aula. Seine Qual zu erhöhen, suchten Einige, nicht einmal in der Revolution original, nach dem Schema der Vorgänge in einer anderen großen deutschen Hauptstadt, das Universitätsgebäude zum Mittelpunkte von Parteibestrebungen zu machen. Nun sah MÜLLER bereits im Geiste bei irgend einem Zusammenstoß, wie ihn jeder Tag bringen konnte, das Gräßlichste vollendet, die Flammen aus den Bogenfenstern der anatomischen Sammlung lodern, und unersetzliche Schätze zerstört. Mit dem Degen umgürtet, die Arme verschränkt, finsteren Blicks, hielt er selber Tag und Nacht Wache vor der Thür der Universität; und mancher unruhige Kopf, dem nicht der Rector magnificus, noch weniger der große Anatom und Physiolog imponirte, wich in ihm vor dem entschlossenen alten Burschenschafter zurück. Denn, wie verschieden auch die vom Parteihader verdunkelten Berichte aus jener Zeit über MÜLLER's Amtsführung lauten, in Einem Punkte stimmen alle überein: daß, wo es galt, der Rector sich mit gänzlicher Verachtung der Gefahr zwischen das Gesetz und die dawider Anstürmenden geworfen habe; daß er als Mann von Muth und Ehre überall nach bestem Wissen für Recht und Pflicht eingetreten sei.

Sieben Monate dauerte die Folter, als welche MÜLLER die Reihe von widrigen Vorgängen empfand, in die er fast Tag um Tag verwickelt wurde. Doch hielt er männlich Stand, und nicht wenig bezeichnend ist, daß er sogar in dieser Zeit noch Ruhe und Muße zum Arbeiten gewann. In den Sommer 1848 fällt die Vollendung seines Werkes über die Zeuglodonten, und am 27. Juli dieses Jahres las er in der Akademie die zweite seiner Abhandlungen über die Echinodermen. Endlich rückte der Augenblick heran, der ihn seines Amtes entband. Es war hohe Zeit, denn MÜLLER war dem Zusammenbrechen nahe. Bei beständiger Schlaflosigkeit, schrieb er dem damaligen Minister-Verweser v. LADENBERG, indem er um Urlaub für den Winter bat, fühle er sich in einen Zustand sehr großer Abspannung versetzt, ähnlich dem in welchem er sich im Jahre 1827 befunden, und von dem er, nach jener früheren Erfahrung, voraussehe, daß es längerer Zeit zu seiner Ausgleichung bedürfen werde. Noch am Tage des Rectorwechsels verließ er Berlin, und ging an den Rhein, wohin es ihn immer wieder mit heimathlichen Regungen zog, später, wie schon vorher erzählt ward, an die See nach Ostende und

Marseille, um im Umgang mit den vertrauten Wundern der Tiefe das im wüsten Menschengewühl verlorene Gleichgewicht wieder zu gewinnen.

Für seine pelagischen Thierstudien war Müller sonst, wie bemerkt, allein auf die Ferien angewiesen. Der Abend des Tages, an dem er seine Vorlesungen schloß, sah ihn schon auf der Eisenbahn, in Begleitung seiner Familie oder auch vertrauterer Zuhörer, ohne Aufenthalt dem für seine Forschungen erkornen Orte zueilen. So hat er in acht Reisen die Küsten der Ost- und Nordsee von Flensburg bis Gothenburg und Ostende, in elf Reisen die des adriatischen und Mittelmeeres von Triest bis Messina und Cette besucht. Seine letzte Reise war die im Herbste vorigen Jahres nach St. Tropez im Département du Var zur Beobachtung der Akanthometren.

Zweimal auf diesen Reisen gerieth Müller in die äußerste Lebensgefahr. Am 6. August 1853, als er mit seinem Sohne und Hrn. Troschel über den Gotthard fuhr, stürzte der Wagen in der Nähe des Hospices einen steilen Abhang hinunter. Müller und seine Reisegefährten blieben unversehrt, ein anderer Reisender brach den Arm. In der Nacht vom 9. auf den 10. September 1855 verließ Müller bei schönem Wetter und ruhigem Meer nebst zwei Reisegefährten Christiansand auf dem eisernen Dampfer „Norge". Als der „Norge" etwa eine Meile in See war, rannte der heimkehrende „Bergen" dem „Norge" in die Seite, so daß dieser nach zehn Minuten mit allen an Bord befindlichen Menschen, etwa neunzig an der Zahl, sank. Ueber die Hälfte davon, darunter der eine von Müller's Begleitern, Dr. Schmidt, ertrank. Der andere, Hr. Dr. Schneider, erreichte schwimmend den „Bergen". Müller selbst, in schwerer Reisetracht, zuerst durch den Strudel des versinkenden Schiffes in die Tiefe gerissen, kämpfte sich empor, und hielt sich theils schwimmend, theils an Trümmern, so lange oben, bis ihn das Boot des „Bergen" rettete. Das Knirschen der eingerannten Eisenwände, das Geprassel der mit der Feuerung zusammentreffenden See, vor Allem aber das gräßliche Geheul des auf dem Deck zusammengeballten verzweifelnden Menschenknäuels, sind ihm lange nicht aus dem Sinn gekommen. Schon in seiner Jugend, da er beim Schwimmen im Rhein unter ein Floß gerieth, war er mit Mühe einer ähnlichen Gefahr entronnen. Jetzt wetteiferten Akademie und Universität, ihm durch öffentliche Ehren ihre Theilnahme an seiner wunderbaren Rettung zu bezeugen; und wer hätte nun nicht glauben sollen, dafs er uns bis an die natürlichen Grenzen des menschlichen Daseins würde erhalten bleiben. Ich wiederhole es: umsonst. Nur noch sein Ende bleibt mir zu berichten übrig.

Müller's Leistungen als Ganzes betrachtet.

Fafst man Müller's Leistungen als Ganzes zusammen, so fällt daran, wie bei anderen Talenten ersten Ranges, zuerst in die Augen seine ungeheure Fruchtbarkeit. Die Zahl seiner selbständigen Schriften beläuft sich auf 20, die seiner in Sammelwerken gedruckten gröfseren und kleineren Abhandlungen auf etwa 250. Ohne die drei neuen Auflagen des ersten Bandes der *Physiologie,* hat er etwa 800, Alles in Allem etwa 930 Bogen gedruckt, sämmtlich voll wirklicher, sei's von ihm selber beobachteter, sei's scharf beurtheilter und sorgfältig zusammengestellter fremder Thatsachen. Dazu gehören etwa 350 grofsentheils von ihm selber gezeichnete Tafeln mit Abbildungen. Es giebt einen Begriff von der Summe dieser Thätigkeit, wenn man sich denkt, dafs Müller von Ostern 1821, wo er neunzehn Jahr alt war, bis zu seinem Tode, d. h. 37 Jahre lang, Jahr aus Jahr ein alle sieben Wochen eine wissenschaftliche Arbeit von etwa 3,5 Druckbogen mit etwa 1,3 Figurentafel an's Licht gefördert habe.

Ob Müller in dieser Beziehung, wenn man seinen frühen Tod erwägt, von irgend einem, sei's älterem, sei's neuerem Naturforscher übertroffen werde, möchte zu ermitteln sich nicht der Mühe verlohnen. Einzig aber steht er unter den Erforschern der belebten Natur jedenfalls da durch die Vielseitigkeit seiner Leistungen. Wie ungemein er hierin, um bei den Todten stehen zu bleiben, die gröfsten Anatomen und Physiologen der nachhallerischen Zeit: Fontana, Spallanzani, Scarpa, John Hunter, Charles Bell, Blumenbach, Meckel, Sömmerring, Rudolphi, Treviranus, Bichat, Geoffroy de Saint-Hilaire, Magendie, endlich auch Cuvier überragt, bedarf nicht des Beweises. Haller selber könnte wohl mit ihm in Vergleich kommen, in so fern auch er mit seinen Forschungen fast den ganzen Umfang der organischen Naturwissenschaft seiner Zeit umspannt hat; wenn nur dieser Umfang zu Haller's mit dem zu Müller's Zeit vergleichbar wäre.

Wir haben Müller nach einander sich in der Physiologie der Bewegung, des Foetallebens, der Sinne; in der Zergliederung der Wirbellosen, insbesondere der Gliederthiere; in der Entwickelungsgeschichte und der Histiologie; in der Nervenphysik und der Thierchemie; in der menschlichen Anatomie, der Ethnographie und der vergleichenden Anatomie der Wirbelthiere; in der Physiologie der Stimme und Sprache und der pathologischen Anatomie; in der systematischen Zoologie und der Palaeontologie sich hervorthun sehen, bis ihn endlich die Erforschung der Echinodermen und ihrer wunderbaren Entwickelung, und der wirbellosen Thierformen des Oceans überhaupt, mit überwiegender Macht fesselte. Es liegt in der Natur der Dinge, daſs sich durch Arbeiten von solcher Ausdehnung und Mannigfaltigkeit nicht der Faden einer einheitlichen Untersuchung ziehen, oder der planmäſsige Fortschritt nach einem bestimmten Ziele ausprägen kann, wodurch, namentlich in der theoretischen Naturwissenschaft, manche Forscher-Laufbahn von viel geringerer Bedeutung eine Art von dramatischem Interesse erhält. Der Plan, dessen Verwirklichung in Müller's Arbeiten man bewundern muſs, ist eben die Universalität seiner Bestrebungen. Sie entsprang bei ihm nicht, wie man dies heute manchmal sieht, aus der eitlen Sucht zu zeigen, daſs er dieser oder jener Art der Untersuchung auch gewachsen sei, sondern aus dem brennenden Triebe seines Geistes, das Ganze der Lebenserscheinungen mit hochschwebendem Blick zu beherrschen, und doch wiederum, falkenähnlich, das Einzelne auf das Schärfste zu erfassen. Ein unbemeistertes Gebiet der Wissenschaft lieſs ihm keine Ruhe, wie Alexander oder Tamerlan ein unbesiegtes Volk. Bei erster Gelegenheit wurde es seinem Gedankenreich einverleibt; aber einverleiben hieſs bei ihm immer zugleich allseitig prüfen, zweckmäſsig umgestalten, bereichern, vertiefen, ausbeuten, in Beziehung setzen, so daſs aus jeder solcher Erwerbung auch eine ihm eigene Frucht erwuchs. Und da er dergestalt an fast allen Punkten des unabsehbaren Gebietes der anatomisch-physiologischen Wissenschaften zu irgend einer Zeit selbst Hand an's Werk gelegt hat, seinen eigenen Forschungen aber mit wenigen Ausnahmen gute Quellenstudien zu Grunde lagen, so kann man wohl behaupten, daſs ihm mehr als seit Haller irgend einem anderen organischen Naturforscher, die wesentliche Summe des bis zu seiner Zeit Erstrebten und Geleisteten, sowie des zunächst zu Leistenden, in bestimmten Umrissen vorgeschwebt habe, während die durch eigene Erfahrung gewonnene Einsicht in die Natur und den Werth der in den einzelnen Feldern üblichen Forschungsmethoden ihm eine Sicherheit des Urtheils verlieh, die schwerlich wiederkehren wird. Freilich hat Müller diese Alles beherrschende Stellung nicht bis zuletzt vollständig zu behaupten vermocht. Aber wer möchte an ihm mäkeln, weil er, als ihm die von ihm selber heraufbeschworene Fluth über den Kopf wuchs, sich dahin zurückzog, wo er sicherer Meister war, und wer gleicht ihm denn an Vielseitigkeit, selbst wenn man die Experimental-Physiologie unter seinen Fächern streicht?

Obschon natürlich Müller's Arbeiten nicht alle gleich bedeutend sind, so ist doch, trotz ihrer Ausdehnung und Mannigfaltigkeit, kaum eine davon schwach zu nennen, und in jedem Fache, womit er sich beschäftigt hat, kann man von dessen eigentlichen Vertretern sein Lob vernehmen, was bei sehr vielseitigen Gelehrten nicht immer der Fall ist. Es liegt seinen Arbeiten stets vollendete Sachkenntniß, und ein starker, gesunder Gedankengang zu Grunde. Stets wird der Gegenstand mit einem auf das Wesentliche gerichteten Ernst ergriffen, allseitig erörtert und, wo kein glänzendes Ergebniß zu erzielen war, wenigstens bestimmt gefördert. Die Anzahl positiver Thatsachen, die Müller in den verschiedensten Gebieten an's Licht gezogen hat, übersteigt alle Vorstellung, und doch ist es ganz erstaunlich selten, daß ihm ein thatsächlicher Irrthum, oder auch nur eine unvollkommene Beobachtung nachgewiesen ist. Dagegen ist es mehrmals vorgekommen, daß die Richtigkeit seiner Wahrnehmungen erst in Zweifel gezogen und nachher doch anerkannt worden ist. Das scharfe unverdrossene Augenpaar, dessen er sich in der *vergleichenden Physiologie des Gesichtssinnes* rühmt,[168] hat ihn nie im Stich gelassen, und wenn er im Mißtrauen gegen fremde Beobachtungen stark war, und gemeiniglich erst dann glaubte, wenn er selbst untersucht, selbst gesehen hatte,[169] so trieb er die Zweifelsucht, was seine eigenen Ergebnisse betraf, wo möglich noch weiter. In der Regel untersuchte er denselben Gegenstand dreimal, das zweitemal während er darüber schrieb, das drittemal während des Druckes; und seine Manuscripte und Correcturen waren der Schrecken der Setzer.

Es liegt in der Massenhaftigkeit von Müller's Schöpfungen, wenn man, wie unwillkürlich jeder thut, seine eigenen „sieben Sachen" damit vergleicht, etwas so Erdrückendes, daß man sich gern nach seiner Art zu arbeiten erkundigt, in der geheimen Hoffnung, auf irgend einen Umstand zu stoßen, der ihm besonders günstig gewesen sei. Aber man entdeckt nichts der Art, sondern neben den Naturgaben, durch die er eben mehr vermochte als Andere, neben einem riesigen Arbeitsvermögen, einem erstaunlichen Gedächtniss, einer wunderbaren Spürkraft und einem schlagend richtigen Urtheil, nur einen eisernen Fleiss, der mit äusserster Entsagung jeden freien Augenblick zu Rathe hielt. Welche Menge von Vorlesungen und anderen Berufsgeschäften Müller's Zeit verkürzte und zersplitterte, ist bereits früher erwähnt worden. Er konnte nicht, wie Berzelius oder Leopold von Buch, ungestört seiner Gedankenwelt leben. Täglich musste er den Faden seiner Untersuchungen ein- oder mehreremal abbrechen, um die denselben fernliegende Gedankenreihe seiner Vorträge in sich anzuregen, auch wohl diese oder jene Kenntniss oder Anschauung aufzufrischen. In späteren Jahren freilich kosteten ihn seine Vorlesungen nicht viel mehr Zeit als sie dauerten. Da er überall selbst untersucht hatte, bedurfte er nirgends der Vorbereitung, und auf Zeigen von Versuchen im physiologischen Colleg liess er sich kaum mehr ein, seitdem er vorwiegend Morpholog geworden war. Allein früher war dies nicht der Fall, und auch so blieb ihm noch der Frohne genug. Es würde um sein Arbeiten schlimm bestellt gewesen sein, hätte er nicht wie Wenige die Kunst verstanden und geübt, auch den „Goldstaub der Zeit" zu nützen. In der Viertelstunde zwischen zwei Vorlesungen setzte er sich freien Kopfes hin, und fuhr, leise vor sich hin singend, im Präpariren oder Zeichnen fort.

In seiner letzten Periode hatte Müller die Art, sich jedesmal ausschliesslich in den Gegenstand zu versenken, mit dem er gerade beschäftigt war. Er behielt von dem Uebrigen gegenwärtig gleichsam nur, was er für den täglichen Bedarf seiner Vorlesungen brauchte. Alles Uebrige hielt er sich fern mit einer Starrheit, die dem Uneingeweihten als die blasirteste Theilnahmlosigkeit erscheinen konnte, und die sich in ihrer Wirkung nach Aussen auch nur wenig davon unterschied. So hat er die vornehmsten Versuche der heutigen Physiologie, über Gegenstände die ihm früher das glühendste Interesse einflössten, nie gesehen. Das Stereoskop, das von Hrn. Brücke entdeckte Leuchten der menschlichen Augen, die daran sich knüpfende Erfindung des Augenspiegels durch Hrn. Helmholtz, haben den Verfasser der *vergleichenden Physiologie des Gesichtssinnes* gleichgültig gelassen. Es bedurfte fast eines moralischen Zwanges, um Müller zu bewegen, eine

Kempelen'sche Sprechmaschine zu besichtigen, die Hr. von Olfers auf meine Bitte die Güte gehabt hatte, vom Königlichen Kunstcabinet an das physiologische Laboratorium abzugeben. Allein auch dies muſs in Müller's Jugend anders gewesen sein. In der Zeit seiner gröſsten Leistungsfähigkeit, als er zugleich die *Bildungsgeschichte der Genitalien* und das Drüsenwerk, zugleich den ersten Band der *Physiologie* und die *vergleichende Osteologie und Myologie der Myxinoiden* herausgab, muſs er vielmehr im höchsten Grade das Vermögen besessen haben, sein Interesse zu theilen, und zwischen mehreren Gegenständen hin- und herzuspringen.

Der einzige Umstand, von dem man sagen kann, daſs er Müller die häufige Production erleichtert habe, ist seine Gleichgültigkeit gegen die formelle Vollendung seiner Arbeiten. Obschon Müller lebhaften Antheil nahm an Literatur und Kunst, auch als anatomischer Zeichner es sehr weit gebracht hatte, und trotz der Einwirkung, die er in der Jugend von Goethe erfuhr, lag doch in ihm selber kein künstlerisches Element. Es kam ihm auf das Wesentliche an; war dies festgestellt, so trat er damit hervor, ohne sich viel mit der gleichmäſsigen Ausführung von Nebendingen aufzuhalten, die nur gefällige Abrundung bezweckt haben würde. Wer auch hierin das Vollkommene zu erreichen sucht, weiſs wie viel Zeit Müller so ersparte, während vielleicht seine Arbeiten dadurch um so anregender wirkten.

Ebenso nahm es Müller leicht mit der Darstellung selber, wie schon bei Gelegenheit der *Physiologie* bemerkt werden muſste. Er konnte darin Treffliches leisten, wie er dies z. B. in der Einleitung zum Berichte über die Fortschritte der pathologischen Anatomie im Jahre 1835, in der Schilderung der Temperamente, der Geschlechter und der Lebensalter in der *Physiologie* gethan hat. Auch sonst liegt, wenigstens meinem Gefühl nach, trotz all den gerügten Mängeln seines Stils in diesem Werke, in der hervorsprudelnden Fülle von Thatsachen, die ihm in jedem Augenblick zu Gebote stehen, und in der markigen Einfachheit der ganzen Manier, bei aller Nachlässigkeit etwas ungemein Groſsartiges, auf alle Fälle tief Anregendes. Auf unfehlbare Deutlichkeit des Ausdrucks war er sehr bedacht; er brauchte z. B. häufig keine Fürwörter, sondern wiederholte jedesmal das Hauptwort. Auch geschah es, daſs er mir die Beschreibung einer verwickelten Form vorlas, ohne mir den Gegenstand zu zeigen, und mich dann denselben zeichnen lieſs, um sicher zu sein, daſs seine Beschreibung die richtige Vorstellung erwecke.

Seine Formbeschreibungen pflegen durch treffende Vergleiche erläutert zu sein, worin theils der Reichthum seiner Phantasie sich offenbart, theils Gegenstände aus seiner täglichen Umgebung erkennbar sind: die Baggermaschine, die vor seinen Fenstern arbeitete, die Haube der Frau Marthe Schwerdtlein aus Cornelius' Umrissen zum Faust, die in seinen Zimmern hingen[179]; zum Zeichen, wie sich für ihn Alles auf die wissenschaftliche Aufgabe, die ihn eben erfüllte, bezog. Hätte Müller in Frankreich gelebt, wo er, um auf das für aesthetische Eindrücke empfänglichere romanisch-celtische Volkselement zu wirken, gezwungen gewesen wäre, auch dem Aeusseren seiner Arbeiten einige Sorgfalt zu widmen, er wäre gewiss, gleich Cuvier, ein Meister des wissenschaftlichen Stils geworden. So aber sind zwar seine Einleitungen meist gut gewendet und klangvoll, bald aber bemerkt man, wie er sich gehen läfst, Fremdwörter und Idiotismen häufen sich, und es ist klar, dafs es ihm nur darauf ankommt, die gewonnenen Ergebnisse in kürzester Zeit loszuwerden.

Man hat, dem Neide ein Trost, bemerkt, dafs Müller, trotz allen Anstrengungen, genau genommen keine Entdeckung ersten Ranges geglückt sei; keine jener Beobachtungen, die von ganz unbedingter Wichtigkeit und Neuheit zugleich, den Namen ihres Urhebers mit sich sicher durch die Fluth der Zeiten zu tragen versprechen. Die Reflexbewegungen, die Verrichtung der vorderen und hinteren Wurzeln, die Constitution des Blutes gehören ihm nicht rein an. Die Lymphherzen, die Rankenarterien, das Chondrin seien nicht zu vergleichen mit der Flimmerbewegung, der Zellentheorie, der periodischen Reifung des menschlichen Eies, und noch manchem Anderen was Andere neben ihm entdeckt hätten. Endlich die Entwickelung der Echinodermen erscheine mehr als eine Erweiterung der Lehre vom Generationswechsel und der Metamorphose, als dafs ein neues Princip darin enthalten sei.

Müller's Ruhm ist grofs genug, um das Zugeständnifs zu ertragen, dafs etwas Wahres in diesem Urtheil liege. Ja, er hat im Allgemeinen mehr das von Anderen Angeregte ausgeführt, als selber fortzeugende Gedanken hervorgebracht. Meist hat er sich, wie z. B. in der Lehre von den Drüsen, von der Stimme, von den Geschwülsten, mit glücklichem Tacte gehäuften Rohstoffes bemächtigt, der eine reiche Ausbeute verhiefs, und mit unvergleichlicher Arbeitskraft daraus in kürzester Zeit das gemacht, was bei seinen Hülfsmitteln nur immer möglich war, um dann alsbald zu neuen Unternehmungen fortzuschreiten. Entdeckungen ersten Ranges kann der Zufall ganz unbedeutenden Forschern in die Hände spielen. Dafs Müller keine solche Gunst begegnet, kann ihm wohl ebensowenig zum Fehl angerechnet werden, als einem durch Fleifs und Unternehmungsgeist reich gewordenen Kaufherrn, dafs er nicht auch das grofse Loos gewonnen. Aber es giebt noch eine andere Art, wie Entdeckungen ersten Ranges gemacht werden. Sie besteht darin, durch unaufhörlich in derselben Richtung geführte Forschung die Möglichkeiten zu vervielfältigen, dafs sich, sei's in der Sphaere der Beobachtung, sei's in der Gedankenwelt, ein grofser Fund darbiete. Dafs Müller, trotz seinem umfassenden Blick, seinem durchdringenden Scharfsinn und seiner rastlosen Thätigkeit, auch auf diesem Wege der Lohn einer solchen Entdeckung ausblieb, mag als eine Erneuerung der Lehre gelten, dafs es dem Menschen, sei er noch so bevorzugt, nun einmal versagt ist, über ein gewisses Mafs bei gleicher Vertiefung sich auszubreiten, bei gleicher Ausbreitung sich zu vertiefen. Hätte Müller in der Zeit, wo seine productive Kraft in höchster Blüthe stand, anstatt seinem Triebe in's Weite nachzugeben, sich in bestimmter Richtung so zusammengenommen, wie er später gethan, nach Schiller's Rath still und unerschlafft im kleinsten Punkte die höchste Kraft gesammelt; so wäre er zwar der Wissenschaft nicht das geworden, was er ihr nun noch lange sein wird, das Marmorbild in deren Hain, auf das von allen Seiten Wege führen, und das man hundertfach wähnt, da, wo man immer gehe, man es stets wieder bald näher bald entfernter schimmern sieht: aber es ist wohl aufser Zweifel, dafs er alsdann, statt der Haufen Goldes und Silbers, die er ausgemünzt hat, manchen Edelstein gehoben haben würde. Es ist z. B. ganz undenkbar, dafs er, bei etwas längerem Verweilen bei dem Gegenstande, nicht den Bau der Niere sollte verstanden haben, von dem er bei den Myxinoïden bereits das einfachste Schema angetroffen hatte, welches Hrn. Bowman, als ihm jener Schritt gelang, nicht einmal bekannt war.[171]

Das Fehlen einer Entdeckung ersten Ranges unter Müller's Leistungen ist ein Zug mehr der Aehnlichkeit mit Haller, dessen Alles umfassende Gelehrsamkeit, reformatorische Wirkung und gebietende Stellung um die Mitte des vorigen Jahrhunderts immer wieder zum Vergleich mit Müller auffordern. Ohne sich des „*Furor biographicus*", wie Hr. Macaulay es nennt, verdächtig zu machen, darf man jedoch vorhersagen, daſs Müller's Ruhm auch noch in fernen Jahrhunderten, wenn seine *Physiologie* in der Geschichte der Wissenschaft unmittelbar auf die *Elementa* zu folgen scheinen wird, Haller's Ruhm überstrahlen wird. Nicht weil er, wie schon bemerkt, in einer viel kenntniſsreicheren Zeit vergleichsweise eben so gelehrt und vielseitig war wie Haller in der seinigen, sondern wegen der überlegenen Urtheilskraft und Auffassung, die er überall bewährt hat. Wo über einen wichtigen Punkt zwei verschiedene Ansichten möglich sind, kann man fast sicher darauf rechnen, Haller auf der Seite zu finden, die seitdem unterlegen ist. In der Lehre von der Zeugung hat er die Evolution gegen die Epigenese, in der von den Drüsen Ruysch's Meinung gegen Malpighi's, in der vom Erbrechen Wepfer's gegen Chirac's vertheidigt. Die Lehre von der selbständigen Reizbarkeit der Muskelfaser ist zwar allem Anschein nach jetzt dem Siege nah, allein auf die Gründe hin, auf die Haller sie stützt, hätte sie zu fallen verdient. Auch Müller hat geirrt; denn wer irrte nie der Natur gegenüber? Gewöhnlich aber trifft er den Nagel auf den Kopf. Eine Menge hingeworfener Gedanken von ihm, die sich später bewährt haben, wie die Behauptung der Nothwendigkeit eines Zusammenhanges zwischen Ganglienkugeln und Nervenröhren, eines Darmnervensystems, u. a. m., zeigt, daſs er im Sinne der Natur zu denken gelernt hatte; und es ist jeder Grund vorhanden anzunehmen, daſs ihm in den Fächern, mit denen er sich zuletzt beschäftigte, noch eine lange Reihe ähnlicher Triumphe bevorsteht.

Neben Haller und Müller, als Riesen der Vorzeit, wird aber den auf unsere Tage zurückblickenden späten Nachkommen die ragende Gestalt Cuvier's erscheinen, der vor Müller das Nämliche voraus hat, was Galilei und Newton vor Laplace und Gauss, oder was Lavoisier vor Berzelius: die gröſsten Dinge gemacht zu haben, weil sie eben noch zu machen waren. Wie es nur Ein Weltsystem zu entdecken gab, so gab es auch nur Eine Schöpfungsgeschichte aus ihren Trümmern zu entwickeln. Um gegen die einfache Gröſse von Cuvier's Leistungen aufzukommen, muſs der bunte Reichthum von Müller's Gaben in die Schale gelegt werden. In der Gewebelehre, der Physiologie, der Entwickelungsgeschichte hat Cuvier nichts hervorgebracht, und Rudolphi hat uns eine Aeuſserung Cuvier's erhalten, aus der hervorzugehen scheint, daſs von der pathologischen Anatomie er kaum den Begriff erfaſst hatte.[174]

Müller als Lehrer.

Auch als Lehrer im anatomischen Theater und auf dem Katheder besafs Müller aufserordentliche Eigenschaften. Er hatte zwar, wie schon bemerkt, keine natürliche Beredsamkeit, wozu seiner Natur das Expansive abging, auch kein Sprachtalent, in so fern es sich durch leichte Aneignung neuerer Sprachen bekundet. Es kann für manchen ermuthigend sein zu vernehmen, und mag deshalb aufbewahrt werden, dafs Müller's Anfänge auf dem Katheder nicht gerade vielversprechend gewesen sein sollen. Als aber Uebung die ursprünglichen Mängel besiegt und die Vorzüge entwickelt hatte, gehörte sein Vortrag in Berlin wie früher in Bonn zu den besten der Universität, obschon es Müller, wie Cuvier, stets etwas an Fülle des Organs gebrach.[173] Sein Vortrag war nicht von der Art derer, welche durch sprudelnde Lebhaftigkeit fesseln, durch Feuer hinreifsen, durch Witz und Fülle des Ausdrucks blenden, die aber, wenn augenblickliche Verstimmung diese glänzende Aufsenseite dämpft, nicht selten einen Mangel an wahrem Gehalt und innerem Zusammenhang verrathen. Müller's Vortrag war kalt, aber er ergriff durch den Ernst einer tiefen Begeisterung für die Sache, die aus ihm sprach. Er war sich stets gleich an gedrungenem, aus vollkommener Sachkenntnifs zweckmäfsig geschöpftem Gehalt. Müller verirrte, wiederholte, versprach sich nie. Während sein durchdringendes Auge durch die Versammlung schweifte, auch wohl einem Eindringling zur Pein auf ihm ruhte, flofs aus seinem Mund die Rede ruhig, klar, schmucklos gediegen, so dafs sie, stenographirt, ohne Weiteres hätte in die Druckerei wandern können. Es ist nicht genug zu beklagen, dafs nicht so seine Vorlesungen über vergleichende Anatomie, in denen er bis zuletzt seine ganze Stärke zu entfalten pflegte, und das nur zweimal gelesene Publicum über fossile Fische und Amphibien erhalten worden sind. Dabei war Müller ein grofser Meister des Zeichnens an der Tafel. Es war ein hoher Genufs, ihn eine sich entwickelnde Thierform durch eine Reihe von Zwischenstufen allmählig zur vollendeten Gestalt überführen zu sehen. Diese aus der unfehlbaren Sicherheit der Anschauung, die ihm eigen war, entspringende Fertigkeit liefs weder ihn noch seine Zuhörer die in England und Frankreich üblichen Wandtafeln vermissen, welche zwar viel Zeit ersparen, auch durch die Dauer des Eindrucks nützlich sind, dem Zeichnen an der Tafel aber an erläuternder

Kraft in so fern nachstehen, als die Zuhörer die Dinge nicht gleichsam vor ihren Augen werden sehen.

Müller's Stellung in Berlin sicherte ihm natürlich von vorn herein einen überwiegenden Einfluſs auf die wissenschaftliche Erziehung der ärztlichen Jugend Norddeutschlands. Allein abgesehen von seiner Wirksamkeit als öffentlicher Lehrer, hatte er zu jeder Zeit noch einen engeren Kreis von Schülern um sich versammelt, die mit Begeisterung an ihm hingen, und von denen Viele jetzt, sich laut zu seinen Jüngern bekennend, überall im deutschen Vaterlande Lehrämter der Anatomie und Physiologie bekleiden. Dem gewöhnlichen Brodstudirenden zwar, dem Banausier, pflegte Müller mit geringer Zuvorkommenheit zu begegnen, die an Unfreundlichkeit grenzte. Er muſste dergestalt, überlaufen wie er war, einen Wall um sich ziehen, wollte er die wenige ihm auſser den Ferien übrige Zeit zu Rathe halten. Es war deshalb, wenigstens in früherer Zeit, schwer sich ihm zu nähern. Bemerkte er aber auch nur eine Spur von Talent, von selbständigem Forschungstriebe, nur einen Funken von jenem Feuer, das in ihm selber so verzehrend loderte, so war er wie umgewandelt. Dann ward er die Güte selbst, und seine Einsichten, seine Bücher, die Hülfsmittel aller Art über die er gebot, theilte er auf das Bereitwilligste mit.

Wie er selbst überall auf eigenen Füſsen stand, so verlangte er freilich auch von seinen Schülern, daſs sie sich selber zu helfen wüſsten. Er stellte Aufgaben und regte an; im Uebrigen begnügte er sich, um ein chemisches Gleichniſs zu gebrauchen, mit einer Art von katalytischer Wirksamkeit. Es bedurfte auch nicht mehr. Er wirkte, wie Goethe von der Schönheit sagt, durch seine bloſse Gegenwart. Es hing um ihn, in den Augen seiner Schüler, ein daemonischer Zauber, wie in den Augen seiner Krieger um den ersten Napoleon, und das: „Soldats, l'Empereur a l'oeil sur vous" genügte auch uns, um zu den höchsten Anstrengungen zu spornen. Wenn ich versuche diesen Zauber zu zergliedern, so scheint er mir darin zu liegen, daſs, wer um ihn war, bewuſst oder unbewuſst, und ein Jeder nach seiner Art, den hinreiſsenden Einfluſs einer mächtigen Persönlichkeit erfuhr, die man selber, mit Hintansetzung jeder anderen Rücksicht, jedes Lebensgenusses, jeder Bequemlichkeit, mit einem an's Düstere grenzenden Ernst und einer Alles besiegenden Leidenschaft, ein ideales Ziel verfolgen sah. Der höchste Lohn für uns aber war, wenn Müller in einem verlorenen Augenblick den

Bogen abspannte, und sich auf ein allgemein menschliches Gespräch und auf heitere Scherze einliefs.

Enthielt sich Müller der Einwirkung auf den Gang der von ihm angeregten Untersuchungen, so liefs er dafür auch seine Schüler in ihrer Entwickelung und ihren Neigungen auf das Freieste gewähren. Er ehrte jede Selbstständigkeit gleich seiner eigenen. So erklärt es sich, dafs gerade die unter seinen Schülern, die seine eigensten Bestrebungen in der Physiologie fortsetzen, sich mit ihm, wie vorher dargelegt wurde, in einem tiefen und laut ausgesprochenen principiellen Widerspruch befinden konnten, ohne dafs dies je den geringsten Schatten auf das zwischen ihm und ihnen bestehende Verhältnifs geworfen hätte. Und so hat Müller, ohne sich darum zu bemühen, ohne je in Rede oder Schrift sich als Lehrmeister hingestellt, ohne je das Wort „Schüler" gebraucht zu haben, in That und Wahrheit nicht blofs eine, sondern entsprechend seiner eigenen Vielseitigkeit, die er nicht auf seine Jünger übertragen konnte, mehrere Schulen organischer Naturforschung gegründet, die in ganz verschiedenen Richtungen fortarbeitend, nichts gemein haben, als dafs die Flamme, die sie hüten und schüren, von seiner Esse ausging, dafs sie sämmtlich die Natur in seinem Sinne befragen. Ich habe vorher die berühmten Namen seiner Bonner Zuhörer aus dem Anfang seiner Lehrthätigkeit aufgezählt; ich brauche jetzt nur die der Hrn. Edouard Claparède, Haeckel, Lachmann, Lieberkühn, Anton Schneider, Max Schultze, Guido Wagener, seiner Begleiter an die Seeküsten während der letzten Jahre, zu nennen, um die glückliche Wirkung zu bezeichnen, die er noch zuletzt in dieser Richtung ausgeübt hat.

Müller als Vorsteher der anatomischen Sammlung.

Mit Müller's wissenschaftlicher Thätigkeit auf's Engste verknüpft war die Verwaltung der anatomischen Sammlung. In seiner Gedächtnifsrede auf Rudolphi vom Jahre 1835 hat Müller selbst hervorgehoben, wie jung diese Sammlung sei, da sie erst seit der Gründung der Universität im Jahre 1810 auf vergleichende Anatomie ausgedehnt wurde, und wie schwer es hier sei, mitten im Binnenlande, bei geringen Handelsverbindungen, und an und für sich beschränkteren Mitteln, den Wettstreit zu bestehen mit den alten, reich ausgestatteten Anstalten in Frankreich, England und Holland, denen theils durch den Handelsverkehr, theils unmittelbar aus überseeischen Niederlassungen, die Naturschätze aller Welttheile zufliefsen. In den 23 Jahren seiner Verwaltung hatte RUDOLPHI die vorgefundene WALTER'sche Sammlung um 3961 Präparate vermehrt, so dafs die Gesammtzahl der eingetragenen Präparate sich auf 7197 belief. MÜLLER begann damit, seine werthvolle Privatsammlung, die 500 Nummern enthielt, und die er in Bonn zum Theil mit den gröfsten Opfern zusammengebracht hatte, der Königlichen Sammlung einzuverleiben, wofür er nur etwas höhere Umzugsgelder bekam. Im Jahre 1835 war die Zahl der aufgestellten Gegenstände bereits auf 11000 gestiegen. Am 27. April dieses Jahres, am Tage vor seinem Tode, trug MÜLLER in den Katalog des Museums No. 19577 ein, so dafs während der 23 Jahre oder etwa 9000 Tage seiner Verwaltung die Zahl der Präparate sich um 12380, oder im Durchschnitt alle zehn Tage um dreizehn bis vierzehn Nummern vermehrt hat, unter denen aber sehr viele sind, welche ganze Reihen von Präparaten umfassen. Ein ansehnlicher und besonders werthvoller Theil dieser Erwerbungen rührt von der Reise unseres Collegen Hrn. PETERS nach dem südöstlichen Afrika her, zu deren Unternehmung MÜLLER besonders förderlich war. Mit wenigen Ausnahmen tragen sämmtliche Gegenstände, von dem riesigen Unterkiefer des *Physeter makrocephalus* und den mächtigen Trümmern untergegangener Thiergeschlechter bis zu dem winzigsten Vogelskelet oder Schächtelchen voll mikroskopischer Präparate, ihre Bezeichnung und Nummer in seiner eigenen, zwar nicht zierlichen, aber stets höchst klaren und energisch ausgeprägten Handschrift. Hier auf dem Museum verbrachte er, überlegend, ordnend, umstellend, vergleichend, bestimmend, eintragend, stets einen grofsen Theil seiner Zeit. Es kann erwähntermafsen keine Frage sein, dafs seine Vertiefung in die Zoologie zum Theil aus dieser Beschäftigung entsprang. Sein Sammeleifer, seine Gewissenhaftigkeit, der Ehrgeiz, den er für seine Anstalt empfand, liefsen ihn grofse Materialien herbeischaffen, deren Anordnung unter seinen Händen, wie die der Plagiostomen, dann stets sogleich eine neue ward. Mögen die Museen in Paris, London, Leyden theils an einzelnen Prachtstücken und Seltenheiten reicher sein, theils durch den Prunk der Aufstellung mehr in's Auge fallen: die Berliner anatomische Sammlung, MÜLLER's Schöpfung, wie man nach den obigen Zahlen wohl sagen kann, sein Stolz und seine Freude, steht, was Vollständigkeit und systematische Anordnung betrifft, keiner jener älteren Schwestern mehr nach, und übertrifft sie an innerer Bedeutung vielleicht in so fern, als sie in allen ihren Theilen so zu sagen verwachsen ist mit den Arbeiten des umfassendsten Kopfes, den die organische Naturwissenschaft noch gekannt hat. Hier sieht man, aus seiner Jugendzeit, die Präparate vom Nervensystem der Gliederthiere und die Injectionen der Drüsen; hier die von Hrn. Krause bewunderte Darstellung der organischen Nerven des cavernösen Gewebes[174] und die Injectionen der Arteriae helicinae; dort die Mikrocephalen von Kiwitsblott, und unter den ersten mikroskopisch untersuchten Geschwülsten das Enchondrom, in dem das Chondrin entdeckt ward; hier die Myxinoïden, die Ganoïden, den Amphioxus, den Pentakrinus Caput Medusae, die Kehlköpfe der Passerinen; dort die Modelle der abenteuerlichen Staffelei- und Roccoco-Larve der Seesterne, der Wunderschnecke aus der Synapta; endlich dort, langhingestreckt durch die Tiefe des grofsen Skeletsaals, die endlose Wirbelreihe der vorsündfluthlichen Zeuglodonten. Hier ist der Ort, wo zu wünschen ist, dafs die Zeusähnliche Bildung des Mannes, der dies Alles vollbracht, wie sie von Schorr's Künstlerhand erhalten wurde, in würdigem Stoff ausgeführt, dereinst auf das, was im Leben seine Welt war, herniederschaue.

Müller ausserhalb der Wissenschaft.

Müller's Begabung war, wie Jakobi's, der Art, dafs sie Einen irre machen konnte an dem Glauben an specifische Talente. So hervorragend bei ihm die Fähigkeiten waren, die ihm als Organe der Forschung dienten, so erhielt man doch den Eindruck, dafs dieser Mann, wenn es ihm anders beliebt hätte, ebensogut in irgend einem anderen Felde menschlicher Thätigkeit Aufserordentliches würde geleistet haben. Sein merkwürdiges Gedächtnifs erstreckte sich nicht blofs auf organische Formen, Speciesnamen und Citate, sondern auch auf Menschen. Wie Kyros seine Soldaten, kannte Müller in jedem Semester fast seine sämmtlichen Zuhörer von Angesicht, viele mit Namen, und erinnerte sich, obschon ihm doch gewifs sehr wenig daran lag, später bei der Prüfung ob sie fleifsig oder lässig seine Vorlesungen besucht hätten. Seine Menschenkenntnifs, Beobachtungsgabe, Selbstbeherrschung, Geistesgegenwart, Vorsicht und Entschlossenheit, beide zu ihrer Zeit, verbunden mit einem feinen Gefühl für das Schickliche, unvergleichlicher Arbeitskraft und jenem schon mehrmals gerühmten Ordnungssinn, der sich in der Zeit als gewissenhafteste Pünktlichkeit äufserte: Alles dies machte Müller zu einem vortrefflichen Geschäftsmann, der das, was er wollte, stets erreichte, das, was er nicht erreichen konnte, niemals wollte.

Ein Bild von Müller als Mensch zu entwerfen, ist selbst für solche, die ihm näher standen, äufserst schwer. Das Erste, was sich dauernd darbot, war eine tiefe Verschlossenheit, die nicht in sich hineinblicken liefs, und die man in besonderen Augenblicken überraschen mufste, um etwas mehr zu sehen als den gleichmäfsigen Ausdruck der mit einer Art von Schwermuth gefärbten Energie, womit er seine geistigen Zwecke verfolgte. Es war als wenn er gewufst hätte, für wie wenige Tage, wie der Sohn des Peleus klagt, ihn die Mutter geboren, wenn er dem Ruhm nachstrebe, und als könne er doch nicht anders. Jedenfalls waren in seinem Inneren wunderbare Gegensätze verschmolzen. Dieser scheinbar so harte, gelegentlich so rücksichtslose Mann war andere Male einer Weichheit der Empfindung fähig, die den Gegensatz nur um so wirksamer hervortreten liefs. Er war der zärtlichste Gatte, seiner Tochter und seinem Sohne der liebevollste Vater. In der Unterhaltung war er nicht gerade sehr productiv. Dazu war er zu sehr mit dem jedesmaligen Gegenstande seiner Arbeiten gesättigt, auf den unwillkürlich alle geistigen Wege zurücklenkten. Im Schoofse seiner Familie aber, oder in eng vertrautem Kreise, etwa auf seinen Ferienreisen nach guter Ausbeute mit dem feinen Netz und am Mikroskop, konnte er der liebenswürdigste Gesellschafter sein, ja sogar sich kindlicher Ausgelassenheit hingeben. Unter den Künsten fesselte ihn am meisten die Architektur; unter den neueren deutschen Dichtern Platen; unter den Musikern Gluck.

Sein bedeutendes Einkommen, welches er nicht mühlos hohen Gehalten verdankte, sondern wesentlich seinem Erfolg als Lehrer, verwendete er mit grofsartiger Freigebigkeit zur Förderung der Wissenschaft und jedes edlen Zwecks. Für seine Reisen, seine Bücher, für die Ausstattung seiner Werke reute ihn kein Preis. Er hinterläfst eine Fachbibliothek, wie sie in den Händen eines Privatmannes nicht wieder vorhanden ist, vermehrt natürlich durch die Geschenke, die ihm als Zeichen der Verehrung fast täglich aus allen Ländern der Welt zuflossen. Es ist nicht genug zu wünschen, dafs diese Bibliothek, durch öffentliche Mittel, Preufsen erhalten bleibe.

Im Verkehr mit seinen Fachgenossen ist Müller früher eines übertriebenen Ehrgeizes angeklagt worden, der es ihm schwer gemacht habe, fremdes Verdienst neben sich aufkommen zu lassen. Wenn er sich dieses Fehlers schuldig gemacht hat, so will erwogen sein, was Diderot von Greuze sagt[176], dass Müller ohne diesen Ehrgeiz eben nicht wäre er selbst gewesen. So masslose Anstrengungen, wie er sie sich auferlegte, können nicht anders als von einer entsprechenden, einer gleich masslosen Leidenschaft getragen werden, wie der Wissenstrieb allein, ohne einen Bezug auf das Ich, sie nicht einzuflössen vermag. In späteren Jahren aber hatte Müller, wie er überhaupt von sittlichen Strebungen mehr als man glauben sollte bewegt war, in dieser Beziehung jedenfalls sehr über sich gewonnen. Auch war wohl an ihm jenes Sprichwort wahr geworden, dessen bittere zweite Hälfte man gern verschweigt: Was man in der Jugend wünscht, hat man im Alter die Fülle, und macht sich nichts mehr daraus. Jetzt konnte man ihm, wie dem alternden Goethe, eher die entgegengesetzte Schwäche zuschreiben, fremdes Verdienst, namentlich an der Jugend, allzuleicht zu überschätzen. „Der Neid", sagte er mir in der letzten Unterhaltung, die ich mit ihm, wenige Tage vor seinem Tode, hatte, „der Neid ist bei mir in „die Bewunderung umgeschlagen. Aber das ist eine Hoheit der Gesinnung, „zu der man erst allmählig gelangt."

Steindruck und Photographie, Pinsel und Meissel haben gewetteifert, die äusseren Züge Müller's zu verschiedenen Zeiten seines Lebens der Nachwelt zu erhalten. Aber kein Bild vermag ganz die bald düstere, bald heitere Pracht dieser Züge wiederzugeben, deren Adel, mit dem glühenden Auge, der braunen Gesichtsfarbe und dem dunklen lockigen Haar, der Familiensage von der Abstammung von römischen Legionaren das Wort zu reden schien. Müller war von mittlerem, eher kleinem Wuchse, in der Jugend zierlich und mager, in späteren Jahren von angemessener Fülle. Die Breite der Schultern und Lenden, und die Tiefe der Brust stellten das Gleichmass mit dem mächtigen Haupte wieder her, das ein herrlicher Nacken im erregten Zwiegespräch oder auf dem Katheder stolz aufgerichtet hielt, sonst aber meist nachdenklich zur Seite sinken liess. So war es Müller, zu so vielem Anderen, auch noch von der Natur gegeben, wie Tieck von Novalis sagt, dem geübteren Auge die Erscheinung der Schönheit darzubieten. Doch muſs man, wie dort Tieck, bedingend hinzufügen, daſs Hand und Fuſs bei ihm ohne feinen Ausdruck war.[176]

In seinem Auftreten verband Müller die etwas steife Förmlichkeit des alten deutschen Professors mit der weltmännischen Gewandtheit des modernen Gelehrten, der es nicht unter der Würde der Wissenschaft hält, auch an seine äuſsere Erscheinung zu denken. Seine Sitten waren die einfachsten. Seine Mäſsigkeit war erstaunlich. Er bedurfte keiner Erholung von seinen Arbeiten. Von seinen Geschäften und Vorlesungen waren seine Arbeiten ihm die Erholung. Nie sah man ihn erschöpft. Keine Witterung vermochte etwas über ihn, auſser wenn ein bleigrauer Himmel ihm das Licht zum Beobachten oder zum Zeichnen verkümmerte.

Müller war, was man nennt, nie krank gewesen. Er schien über den kleinen Leiden zu stehen, denen sonst wohl ein in geistigen Anstrengungen seines körperlichen Wohles vergessener Gelehrter unterliegt. Erkältungen waren ihm fast unbekannt, obschon er stets unbegreiflich leicht gekleidet ging. Es war als hätten ihm die Götter eine ewige Jugend verliehen. In der Mitte der vierziger Jahre fing er wieder an, schlittschuhzulaufen, und so schnellkräftig fühlte er sich noch wenige Jahre vor seinem Tode, daſs er aus einem höflichen Wettstreit, wer von uns beiden etwas aus einem entfernten Theile des Museums holen solle, lachend einen förmlichen Wettlauf dem Corridor entlang machte. Die erschütternde Katastrophe seines Schiffbruches war ohne Folgen an ihm vorübergegangen. Und doch bereitete sich innerhalb dieser scheinbar so harmonischen Organisation allmählig eine Störung vor, die unerwartet schnell eine verderbliche Wendung nehmen sollte.

Das Ende.

In früherer Zeit rühmte sich Müller des Vermögens, gleich einem Feldherrn zu jeder Stunde des Tages schlafen zu können, wenn er sich gedankenruhig hinlege.[177] Aber schon längst quälte ihn jetzt Schlaflosigkeit. Doch brachte er eine ansehnliche Zeit ruhend im Bett zu, und fühlte sich dadurch gestärkt. Einigemal ward er, unter tiefer Miſsstimmung, von Schmerzen in der Lebergegend befallen, in deren Gefolge auch einmal Gelbsucht erschien. Er deutete dies Leiden auf Krampf des Gallenganges, und bekämpfte es erfolgreich durch groſse Gaben Opium. Auch litt er an Herzklopfen, so daſs der Verdacht eines Herzfehlers bei ihm vorhanden ist. Man erinnert sich jetzt, daſs in den letzten Jahren seine Schläfenarterien einen sehr geschlängelten Verlauf angenommen hatten.

Gegen Ende des Winters 1856—1857 erhielt seine Gesundheit den ersten offenbaren Stoſs, indem ein schleichendes Fieber mit gastrischem Charakter ihn zwang, zum erstenmal seit 1827 seine Vorlesungen krankheitshalber auszusetzen. Er war damals sehr um sich besorgt, glaubte einem Typhus entgegenzugehen, beschied seinen Sohn, Hrn. Dr. Max Müller, telegraphisch aus Cöln zu sich, ordnete alle seine Angelegenheiten, und untersagte für den Fall seines Todes, gleich Dieffenbach, die Oeffnung seiner Leiche. Statt des Typhus entwickelte sich indeſs nur ein arthritischer Proceſs in dem einen Fuſsgelenk, und der folgende Sommer sah Müller scheinbar ganz wiederhergestellt, wie er denn erwähntermaſsen im Herbste darauf der Akanthometren wegen nochmals an das Mittelmeer ging.

Im vorigen Winter fing aber Müller an, sich über allzuviele ihm aufgebürdete Arbeit zu beklagen, was er früher nie gethan hatte. Er litt mehr als sonst an Schlafloſigkeit, gegen die er leider wieder grosse Gaben des verrätherischen Alkaloids genommen zu haben scheint, welches einst Haller verderblich ward.[178] Dazu gesellten sich, nicht zu verwundern, hartnäckige Verdauungsstörungen. Schon früher neigte er zu Schwindelanfällen, und pflegte denselben beim Mikroskopiren stundenlang zu trotzen, indem er sich am Tisch festhielt. Diese wurden jetzt so häufig, daſs er sich nicht mehr auf seine Bücherleiter wagte. Abends sah man ihn, theilnahmlos in sich versunken, im Schauspiel sitzen, oder, wie von einer tiefen inneren Angst getrieben, in entlegenen Straſsen umherirren. Düstere Ahnungen kamen über ihn, und waren diesmal nur zu sehr gerechtfertigt. Das Häuschen am fernen heimathlichen Strom, welches er sich oft, und sich darin, umgeben von seinen Büchern, seinem Mikroskop, seinen Lieben, am Abend seiner Laufbahn ein nobile Otium geträumt hatte, es war das Haus aus seiner Schilderung des Mannesalters in der *Physiologie*, welches man „aufbaut für eine Zukunft, die man oft nicht erlebt“.

Die Osterferien dieses Jahres brachten ihm nicht, wie es sonst zu sein pflegte, das Vollgefühl der Befriedigung, eine Zeitlang ungestört seinen Arbeiten leben zu dürfen. Als endlich das Sommersemester vor der Thüre war, sah Müller die Nothwendigkeit ein, etwas Durchgreifendes für seine

Gesundheit zu thun. Er beschied seinen Sohn aus Cöln zu sich, um mit ihm darüber zu berathen, und kam endlich zu dem Entschlufs, das Colleg über Physiologie aufzugeben. Eine Besprechung mit seinem Hausarzt, Hrn. Geheimenrath Dr. Böhm, ward anberaumt, um Weiteres zu verabreden. Am Morgen des Tages, wo diese Besprechung stattfinden sollte, des 28. April, ward Müller todt im Bette gefunden, nachdem er erst zwei Stunden zuvor sich heiter und anscheinend wohl mit seiner Gattin unterhalten hatte. Da die Oeffnung seiner Leiche versagt war, blieb die Todesursache unbekannt; am wahrscheinlichsten ist er wohl der Ruptur eines grofsen Gefäfses erlegen.

Seine Schüler, seine Zuhörer haben ihn unter der Theilnahme Alles dessen, was diese Stadt an Intelligenz beherbergt, nach alter akademischer Sitte zur Ruhe getragen.

Wie der düstere Rauch seiner Grabesfackeln durch das hervorsprossende Grün zog, drängte sich der Laut des Dichters immer von Neuem zu: „Um Frühlingsanfang ist ein Baum gefallen"; und den Worten folgend mufste man zuletzt sich schmerzlich sagen: „Er ging, nun zeigt wetteifernd „eure Gaben! Doch derer, die ich kenn', ersetzt ihn keiner."

Wenn aber etwas uns trösten könnte über solchen Verlust, so würde es die Betrachtung sein, zu der Winckelmann's Tod Goethe anregte. „So war er denn auf der höchsten Stufe des Glücks, das er sich nur hätte wünschen dürfen, der Welt verschwunden. Und in diesem Sinne dürfen wir ihn wohl glücklich preisen, dafs er von dem Gipfel des menschlichen Daseins zu den Seligen emporgestiegen, dafs Ein schneller Schlag ihn von den Lebendigen hinweggenommen. Die Gebrechen des Alters, die Abnahme der Geisteskräfte hat er nicht empfunden. Er hat als Mann gelebt, und ist als ein vollständiger Mann von hinnen gegangen. Nun geniefst er im Andenken der Nachwelt den Vortheil, als ein ewig Tüchtiger und Kräftiger zu erscheinen; denn in der Gestalt, wie ein Mensch die Erde verläfst, wandelt er unter den Schatten, und so bleibt uns Achill als ewig strebender Jüngling gegenwärtig. Dafs Johannes Müller früh hinwegschied, kommt auch uns zu gute. Von seinem Grabe her stärkt uns der Anhauch seiner Kraft, und erregt in uns den lebhaftesten Drang, das was er begonnen, mit Eifer und Liebe fort- und immer fortzusetzen."

Verzeichniss von Johannes Müller's Arbeiten.[17]

1822.

1. Beobachtungen über die Gesetze und Zahlenverhältnisse der Bewegung in den verschiedenen Thierklassen mit besonderer Rücksicht auf die Bewegung der Insecten und Polymerien. (Von Johannes Müller, Studierenden in Bonn). Isis von Oken. 1822. Bd. I. Hft. I. S. 61—76.
2. (I.) Dissertatio inauguralis physiologica sistens Commentarios de Phoronomia Animalium etc. IX.no Decembris MDCCCXXII. 4°. Cum Tabula lithographica. Bonnae Typis C. F. Thormanni. pp. 34.

1823.

3. (II.) De Respiratione Foetus Commentatio physiologica, in Academia Borussica Rhenana Praemio ornata. Cum Tabula aeri incisa. Lipsiae, apud C. Cnobloch 1823. 8°. pp. 260.

1824.

4. Zur Physiologie des Foetus in Friedr. Nasse's Zeitschrift für die Anthropologie. 2. Vierteljahrsheft für 1824. S. 423—483.
5. (Recension). „Dr. C. H. Schultz, Der Lebensprocess im Blute, eine auf mikroskopischen[!] Entdeckungen gegründete Untersuchung. Mit einer Kupfertafel. Berlin, 1821." Von einem Ungenannten. Isis von Oken. Jahrgang 1824. Bd. I. Hft. II. S. 267—292.
6. (III.) Von dem Bedürfniss der Physiologie nach einer philosophischen Naturbetrachtung. Eine öffentliche Vorlesung, gehalten auf der Rhein-Universität zu Bonn am 19ten October 1824. Bonn 1825.

1825.

7. Ueber die Entwickelung der Eier im Eierstock bei den Gespenstheuschrecken und eine neuentdeckte Verbindung des Rückengefässes mit den Eierstöcken bei den Insecten. Verhandlungen der Kaiserlichen Leopoldinisch-Carolinischen Akademie der Naturforscher. Bd. IV. Abth. II. Bonn 1825. S. 555—672, und 6 Kupfertafeln.

1826.

8\. (IV.) Zur vergleichenden Physiologie des Gesichtssinnes des Menschen und der Thiere nebst einem Versuch über die Bewegungen der Augen und über den menschlichen Blick. Leipzig bei C. Cnobloch 1826. 8°. 462 S. 8 Kupfer.

9\. (V.) Ueber die phantastischen Gesichtserscheinungen. Eine physiologische Untersuchung mit einer physiologischen Urkunde des Aristoteles über den Traum, den Philosophen und Aerzten gewidmet. Coblenz, bei Jacob Hölscher. 1826. X und 117 S.

10\. (VI.) Jahresbericht der schwedischen Akademie der Wissenschaften über die Fortschritte der Naturgeschichte, Anatomie und Physiologie der Thiere und Pflanzen. Aus dem Schwedischen mit Zusätzen. 1824. Der Uebersetzung erster Jahrgang. Bonn. Bei A. Marcus. 1826. 8°. 228 S.

1827.

11\. (VII.) Grundrifs der Vorlesungen über die Physiologie. Bonn, bei T. Habicht. 1827. 8°. 103 S.

1828.

12\. (VIII.) Jahresbericht der schwedischen Akademie u. s. w. 1825. Der Uebersetzung zweiter Jahrgang. Bonn. Bei A. Marcus. 1828. 8°. 216 S.

13\. Ueber die Metamorphose des Nervensystems in der Thierwelt. J. F. Meckel's Archiv für Anatomie und Physiologie. 1828. S. 1—22.

14\. Ueber den Kreislauf des Blutes bei Hirudo vulgaris. Meckel's Archiv u. s. w. 1828. S. 22—28.

15\. Beiträge zur Anatomie des Scorpions. Meckel's Archiv u. s. w. 1828. S. 29—70. 2 Kpfr.

16\. Ueber die Athemorgane der Spinnen. Isis von Oken. Jahrgang 1828. Bd. XXI. S. 707—711. 1 Kpfr. zum Theil.

17\. Bemerkungen über den Netzbau und den Instinkt der Spinnen. Isis von Oken. Jahrgang 1828. Bd. XXI. S. 711—717.

1829.

18\. (IX.) Grundrifs der Vorlesungen über allgemeine Pathologie. Bonn bei T. Habicht. 1829. 8°. 44 S.

19\. Ueber ein eigenthümliches, dem Nervus sympathicus analoges Nervensystem der Eingeweide bei den Insekten. Verhandlungen der Kaiserlichen Leopoldinisch-Carolinischen Akademie der Naturforscher. Bd. VI. Abth. I. Bonn 1829. p. 71—108. 3 Kpfr.

20\. Fortgesetzte anatomische Untersuchungen über den Bau der Augen bei den Insekten und Crustaceen. Meckel's Archiv u. s. w. 1829. S. 38—64. 1 Kpfr. z. Th.

21\. Ueber die Wolff'schen Körper bei den Embryonen der Frösche und Kröten. Meckel's Archiv u. s. w. 1829. S. 65—70. 1 Kpfr. z. Th.

22\. Ueber die Nasendrüse der Schlangen. Meckel's Archiv u. s. w. 1829. S. 70—72.

23. Ueber die Augen des Maikäfers. Nachtrag zur früheren Abhandlung über die Insecten. MECKEL's Archiv u. s. w. 1829. S. 177—181. 1 Kpfr. u. Th.

24. Ueber den sichtbaren Kreislauf des Blutes in der Leber der jungen Salamanderlarven. MECKEL's Archiv u. s. w. 1829. S. 182—191.

25. Ueber den Bau der Augen bei Murex tritonis. MECKEL's Archiv u. s. w. 1829. S. 208—217. 1 Kpfr. u. Th.

26. Zur Anatomie der Scolopendra morsitans. Isis von OKEN. Jahrgang 1829. Bd. XXII. S. 549—552. 1 Kpfr.

27. Sur les yeux et la vision des Insectes, des Arachnides et des Crustacés; Par M. F. (J.) MÜLLER, Professeur à l'Université de Bonn. (Extrait de l'ouvrage Zur vergleichenden Physiologie des Gesichtssinnes. — Recherches sur la physiologie comparée du sens de la vision. Leipzig 1826.) Annales des Sciences naturelles par MM. AUDOUIN, AD. BRONGNIART et DUMAS. t. XVII. Paris 1829. p. 225—253 et p. 365—386 (avec 3 planches), et t. XVIII. 1829. p. 73—106.

28. Sur la Structure des Yeux du Hanneton (Melolontha vulgaris); (Extrait d'une Lettre adressée aux Rédacteurs). Annales des Sciences naturelles etc. t. XVIII. 1829. p. 107—112.

1830.

29. (X.) De Glandularum secernentium Structura penitiori earumque prima Formatione in Homine atque Animalibus. Commentatio anatomica. Cum Tabulis aeri incisis XVII. Lipsiae Sumtibus LEOP. VOSSII. 1830. Fol. pp. 131. (Vorrede vom October 1829.)

30. (XI.) Bildungsgeschichte der Genitalien aus anatomischen Untersuchungen an Embryonen des Menschen und der Thiere, nebst einem Anhang über die chirurgische Behandlung der Hypospadia. Düsseldorf bei ARNZ 1830. 4°. XVIII und 152 S. Mit 4 Kupfertafeln. (Widmung an RATHKE vom 1. Februar 1830.)

31. (XII.) De Ovo humano atque Embryone Observationes anatomicae. Prolusio academica, qua ad audiendam Orationem quam pro Aditu Muneris Professoris ordinarii in Facultate medica recitaturus est Die I. Sept. H. XII. in Auditorio maximo, Acad. reg. Fridericae Wilhelmae Rhenanae Proceres, Professores, Doctores, Cives amplissimos, clarissimos, ornatissimos ea, qua par est, Observantia invitat JOANNES MÜLLER, Med. et Chirurg. Doctor. Bonnae 1830. 4°. pp. XV.

32. Mikrometrische Messungen der Acini und secretführenden Kanäle der Drüsen im injicirten und embryonischen Zustande. MECKEL's Archiv u. s. w. 1830. S. 51—62.

33. Ueber den Ursprung der Netze und ihr Verhältnifs zum Peritonealsacke beim Menschen, aus anatomischen Untersuchungen an Embryonen. MECKEL's Archiv u. s. w. 1830. S. 395—410. 1 Kpfr. u. Th.

34. Zergliederungen menschlicher Embryonen aus früherer Zeit der Entwickelung. MECKEL's Archiv u. s. w. 1830. S. 411—434. 1 Kpfr. u. Th.

1831.

35. Bestätigung des BELL'schen Lehrsatzes, dafs die doppelten Wurzeln der Rückenmarksnerven verschiedene Functionen haben, durch neue und entscheidende Experimente. FRO-

riep's Notizen aus dem Gebiete der Natur- und Heilkunde. No. 646. (17.) März 1831. (No. 8. des XXX. Bandes). S. 113—117.

36. Fortsetzung der Versuche über die Wirkung des mechanischen und galvanischen Reizes auf die vorderen und hinteren Wurzeln der Rückenmarksnerven. A. a. O. April 1831. No. 9. No. 647. S. 129—134.

37. Kiemenlöcher an einer jungen Caecilia hypocyanea, im Museum zu Leyden beobachtet. Isis von Oken. Jahrgang 1831. S. 709—711.

38. Ixodes ophiophilus, eine neue Zecken-Art, auf einer Schlange gefunden und beschrieben u. s. w. Verhandlungen der Kaiserlichen Leopoldinisch-Carolinischen Akademie der Naturforscher. Bd. VII. Abth. II. Breslau und Bonn 1831. S. 233-242. 1 Kpfr.

39. Mémoire sur la Structure des yeux chez les Mollusques gastéropodes et quelques Annélides. Annales des Sciences naturelles etc. t. XXII. 1831. p. 5—28. 2 pl.

40. Nouvelles expériences sur l'effet que produit l'irritation mécanique et galvanique sur les racines des nerfs spinaux. Annales des Sciences naturelles etc. t. XXIII. 1831. p. 95—112.

1832.

41. Bestätigung des Bell'schen *Lehrsatzes*, daſs die doppelten Wurzeln der Rückenmarksnerven verschiedene Functionen haben, durch neue und entscheidende Experimente. In: Karl Bell's physiologische und pathologische Untersuchungen des Nervensystems. Aus dem Englischen übersetzt von M. H. Romberg u. s. w. Berlin 1832. S. 375—388.

42. Beobachtungen zur Analyse der Lymphe, des Bluts und des Chylus. Poggendorff's Annalen u. s. w. 1832. Bd. XXV. S. 513—591.

43. Zusätze in: Burdach, die Physiologie als Erfahrungswissenschaft. Bd. IV. Leipzig bei Leop. Voss 1832. S. 103—136. (Untersuchung der Blutkörperchen, des Faserstoffes im Blute, des Blutes mittels der galvanischen Säule).

44. Observations sur le sang, extraites d'une Lettre adressée à M. Dulong, *Secrétaire-perpétuel* de l'Académie des Sciences; par M. Müller etc. Annales des Sciences naturelles etc. t. XXVII. 1832. p. 222—224.

45. Ueber den Bau der Augen bei Argulus foliaceus. Tiedemann, G. R. und L. Chr. Treviranus Untersuchungen über die Natur des Menschen, der Thiere und der Pflanzen. Bd. IV. 1832. S. 97—105. 1 Kpfr. z. Th.

46. Ueber den körnigen Bau der Hoden bei mehreren *Fischen*, insbesondere bei Rochen und Haien. Tiedemann und der beiden Treviranus Untersuchungen u. s. w. Bd. IV. 1832. S. 106—112.

47. Beitrag zur Anatomie und Naturgeschichte der Amphibien. Tiedemann und der beiden Treviranus Untersuchungen u. s. w. Bd. IV. 1832. S. 190—275. 6 Kpfr.

48. Ueber die natürliche Eintheilung der Amphibien. Isis von Oken. Jahrgang 1832. S. 504—510.

49. Ueber drei verschiedene Familien der froschartigen Thiere nach dem Bau der Gehörwerkzeuge. Isis von Oken, Jahrgang 1832. S. 536—539.

50. Ueber das Ganglion oticum Arnoldi. Meckel's Archiv u. s. w. 1832. S. 67—86.

51. Brief an Meckel, literarische Notizen enthaltend. Meckel's Archiv u. s. w. 1832. S. 261.

1833.

52. (XIII.) A. Handbuch der Physiologie des Menschen für Vorlesungen. Bd. I. Abth. I. Coblenz bei J. Hölscher 1833. 8°. VIII und 406 S. (Prolegomena, Blut und Lymphe, Kreislauf, Athmung und Ernährung).

53. On the Existence of Four Distinct Hearts, having regular pulsations, connected with the Lymphatic System, in certain Amphibious Animals. Communicated by Leonard Horner. Read Feb. 14, 1833. Philosophical Transactions for the Year 1833. P. I. p. 89—94.

54. Anatomische Notizen (1. Defecte Mißgeburt. 2. Angeborne Spalte der Wangen, der Eustachischen Trompeten, der Trommelhöhlen, mit Wolfsrachen bei einem Schäfchen. 3. Eigenthümliches Gewebe der Corpora cavernosa. 4. Eigenthümliche Körperchen in der Milz einiger pflanzenfressenden Thiere. 5. Ueber ein bisher unbeachtetes kleines Knöchen an der Wurzel des Nervus glossopharyngeus beim Menschen). Medicinische Zeitung. Herausgegeben von dem Verein für Heilkunde in Preußen. 2. Jahrgang. 1833. No. 48. S. 213—215. No. 52. 235—236.

1834.

52. (XIII.) B. Handbuch der Physiologie des Menschen für Vorlesungen. Bd. I. Abth. II. Coblenz u. s. w. 1834. XVI und 445 S. (Absonderung, Verdauung u. s. w., Physik der Nerven).

55. (L.) Vergleichende Anatomie der Myxinoiden, der Cyclostomen mit durchbohrtem Gaumen. Erster Theil. Osteologie und Myologie. (Gelesen am 4. und 11. December 1834). Physikalische Abhandlungen der Königlichen Akademie der Wissenschaften zu Berlin. [Physikalische Abhandlungen u. s. w.] Aus dem Jahre 1834. Berlin 1836. S. 65—340. 8 Kpfr.

56. Jahresbericht über die Fortschritte der anatomisch-physiologischen Wissenschaften im Jahre 1833. Müller's Archiv für Anatomie, Physiologie und wissenschaftliche Medicin. [Archiv u. s. w.] 1834. S. 1—201.

57. Ueber die Structur der eigenthümlichen Körperchen in der Milz einiger pflanzenfressenden Säugethiere. Archiv u. s. w. 1834. S. 80—90.

58. Anwendung des Kreosotwassers zur Conservation und Präparation des Gehirns und Rückenmarks. Archiv u. s. w. 1834. S. 95—96.

59. Anmerkung zu der Abhandlung von Sticker über die Veränderungen der Kräfte durchschnittener Nerven und über Muskelreizbarkeit. Archiv u. s. w. 1834. S. 202—217.

60. Anmerkung zu der Abhandlung von Retzius über den Circulus venosus im Auge. Archiv u. s. w. 1834. S. 298.

61. Ueber die Existenz von vier getrennten, regelmäßig pulsirenden Herzen, welche mit dem lymphatischen System in Verbindung stehen, bei einigen Amphibien. Archiv u. s. w. 1834. S. 296—300. (Uebersetzung aus den Philosophical Transactions, s. oben No. 53.)

62. Nachschrift zu einer brieflichen Mittheilung des Hrn. Prof. E. H. Weber an Joh. Müller über die Lymphherzen der Amphibien. Archiv u. s. w. 1834. S. 303—304.

63. a. Ueber die äusseren Geschlechtstheile der Buschmänninnen. Archiv u. s. w. 1834. S. 319—345. 1 Kpfr. (Vorgetragen am 18. April 1834 in der medicinisch-chirurgi-

schen Gesellschaft zu Berlin. Vergl. Journal der practischen Heilkunde. Herausgegeben von C. W. Hufeland und E. Osann. Bd. LXXX. S. 111.]

63. a. Nachtrag zur vorigen Abhandlung. Archiv u. s. w. 1834. S. 394.

64. Artikel: Thierische Electricität. Im Encyclopaedischen Wörterbuche der medicinischen Wissenschaften. Bd. X. 1834. S. 823—860.

65. Artikel: Erectiles Gewebe; — Erectilität; — Erection; — Erector clitoridis; — Erector penis. Im Encyclopaedischen Wörterbuche der medicinischen Wissenschaften. Bd. XI. 1834. S. 437—464.

66. Artikel: Erschlaffer der Paukenfelle. Im Encyclopädischen Wörterbuche der medicinischen Wissenschaften. Bd. XI. 1834. S. 472.

67. Zusätzliche Bemerkungen zu: Steinheim, von der Raumveränderung des Blutes, und von der Structur des Herzens, dieser entsprechend, und sie beweisend. Medicinische Zeitung u. s. w. Jahrgang 1834. No. 29. S. 137—138.

1835.

68. (XIV.) Handbuch der Physiologie des Menschen u. s. w. Bd. I. Zweite verbesserte Auflage. Coblenz u. s. w. 1835. 656 S. (Die zweite Abtheilung ist aus der ersten Auflage unverändert abgedruckt. Archiv u. s. w. 1836. S. 69.)

69. Gedächtnißrede auf Carl Asmund Rudolphi. (Gelesen in der öffentlichen Sitzung vom 6. August 1836). Physikalische Abhandlungen u. s. w. 1835. (1837.) S. XVII—XXXVIII.

70. Eschricht und Müller, über die arteriösen und venösen Wundernetze an der Leber und einen merkwürdigen Bau dieses Organes beim Thunfische, Thynnus vulgaris. (Gelesen am 29. Juni 1835.) Physikalische Abhandlungen u. s. w. 1835 (1837.) S. 1—32. 3 Kpfr.

71. Ueber die organischen Nerven der erectilen männlichen Geschlechtsorgane des Menschen und der Säugethiere. (Gelesen am 26. November 1835.) Physikalische Abhandlungen 1835. (1837.) S. 83—140. 4 Kpfr.

72. Auszug aus einer anatomischen Untersuchung über die cavernösen Nerven des männlichen Gliedes und ihren Zusammenhang mit dem Plexus hypogastricus des Nervus sympathicus. Medicinische Zeitung u. s. w. 4. Jahrgang. 1835. No. 18. S. 77—79.

73 Jahresbericht über die Fortschritte der anatomisch-physiologischen Wissenschaften im Jahre 1834. Archiv u. s. w. 1835. S. 1—243.

74. Entdeckung der bei der Erection des männlichen Gliedes wirksamen Arterien bei dem Menschen und den Thieren. Archiv u. s. w. 1835. S. 202—213. 1 Kpfr.

75. Untersuchung eines Schildkrötenherzens von Prof. Magnus und Prof. Müller. Archiv u. s. w. 1835. S. 214—218.

76. Ueber die Kiemenlöcher der jungen Coecilia hypocyanea. Archiv u. s. w. 1835. S. 391—398. 1 Kpfr.

77. Artikel: Felsenknoten (Ganglion petrosum nervi glossopharyngei). Im Encyclopädischen Wörterbuche der medicinischen Wissenschaften. Bd. XII. 1835. S. 109—110.

1836.

78. Ueber die Structur der Knochen. Mittheilungen aus den Verhandlungen der Gesellschaft naturforschender Freunde zu Berlin. Erstes Quartal 1836. 16. Februar. S. 6—12.

79. (*II.*) Ueber den eigenthümlichen Bau des Gehörorganes bei den Cyclostomen, mit Bemerkungen über die ungleiche Ausbildung der Sinnesorgane bei den Myxinoiden. Fortsetzung der vergleichenden Anatomie der Myxinoiden. (Gelesen am 28. April 1836.) Physikalische Abhandlungen u. s. w. 1837. (1839.) S. 15—48. 2 Kpfr.

80. Ueber zwei eigenthümliche Bildungstypen des Gehörlabyrinthes bei den Cyclostomen. Bericht über die zur Bekanntmachung geeigneten Verhandlungen der Königl. Preufs. Akademie der Wissenschaften zu Berlin. [Monatsberichte u. s. w.] 28. April 1836. S. 31—32.

81. Bemerkungen über perlmutterglänzende Harnblasensteinchen des Berliner anatomischen Museums. Monatsberichte u. s. w. 30. Mai 1836. S. 43.

82. (XV.) Rede zur Feier des 42sten Stiftungstages des Königlichen medicinisch-chirurgischen Friedrich-Wilhelms-Instituts, am 2. August 1836. Berlin bei Unger. 8°. 27 S.

83. Ueber Verschiedenheiten des Leims der Knochen und Knorpel. Mittheilungen aus den Verhandlungen der Gesellschaft naturforschender Freunde zu Berlin. Zweites und drittes Quartal 1836. 16. August. S. 36.

84. Ueber zwei verschiedene Typen in dem Bau der erectilen männlichen Geschlechtsorgane bei den straufsartigen Vögeln und über die Entwickelungsformen dieser Organe unter den Wirbelthieren überhaupt. (Gelesen am 17. November 1836.) Physikalische Abhandlungen u. s. w. 1836. (1838.) S. 137—177. 3 Kpfr.

85. Ueber zwei verschiedene Typen im Bau der erectilen männlichen Geschlechtsorgane der straufsartigen Vögel. Monatsberichte u. s. w. 17. November 1836. S. 99—101.

86. Ueber den feineren Bau der krankhaften Geschwülste. Monatsberichte u. s. w. 8. December 1836. S. 107—113.

87. Jahresbericht über die Fortschritte der anatomisch-physiologischen Wissenschaften im Jahre 1835. Archiv u. s. w. 1836. S. I—CCXXXVI.

88. Versuche über die künstliche Verdauung des geronnenen Eiweifses von Prof. Dr. J. Müller und Dr. Schwann. Archiv u. s. w. 1836. S. 66—89.

89. Ueber die Structur und die chemischen Eigenschaften der thierischen Bestandtheile der Knorpel und Knochen. Poggendorff's Annalen u. s. w. 1836. Bd. XXXVIII. S. 295—363. 1 Kpfr.

90. Nachtrag zu diesem Aufsatze ebenda. S. 476—478.

91. Nachrichten über die beiden Mikrocephalen zu Kiwitsblott bei Bromberg. Medicinische Zeitung u. s. w. 5. Jahrgang. 1836. No. 2. S. 7—10. No. 3. S. 13—18.

1837.

52. (XIII.) C. Handbuch der Physiologie des Menschen für Vorlesungen. Bd. II. Abth. I. Coblenz u. s. w. 1837. (Die Lehre von den Bewegungen, von der Stimme und Sprache.) 246 S.

92. (XVI.) A. Handbuch der Physiologie des Menschen für Vorlesungen. Bd. I. Abth. I. Dritte verbesserte Auflage. Coblenz u. s. w. 1837. 421 S.

93. Jahresbericht über die Fortschritte der anatomisch-physiologischen Wissenschaften im Jahre 1836. Archiv u. s. w. 1837. S. I—CXXXXIII.

94. Historisch-anatomische Bemerkungen. Archiv u. s. w. 1837. S. 273—296.
95. Joh. Müller, Ueber die Gattungen der Haifische und Rochen nach einer von ihm mit Hrn. Henle unternommenen gemeinschaftlichen Arbeit über die Naturgeschichte der Knorpelfische. Monatsberichte u. s. w. 31. Juli 1837. S. 111—118.
96. Ueber die Gattungen der Plagiostomen. Von Joh. Müller und Henle. Wiegmann's Archiv für Naturgeschichte. 3. Jahrgang. Bd. I. Berlin 1837. S. 394—401.

1838.

52. (XIII.) D. Handbuch der Physiologie u. s. w. Bd. II. Abth. II. Coblenz u. s. w. 1838. S. 246—504. (Die Lehre von den Sinnen.)
92. (XVI.) B. Handbuch der Physiologie u. s. w. Bd. I. Abth. II. Dritte verbesserte Auflage. Coblenz u. s. w. 1838. 446 S.
97. (XVII.) Ueber den feineren Bau und die Formen der krankhaften Geschwülste. Berlin bei Reimer 1838. Folio. In zwei Lieferungen. Erste Lieferung, Bogen 1—15 und Tafel I—IV.
98. (*III.*) Vergleichende Neurologie der Myxinoiden. (Gelesen am 15. Februar 1838.) Physikalische Abhandlungen u. s. w. 1838. (1840.) S. 171—251. 4 Kpfr.
99. Ueber das Nervensystem der Myxinoiden. Monatsberichte u. s. w. 15. Februar 1838. S. 16—20.
100. Ueber den Nervus sympathicus der Schlangen. Vorläufige Mittheilung aus der vergleichenden Anatomie der Myxinoiden. Archiv u. s. w. 1839. S. 59—63.
101. Jahresbericht über die Fortschritte der anatomisch-physiologischen Wissenschaften im Jahre 1837. Archiv u. s. w. 1838. S. XCI—CXCVIII.
102. Anmerkung zu Valentin's Abhandlung „Ueber den Verlauf der Blutgefässe in dem Penis des Menschen und einiger Säugethiere". Archiv u. s. w. 1838. S. 224—226.
103. a. On the generic characters of Cartilaginous Fishes, with Descriptions of new genera. By Prof. J. Müller and Dr. Henle. Magazine of Natural History. New Series. Conducted by Edward Charlesworth. 1838. vol. II. p. 33—37. 88—91.
103. b. Ueber die Gattungen der Plagiostomen. Von Joh. Müller und Henle. Wiegmann's Archiv u. s. w. 4. Jahrgang. Bd. I. 1838. S. 83—88.

1839.

104. (XVIII.) Ueber die Compensation der physischen Kräfte am menschlichen Stimmorgan. Mit Bemerkungen über die Stimme der Säugethiere, Vögel und Amphibien. Fortsetzung und Supplement der Untersuchungen über die Physiologie der Stimme. Berlin. Bei A. Hirschwald. 1839. 8°. 84 S. 4 Kpfr.
105. Ueber den glatten Haifisch des Aristoteles und die Verschiedenheiten unter den Haifischen und Rochen in der Entwickelung des Eies. Monatsberichte u. s. w. 11. April 1839. S. 49—52.
106. Ueber die Lymphherzen der Schildkröten. (Gelesen am 14. October 1839.) Physikalische Abhandlungen u. s. w. 1839. (1841.) S. 31—34. 1 Kpfr.
107. Ueber die Lymphherzen der Schildkröten. Monatsberichte u. s. w. 14. October 1839. S. 160—162.

108. Ueber die Lymphherzen der Schildkröten. (Gelesen in der Königl. Akademie der Wissenschaften zu Berlin am 14. Oct. 1839.) Archiv u. s. w. 1840. S. 1—4.
109. (*IV.*) Vergleichende Anatomie der Myxinoiden. Dritte Fortsetzung. Ueber das Gefässsystem. (Gelesen am 11. Nov. und 9. Dec. 1839, mit einigen neueren Ergänzungen.) Physikalische Abhandlungen u. s. w. 1839. (1841.) S. 175—303. 5 Kpfr.
110. Dritte Fortsetzung der Arbeit über die vergleichende Anatomie der Myxinoiden, zunächst über Blutgefässsystem und Lymphgefässsystem derselben. Monatsberichte u. s. w. 11. November 1839. S. 184—186.
111. Ueber die Natur der Nebenkiemen bei den Knochenfischen. Monatsberichte u. s. w. 11. November 1839. S. 186—197.
112. Mittheilungen über die Wundernetze zu dem comparativen Theil der vergleichenden Anatomie der Myxinoiden. Monatsberichte u. s. w. 9. December 1839. S. 272—292.
113. Ueber Nebenkiemen und Wundernetze. (Gelesen in der Königl. Akademie der Wissenschaften zu Berlin am 11. Nov. und 9. Dec. 1839.) Archiv u. s. w. 1840. S. 101—142.
114. Sur l'organisation et les fonctions des pseudobranchies et des plexus vasculaires des poissons. Comptes rendus hebdomadaires des Séances de l'Académie des Sciences. 9. Mars 1840. t. X. p. 472.
115. Ueber den Amphioxus lanceolatus Yarrell. Monatsberichte u. s. w. 11. November 1839. S. 197—200.
116. Ueber eine eigenthümliche Bewaffnung des Zwischenkiefers der reifen Embryonen der Schlangen und Eidechsen. Monatsberichte u. s. w. 11. November 1839. S. 183—184.
117. Ueber eine eigenthümliche Bewaffnung des Zwischenkiefers der reifen Embryonen der Schlangen und Eidechsen. (Gelesen in der Königl. Akademie der Wissenschaften zu Berlin am 11. November 1839.) Archiv u. s. w. 1841. S. 329—331. 1 Kpfr.
118. Bericht über die Fortschritte der mikroskopischen Anatomie im Jahre 1838. Archiv u. s. w. 1839. S. CLXXXVIII—CCVII.
119. Bericht über die Fortschritte der vergleichenden Anatomie der Wirbelthiere im Jahre 1838. Archiv u. s. w. 1839. S. CCVIII—CCXVIII.
120. Ueber die Plagiostomen-Gattungen *Syrrhina*, Trigonoptera. Mittheilungen aus den Verhandlungen der Gesellschaft naturforschender Freunde. Viertes Jahr. 1839.[18]

1840.

52. (XIII.) E. Handbuch der Physiologie u. s. w. Bd. II. Abth. III. Coblenz u. s. w. 1840. (Die Lehre vom Seelenleben, von der Zeugung und Entwickelung.) S. 504 — 780. 1 Kupfer.
121. Ueber den glatten Hai des Aristoteles, und über die Verschiedenheiten unter den Haifischen und Rochen in der Entwickelung des Eies. (Gelesen am 11. April 1839 und 6. August 1840.) Physikalische Abhandlungen u. s. w. 1840. (1842.) S. 187—257. 6 Kpfr.
122. Fortsetzung der Untersuchungen über den glatten Hai des Aristoteles, zunächst über den Galeus laevis des Stenonis. Monatsberichte u. s. w. 6. August 1840. S. 171—176.
123. Ueber den Bau des Pentacrinus Caput Medusae. Monatsberichte u. s. w. 30. April 1840. S. 88—106.

124. Ueber die Gattungen der Ophiuren. Von J. Müller und F. H. Troschel. (Mitgetheilt in der Gesellschaft naturforschender Freunde am 15. Juni und 21. Juli 1840.) Wiegmann's Archiv u. s. w. 6. Jahrgang. Bd. I. 1840. S. 326—330.

125. Fortgesetzte Bemerkungen über die Gattungen der Asteriden. Von J. Müller und F. H. Troschel. Wiegmann's Archiv u. s. w. 6. Jahrgang. Bd. I. 1840. S. 367—368.

126. Bericht über die Fortschritte der vergleichenden Anatomie der Wirbelthiere im Jahre 1839. Archiv u. s. w. 1840. S. CLIX—CCXXI.

1841.

127. (XIX.) A. Handbuch der Physiologie u. s. w. Bd. I. Vierte Auflage. Lief. I. Bogen 1—14. Coblenz u. s. w. 1841.

128. (XX.) Systematische Beschreibung der Plagiostomen von Dr. J. Müller, u. s. w., und Dr. J. Henle, u. s. w., Fol. mit 60 Steindrucktafeln. Berlin bei Veit und Comp. 1841. XXII und 202 S.

129. Bemerkungen die Anatomie des Thiers im Nautilus Pompilius betreffend. Monatsberichte u. s. w. 28. Januar 1841. S. 58—59.

130. Nachtrag zur Abhandlung über die Nebenkiemen. Monatsberichte u. s. w. 11. Februar 1841. S. 86—98.

131. Fortgesetzte Untersuchungen über die Pseudobranchien (Gelesen in der Königl. Akademie der Wissenschaften zu Berlin am 11. Februar 1841.) Archiv u. s. w. 1841. S. 263—277.

132. Ueber den Bau des Pentacrinus caput Medusae. (Gelesen am 30. April 1840 und 13. Mai 1841). Physikalische Abhandlungen u. s. w. 1841. (1843) S. 177—248. 6 Kpfr.

133. Ueber die Anatomie des Steatornis caripensis v. Humb. Monatsberichte u. s. w. 13. Mai 1841. S. 172—179.

134. Anatomische Bemerkungen über den Quacharo, Steatornis caripensis v. Humb. (Gelesen in der Königl. Akademie der Wissenschaften zu Berlin, am 13. Mai 1841). Archiv u. s. w. 1842. S. 1—11. 1 Kpfr.

135. Ueber die Gattungen und Arten der Comatulen als Fortsetzung der Abhandlung über den Pentacrinus Caput Medusae. Monatsberichte u. s. w. 13. Mai 1841. S. 179—189.

136. Ueber die Gattungen und Arten der Comatulen. (Gelesen in der Königl. Akademie der Wissenschaften zu Berlin am 13. Mai 1841.) Wiegmann's (Erichson's) Archiv u. s. w. 7. Jahrgang. Bd. I. 1841. S. 139—148.

137. Ueber einen krankhaften Hautausschlag mit specifisch organisirten Samenkörperchen [Psorospermien]. Monatsberichte u. s. w. 21. Juni 1841. S. 212—222.

138. Ueber eine eigenthümliche krankhafte parasitische Bildung mit specifisch organisirten Samenkörperchen (Gelesen in der Königl. Akademie der Wissenschaften zu Berlin am 21. Juni und 19. Juli 1841.) Archiv u. s. w. 1841. S. 477—496. 1 Kpfr.

139. Fortsetzung der Beobachtungen über die Psorospermien. Monatsberichte u. s. w. 19. Juli 1841. S. 246—250.

140. Ueber den Bau und die Lebenserscheinungen des Branchiostoma lubricum Costa,

Amphioxus lanceolatus Yarrell. (Gelesen am 6. December 1841.) Physikalische Abhandlungen u. s. w. 1842. (1844.) S. 79—116. 5 Kpfr.

141. Mikroskopische Untersuchungen über den Bau und die Lebenserscheinungen des Branchiostoma lubricum Costa, Amphioxus lanceolatus Yarrell. Monatsberichte u. s. w. 6. December 1841. S. 396—411.

142. Bericht über die Fortschritte der vergleichenden Anatomie der Wirbelthiere im Jahre 1840. Archiv u. s. w. 1841. S. CXLV—CLXI.

143. Nachschrift zu Dr. W. Peters Uebersetzung von Nilsson's Entwurf einer systematischen Eintheilung und speciellen Beschreibung der Phoken. Wiegmann's (Erichson's) Archiv u. s. w. 7. Jahrgang. Bd. I. 1841. S. 333—334.

1842.

144. (XXI.) System der Asteriden von Dr. Johannes Müller, und Dr. Franz Hermann Troschel. Braunschweig 1842. 4°. XX und 135 S. 12 Kpfr.

145. Bericht über einige auf einer Reise in Schweden in Gemeinschaft mit Hrn. Retzius angestellte pathologisch-anatomische Beobachtungen über parasitische Bildungen. Monatsberichte u. s. w. 3. März 1842. S. 47—49.

146. Ueber parasitische Bildungen. Bericht von J. Müller über einige mit Hrn. Retzius untersuchte pathologisch-anatomische Gegenstände, gelesen in der Königl. Akademie der Wissenschaften zu Berlin am 3. März 1842. Archiv u. s. w. 1842. S. 193—212. 2 Kpfr.

147. (V.) Untersuchungen über die Eingeweide der Fische, Schluss der vergleichenden Anatomie der Myxinoiden. (Gelesen am 16. und 23. Juni 1842.) Physikalische Abhandlungen u. s. w. 1843. (1845.) S. 109—170. 5 Kpfr.

148. Ueber die Eingeweide der Fische, zunächst über die Geschlechtsorgane der Knorpelfische und über die Schwimmblase, mit Bezug auf einige neue Fischgattungen. Monatsberichte u. s. w. 16. Juni 1842. S. 174—186.

149. Fortsetzung der Untersuchungen über die Schwimmblase der Fische mit Bezug auf einige neue Fischgattungen. Monatsberichte u. s. w. 23. Juni 1842. S. 202—210.

150. Beobachtungen über die Schwimmblase der Fische, mit Bezug auf einige neue Fischgattungen. (Gelesen in der Akademie der Wissenschaften zu Berlin am 16. und 23. Juni 1842). Archiv u. s. w. 1842. S. 307—329.

151. Beobachtungen über die Geschlechtsorgane der Plagiostomen, mit Anwendung auf eine Stelle in Aristoteles Naturgeschichte. (Aus dem Monatsbericht der Königl. Akademie der Wissenschaften zu Berlin, Juni 1842.) Archiv u. s. w. 1842. S. 414—417.

152. Bericht über die Fortschritte der vergleichenden Anatomie der Wirbelthiere, im Jahre 1841. Archiv u. s. w. 1842. S. CCXVII—CCXXXIX.

153. Bemerkungen über eigenthümliche Herzen des Arterien- und Venensystems. Archiv u. s. w. 1842. S. 477—478.

1843.

127. (XIX.) B. Handbuch der Physiologie u. s. w. Bd. I. Vierte Auflage. Lieferung II. Bogen 15—26. Coblenz u. s. w. März 1843.

154. Beiträge zur Kenntnifs der natürlichen Familien der Knochenfische. Monatsberichte u. s. w. 3. August 1843. S. 211—218.

155. Neue Beiträge zur Kenntnifs der Asteriden. Von J. Müller und F. H. Troschel. Wiegmann's (Erichson's) Archiv u. s. w. 9. Jahrgang. Bd. I. 1843. S. 113—131.

156. Neue Beiträge zur Kenntnifs der Arten der Comatulen. Wiegmann's (Erichson's) Archiv u. s. w. 9. Jahrgang. Bd. I. 1843. S. 131—136.

157. Beiträge zur Kenntnifs der natürlichen Familien der Fische. (Gelesen in der Königl. Akademie der Wissenschaften zu Berlin am 16. und 23. Juni 1842 und am 3. August 1843.) Wiegmann's (Erichson's) Archiv u. s. w. 9. Jahrgang. Bd. I. 1843. S. 292—330.

158. Nachtrag zur Abhandlung über die natürlichen Familien der Fische. Wiegmann's (Erichson's) Archiv u. s. w. 9. Jahrgang. Bd. I. 1843. S. 381—384.

159. Ueber die Wirbel der Haifische, in: Louis Agassiz, Recherches sur les poissons fossiles etc. tom. III. Neuchâtel 1833—43. 4°. S. 361—368. 1 Kpfr.

[Einzeln abgedruckt unter dem Titel: Notice sur les vertèbres de Squales vivans et fossiles, par J. Müller et L. Agassiz. (Extrait de la 15e livraison des Recherches sur les poissons fossiles). Neuchâtel 1843.]

160. Bericht über die Fortschritte der vergleichenden Anatomie der Wirbelthiere im Jahre 1842. Archiv u. s. w. 1843. S. CCXXXVIII—CCLXI.

161. Ueber den Bau der Leber. Anmerkung zu: „Dr. Adolph Krukenberg, Untersuchungen über den feineren Bau der menschlichen Leber." Archiv u. s. w. 1843. S. 338—344. 1 Kpfr.

162. Anmerkung zu „Dr. F. Bidder, Zur Histogenese der Knochen". Archiv u. s. w. 1843. S. 395.

163. Ueber ossificirende Schwämme oder Osteoid-Geschwülste. (Gelesen in der Hufeland'schen med. chirurg. Gesellschaft am 1. Sept. 1843.) Archiv u. s. w. 1843. S. 396—442.

164. Anmerkung zu: „Dr. J. von Tschudi, Vergleichend anatomische Beobachtungen", betreffend die systematische Stellung der Penelope. Archiv u. s. w. 1843. S. 472.

1844.

137. (XIX.) C. Handbuch der Physiologie u. s. w. Bd. I. Vierte Auflage. Lief. III. Bogen 27—47. Coblenz u. s. w. 1844.

165. Zusätze zu zoologischen Mittheilungen von Hrn. Peters über einige neue Fische und Amphibien aus Angola und Mossambique. Monatsberichte u. s. w. 8. Februar 1844. S. 31—37.

166. Ueber den Bau und die Grenzen der Ganoiden und über das natürliche System der Fische. (Gelesen am 12. December 1844.) Physikalische Abhandlungen u. s. w. 1844 (1846.) S. 117—216. 6 Kpfr.

167. Ueber den Bau und die Grenzen der Ganoiden und über das natürliche System der Fische. Monatsberichte u. s. w. 1844. S. 416—422.

168. Ueber den Bau und die Grenzen der Ganoiden, und über das natürliche System der Fische. (Gelesen in der Königl. Akademie der Wissenschaften zu Berlin am 12. Dec. 1844.) Wiegmann's (Erichson's) Archiv u. s. w. 11. Jahrgang. Bd. I. 1845. S. 91—141.

169. Bericht über die Fortschritte der vergleichenden Anatomie der Wirbelthiere im Jahre 1843. Archiv u. s. w. 1844. S. 50—67.
170. Synopsis generum et specierum familiae Characinorum. (Prodromus descriptionis novorum generum et specierum) Auctoribus J. Müller et F. H. Troschel. Wiegmann's (Erichson's) Archiv u. s. w. 10. Jahrgang. Bd I. 1844. S. 81—99.
171. Ueber einen neuen Wurm Sipunculus (Phascolosoma) scutatus. Wiegmann's (Erichson's) Archiv u. s. w. 10. Jahrgang. Bd. I. 1844. S. 166—168. 1 Kpfr. u. Tb.
172. Beschreibung neuer Asteriden. Von J. Müller und F. H. Troschel. Wiegmann's (Erichson's) Archiv u. s. w. 10. Jahrgang. Bd. I. 1844. S. 178—185.
173. Brief über den Blödsinn an den Geheimerath und General-Inspector des Taubstummen-Bildungs-Wesens Saegert, vom 20. März 1844. Abgedruckt in: Die Heil- und Bildungs-Anstalt für Blödsinnige zu Berlin u. s. w. Bericht über deren Gründung und Entwickelung u. s. w. Herausgegeben von Dr. Heyer. Berlin 1858. 4°. S. 6—7.

1845.

174. (XXII.) A. Horae ichthyologicae. Beschreibung und Abbildung neuer Fische. Von Dr. Johannes Müller und Dr. Franz Hermann Troschel. Erstes und zweites Heft. 4°. Mit 11 Kupfertafeln. Berlin bei Veit und Comp. 1845. 40 S.
175. Nachtrag zu der Abhandlung über den Bau der Ganoiden. Monatsberichte u. s. w. 13. Februar 1845. S. 33—35.
176. Ueber die bisher unbekannten typischen Verschiedenheiten der Stimmorgane der Passerinen. Monatsberichte u. s. w. 26. Juni 1845. S. 207—221.
177. Ueber die bisher unbekannten typischen Verschiedenheiten der Stimmorgane der Passerinen. Auszug aus dem Monatsbericht der Königl Akademie der Wissenschaften zu Berlin, Juni 1845. Archiv u. s. w. 1846. S. 314—332.
178. Caractères tirés de la structure du larynx pour la classification des passereaux. (Dankschreiben Müller's an die Académie des Sciences für seine Ernennung zum Correspondenten) Comptes rendus etc. 6 Octobre 1845. t. XXI. p. 821.
179. Jahresbericht über die Fortschritte der vergleichenden Anatomie der Wirbelthiere. 1844. Archiv u. s. w. 1845. S. 195—212.
180. Physiologische Bemerkungen über die Statik der Fische. Auszug aus dem letzten Theil der vergleichenden Anatomie der Myxinoiden. Archiv u. s. w. 1845. S. 456—464.
181. Ueber die Wimperbewegung in den Harnkanälchen der Rochen und den Kiemen der Ascidien. Anmerkung zu: „Kölliker, Ueber Flimmerbewegungen in den Primordialnieren". Archiv u. s. w. 1845. S. 520.

1846.

182. Fernere Bemerkungen über den Bau der Ganoiden. Monatsberichte u. s. w. 12. März 1846. S. 67—86.
183. Fernere Bemerkungen über den Bau der Ganoiden. (Gelesen in der Königl. Akademie der Wissenschaften zu Berlin am 12. März 1846.) Wiegmann's (Erichson's) Archiv u. s. w. 12. Jahrgang. Bd. I. 1846. S. 190—208.

184. Ueber die bisher unbekannten typischen Verschiedenheiten der Stimmorgane der Passerinen. (Gelesen am 26. Juni 1845 und 14. Mai 1846.) Physikalische Abhandlungen u. s. w. 1845. (1847.) S. 321—391. 6 Kpfr.

185. Nachtrag dazu S. 403—406.

186. Nachtrag zur Abhandlung über die Stimmorgane der Singvögel. Monatsberichte u. s. w. 14. Mai 1846. S. 148—149.

187. Nachtrag zu der Abhandlung über die Stimmorgane der Passerinen. Archiv u. s. w. 1847. S. 397—399.

188. Ueber die Gattung Comatula LAM. und ihre Arten. (Gelesen am 13. Mai 1841 und 8. Juni 1846.) Physikalische Abhandlungen u. s. w. 1847. (1849.) S. 237—265.

189. Nachtrag zur Abhandlung über die Comatulen. Monatsberichte u. s. w. 8. Juni 1846. S. 177—179.

190. Bemerkung über die Fufsknochen des fossilen Gürtelthiers, Glyptodon clavipes Ow. (Gelesen am 8. Juni 1846.) Physikalische Abhandlungen u. s. w. 1847. (1849.) S. 266—267. 2 Kpfr.

191. Bemerkungen zu dem Hinterfufs des gigantischen fossilen Gürtelthiers der Banda oriental. Monatsberichte u. s. w. 8. Juni 1846. S. 179—181.

192. Bericht über einige neue Thierformen der Nordsee. Archiv u. s. w. 1846. S. 101—110. 2 Kpfr. [Erste Beschreibung des Pluteus.]

193. (I.) Ueber die Larven und die Metamorphose der Ophiuren und Seeigel. (Gelesen am 29. October 1846.) Physikalische Abhandlungen u. s. w. 1846. (1848.) S. 273—312. 7 Kpfr.

194. Ueber die Larvenzustände und die Metamorphose der Ophiuren und Seeigel. Monatsberichte u. s. w. 29. October 1846. S. 294—310.

1847.

195. Fortsetzung des Berichts über einige neue Thierformen der Nordsee. Archiv u. s. w. 1847. S. 156—179. 1 Kpfr. u. Th.

196. Untersuchungen über den Hydrarchus. Monatsberichte u. s. w. 12. April 1847. S. 103—114.

197. Ueber den Bau des Schädels des Zeuglodon cetoides Ow. Monatsberichte u. s. w. 20. Mai 1847. S. 160.

198. Ueber die Wirbelsäule des Zeuglodon cetoides. Monatsberichte u. s. w. 14. Juni 1847. S. 186—200.

199. Ueber die von Hrn. KOCH in Alabama gesammelten fossilen Knochenreste seines Hydrarchus. Gelesen in der Königl. Akademie der Wissenschaften zu Berlin am 12. April, 20. Mai und 14. Juni 1847. (Aus den Monatsberichten der Akademie.) Archiv u. s. w. 1847. S. 362—396.

1848.

200. (II.) Ueber die Larven und die Metamorphose der Echinodermen. (Zweite Abhandlung.) (Gelesen am 27. Juli 1848.) Physikalische Abhandlungen u. s. w. 1848. (1850.) S. 75—109. 6 Kpfr. (Mit Zusätzen von 1849.)

201. Ueber die Metamorphose der Echinodermen. Monatsberichte u. s. w. 27. Juli 1848. S. 294.

202. Bemerkungen über die Metamorphose der Seeigel. Archiv u. s. w. 1848. S. 113 — 131.

203. Anmerkung zu: „Stannius, Versuche über die Function der Zungennerven". Archiv u. s. w. 1848. S. 138.

204. Dr. A. Th. v. Middendorff's Reise in den äussersten Norden und Osten Sibiriens. Bd. I. St. Petersburg 1848. 4°. Fossile Fische. Bearbeitet von Johannes Müller. S. 261 — 263. 1 Kpfr.

[Einzeln abgedruckt unter dem Titel: Fossile Fische. Gesammelt während Middendorff's Sibirischer Reise. Bearbeitet von Johannes Müller. (Aus Middendorff's Sibirischer Reise Bd. I. Th. I.)]

1849.

205. (XXIII) Ueber die fossilen Reste der Zeuglodonten von Nordamerica mit Rücksicht auf die europäischen Reste aus dieser Familie. Berlin bei Reimer. 1849. Fol. 37 S. 27 Steindrucktafeln.

174. (XXII.) B. Horae ichthyologicae. Beschreibung und Abbildung neuer Fische. Von Dr. Johannes Müller und Dr. Franz Hermann Troschel. Drittes Heft. Mit 5 Kupfertafeln. Berlin. Verlag von Veit und Comp. 1849. Fol. 26 S.

206. Anmerkung zu: „Hermann Jordan, Ergänzende Beobachtungen zu der Abhandlung von Goldfuss über die Gattung Archegosaurus". Verhandlungen des naturhistorischen Vereins der preussischen Rheinlande und Westphalens. Herausgegeben von Budge. Bonn 1849. Jahrgang VI. S. 81.

207. Ueber die Bipinnarien und die Metamorphose der Asterien. Archiv u. s. w. 1849. S. 84 — 112.

208. Ueber die Larven und die Metamorphose der Holothurien. Monatsberichte u. s. w. 15. November 1849. S. 301 — 331.

209. Ueber die Larven und die Metamorphose der Holothurien. (Gelesen in der Königl. Akademie der Wissenschaften zu Berlin am 15. November 1849.) Archiv u. s. w. 1849. S. 364 — 399.

1850.

210. (III.) Ueber die Larven und die Metamorphose der Holothurien und Asterien. (Gelesen am 15. November 1849 und 18. April 1850. Physikalische Abhandlungen u. s. w. 1849. (1851.) S. 35 — 72. 7 Kpfr.

211. Fortsetzung der Untersuchungen über die Metamorphose der Echinodermen. Monatsberichte u. s. w. 18. April 1850. S. 140 — 141.

212. Anatomische Studien über die Echinodermen. Archiv u. s. w. 1850. S. 117 — 185.

213. Berichtigung und Nachtrag zu den anatomischen Studien über die Echinodermen. Archiv u. s. w. 1850. S. 225 — 233.

214. Fortsetzung der Untersuchungen über die Metamorphose der Echinodermen. Monatsberichte u. s. w. 7. November 1850. S. 403 — 425.

215. Fortsetzung der Untersuchungen über die Metamorphose der Echinodermen. Gelesen in der Königl. Akademie der Wissenschaften zu Berlin am 7. November 1850. Archiv u. s. w. 1850. S. 452—478.
216. Ueber eine eigenthümliche Wurmlarve, aus der Classe der Turbellarien und aus der Familie der Planarien. Archiv u. s. w. 1850. S. 485—500. 2 Kpfr.
217. Ergebnisse der Revision einer Reihe fossiler Fischgattungen. Zeitschrift der Deutschen geologischen Gesellschaft. Berlin 1850. Bd. II. S. 68.

1851.

218. (V.) Ueber die Ophiurenlarven des Adriatischen Meeres. (Gelesen am 16. Januar 1851.) Physikalische Abhandlungen u. s. w. 1851. (1852.) S. 33—61. 8 Kpfr.
219. Ueber die Ophiurenlarven des Adriatischen Meeres. Gelesen in der Königl. Akademie der Wissenschaften zu Berlin am 16. Januar 1851. Archiv u. s. w. 1851. S. 1—20.
220. Nachtrag zu den Untersuchungen über die Entwickelung und Metamorphose der Echinodermen. Monatsberichte u. s. w. 28. April 1851. S. 233—236.
221. Neue Beiträge zur Kenntniss der Zeuglodonten. Monatsberichte u. s. w. 28. April 1851. S. 236—246.
222. Ueber die Jugendzustände einiger Seethiere. Monatsberichte u. s. w. 29. Juli 1851. S. 468—474.
223. Ueber die Erzeugung von Schnecken in Holothurien. Monatsberichte u. s. w. 23. October 1851. S. 628—648.
224. (IV.) Fortsetzung der Untersuchungen über die Metamorphose der Echinodermen. Vierte Abhandlung. (Gelesen am 7. November 1850, 28. April und 10. November 1851.) Physikalische Abhandlungen u. s. w. 1850. (1852.) S. 37—86. 9 Kpfr.
225. Nachtrag zu den Untersuchungen über die Entwickelung und Metamorphose der Echinodermen. Monatsberichte u. s. w. 10. November 1851. S. 677—679.
226. Nachtrag zur Abhandlung über die Erzeugung von Schnecken in Holothurien. Monatsberichte u. s. w. 13. November 1851. S. 679—680.
227. Anmerkung zu: „AGASSIZ, Ueber die Entwickelung eines Seesterns". Archiv u. s. w. 1851. S. 125.
228. Ueber eine eigenthümliche Meduse des Mittelmeers und ihren Jugendzustand. Archiv u. s. w. 1851. S. 272—277. 1 Kpfr.
229. Bemerkungen über einige Echinodermenlarven. Archiv u. s. w. 1851. S. 353—357.

1852.

230. Ueber die Erzeugung von Schnecken in Holothurien. Archiv u. s. w. 1852. S. 1—36.
231. Observations sur la production d'animaux à coquille spirale dans le corps des Synaptes. Comptes rendus etc. 12 Janvier 1852. t. XXXIV. p. 34—35.
232. Modell der Schale der Synapta-Schnecke. Monatsberichte u. s. w. 22. April 1852. S. 206—207.

233. (XXIV.) Ueber Synapta digitata und über die Erzeugung von Schnecken in Holothurien. Berlin bei Reimer 1852. 4°. IV und 36 S. Mit 10 Kupfertafeln.
234. Ueber die Entwicklungsformen einiger niederen Thiere. Monatsberichte u. s. w. 25. October 1852. S. 595—606.
235. (VI.) Ueber den allgemeinen Plan in der Entwickelung der Echinodermen. (Gelesen am 19. Februar und 28. October 1852.) Physikalische Abhandlungen u. s. w. 1852. (1853.) S. 25—65. 8 Kpfr.
236. Anmerkung zu: „Gottsche, Beitrag zur Anatomie und Physiologie des Auges der Krebse und Fliegen". Archiv u. s. w. 1852. S. 492.
237. Anmerkung zu: „Fr. Leydig, Anatomische Notizen über Synapta digitata". Archiv u. s. w. 1852. S. 519—520.

1853.

238. Ueber die Semitae der Spatangoiden. Archiv u. s. w. 1853. S. 1—2.
239. Bericht über ein neu entdecktes Cetaceum aus Radoboy, Delphinopsis Freyeri. Sitzungsberichte der mathematisch-naturwissenschaftlichen Classe der Kaiserlichen Akademie der Wissenschaften zu Wien. 20. Jänner 1853. Bd. X. S. 84—88.
240. (VIII.) Ueber den Bau der Echinodermen. (Gelesen am 26. Mai, 9. Juni und 18. Juli 1853.) Physikalische Abhandlungen u. s. w. 1853. (1854.) S. 123—219. 9 Kpfr.
241. Ueber den Bau der Echinodermen. Gelesen in der Königl. Akademie der Wissenschaften zu Berlin, am 26. Mai 1853. Archiv u. s. w. 1853. S. 175—240. [Fortsetzung von No. 212.]
242. (VII.) Ueber die Gattungen der Seeigellarven. Siebente Abhandlung über die Metamorphose der Echinodermen. (Gelesen am 17. November 1853.) Physikalische Abhandlungen u. s. w. 1854. (1855.) S. 1—55. 8 Kpfr.

[Am Schluss die „Alphabetische Nachweisung zu den (VII) Abhandlungen über Echinodermenlarven".]

243. Ueber die Gattungen der Seeigellarven. Gelesen in der Königl. Akademie der Wissenschaften zu Berlin am 17. November 1853. Archiv u. s. w. 1853. S. 472—496.
244. Anmerkung zu: „Krohn, Ueber die Larve von Spatangus purpureus". Archiv u. s. w. 1853. S. 258—259.

1854.

245. Ueber den Canal in den Eiern der Holothurien. Archiv u. s. w. 1854. S. 60—68.
246. Ueber verschiedene Formen von Seethieren. (Gelesen in der Königl. Akademie der Wissenschaften zu Berlin am 12. Januar 1854.) Archiv u. s. w. 1854. S. 69—98. 3 Kpfr.
247. Ueber zahlreiche Porenkanäle in der Eikapsel der Fische. Monatsberichte u. s. w. 16. März 1854. S. 161—168.
248. Ueber zahlreiche Porenkanäle in der Eikapsel der Fische. (Gelesen in der Königl. Akademie der Wissenschaften zu Berlin am 16. März 1854.) Archiv u. s. w. 1854. S. 186—190. 1 Kpfr. z. Th.

249. Nachtrag zu der Vergleichung der Larven der Echinodermen, zunächst der verschiedenen Formen der Asterien-Larven. Monatsberichte u. s. w. 16. März 1854. S. 168 — 169.

250. Fortsetzung der Beobachtungen über die Entwickelung der Echinodermen. Monatsberichte u. s. w. 2. November 1854. S. 589 — 593.

251. Anmerkung zu „Remak, Ueber Eihüllen und Spermatozoen". Müller's Archiv u. s. w. 1854. S. 256.

1855.

252. Dankschreiben Müller's an die Académie des Sciences für den ihm verliehenen Prix Cuvier. Comptes rendus etc. 29 Janvier 1855. t. XL. p. 238.

253. Nachtrag zur Abhandlung über ein neu entdecktes fossiles Cetaceum aus Radoboy. Sitzungsberichte u. s. w. 15. Februar 1855. Bd. XV. S. 345. 1 Kpfr.

254. Fortsetzung der Beobachtungen über die Metamorphose der Echinodermen. Archiv u. s. w. 1855. S. 67 — 89.

255. Ueber Sphaerozoum und Thalassicolla. Monatsberichte u. s. w. 19. April 1855. S. 229 — 253.

256. Ueber die im Hafen von Messina beobachteten Polycystinen. Monatsberichte u. s. w. 5. November 1855. S. 671 — 676.

1856.

257. Ueber die Fische, welche Töne von sich geben und die Entstehung dieser Töne. (Nach einem in der Akademie der Wissenschaften zu Berlin am 10. Januar 1856 gehaltenen Vortrag). Archiv u. s. w. 1857. S. 249 — 279.

258. Ueber neue Echinodermen des Eifeler Kalkes. (Gelesen am 16. und 19. Juni 1856.) Physikalische Abhandlungen u. s. w. 1856. (1857.) S. 243 — 268. 4 Kpfr.

259. Ueber neue Crinoiden aus dem Eifeler Kalk. Monatsberichte u. s. w. 16. Juni 1856. S. 353 — 356.

260. Ueber ein Echinoderm mit schuppenförmigen Tafeln und Echinidstacheln im Eifeler Kalk. Monatsberichte u. s. w. 19. Juni 1856. S. 356 — 361.

261. Einige Beobachtungen an Infusorien. Monatsberichte u. s. w. 10. Juli 1856. S. 389 — 393.

262. Die Thalassicollen, Polycystinen und Acanthometren des Mittelmeeres. Monatsberichte u. s. w. 13. November 1856. S. 474 — 503.

1857.

263. Bemerkungen aus der Entwickelungsgeschichte der Pteropoden. Monatsberichte u. s. w. 19. März 1857. S. 180 — 204.

1858.

264. Geschichtliche und kritische Bemerkungen über Zoophyten und Strahlthiere. Archiv u. s. w. 1858. S. 90 — 103.

265. Ueber die Thalassicollen, Polycystinen und Acanthometren des Mittelmeeres. (Gelesen am 13. November und 11. Februar 1858.) Physikalische Abhandlungen u. s. w. 1858. (1859.) S. 1—62. 11 Kpfr.

266. Ueber einige neue bei St. Tropez am Mittelmeer beobachtete Polycystinen und Acanthometren. Monatsberichte u. s. w. 11. Februar 1858. S. 154—155.

267. Ueber einige Echinodermen der Rheinischen Grauwacke und des Eifeler Kalkes. Monatsberichte u. s. w. 1. März 1858. S. 185—198.

Anmerkungen.

---

[1] (S. 26.) Recueil des Éloges historiques etc. Première Série. Paris 1856. p. 107.*

[2] (S. 29.) A. a. O. S. 45.*

[3] (S. 30.) De Phoronomia Animalium. Dissertatio inauguralis etc. Bonnae 1822. 4°. p. 42.*

[4] (S. 30.) Ibidem.

[5] (S. 31.) „Gegen Spinnen hatte er die gröſste Abneigung. Als er einmal durch das Thor „in's Gymnasium gehen wollte, hing eine Spinne, eine recht groſse, mitten im Eingange, „und veranlaſste ihn, mich, der schon drinnen in nicht groſser Entfernung war, zu Hülfe zu „rufen; als ich ihm das Unthier beseitigt hatte, wurde er bald von seinen Mitschülern dieser „kuriosen Abneigung wegen vielfach aufgezogen und mit Spinnen geneckt." Handschriftliche Mittheilung von Hrn. Director Seul. — In dem auch im Handbuch der Physiologie u. s. w. Bd. I. 3. Aufl. S. 648* abgedruckten Artikel „Thierische Electricität" aus dem Encyclopädischen Wörterbuche der medicinischen Wissenschaften u. s. w. Bd. X. 1834. S. 546*, scheint Müller, bei Gelegenheit der Geschichte Cotugno's mit der Maus (S. meine Untersuchungen über thierische Elektricität. Bd. I. 1848. S. 40), auf diesen Widerwillen anzuspielen. Man vergleiche auch seine naturgeschichtliche Schilderung der Spinne in Oken's Isis. Jahrgang 1828. Bd. XXI. S. 711*.

[6] (S. 32.) Hr. Ober- und Studien-Director a. D. Peter Seul zu Urfeld bei Bonn.

[7] (S. 33.) „Als Student machte er mit mehreren einen Ritt von Bonn an die Ahr, hier „fand er, als er *de respiratione foetus* schreiben wollte, eine trächtige Katze. Sie sollte und „muſste zu Pferde mit nach Bonn genommen werden, alle scheinbaren Hindernisse wurden „beseitigt, in einem Sacke band er sie hinter seinem Sattel fest und allen Mienen ungeach- „tet wurde sie in allen Reitarten, Schritt, Trab, Galopp mitgeschleppt; in Bonn angekom- „men war sie wie wüthend und biſs ihn sehr bösartig in die Hand, so daſs er fürchtete „wasserscheu zu werden; alles half nichts und wehrte nicht, sie wurde zu seinem Zwecke „lebend zerlegt." Handschriftliche Mittheilung von Hrn. Director Seul.

[8] (S. 33.) Auf dem Titel der Dissertation steht der 9., über den Thesen defendendae der 14. December als der Tag der Promotion angegeben. Das letztere Datum ist das richtige.

[9] (S. 33.) Isis von Oken. 1822. Bd. I. Heft I. S. 61*.

[10] (S. 34.) In dem Handbuch der Physiologie u. s. w. Bd. I. 3. Aufl. S. 314. und Bd. II. S. 131*, theilt Müller zwar Einiges von dem thatsächlichen Inhalt jener Schriften mit, jedoch ohne deren Titel anzuführen.

[11] (S. 34.) Isis von Oken. 1823. Bd. II. Hft. IV. S. 967*.

[12] (S. 36.) Gedächtniſsrede auf Carl Asmund Rudolphi. In den Abhandlungen der Königl. Akademie der Wissenschaften zu Berlin. Aus dem Jahre 1835. Berlin 1837. S. XXIII.*

[13] (S. 36.) I. F. Meckel's Archiv für Anatomie und Physiologie. 1828. S. 23*.

[14] (S. 36.) De Glandularum secernentium Structura penitiori etc. Lipsiae 1830. Fol. p. 3. 24.*

[15] (S. 37.) Zur vergleichenden Physiologie des Gesichtssinnes u. s. w. Leipzig 1826. S. 121*.

[16] (S. 37.) Meckel's Archiv u. s. w. 1832. S. 69*.

[17] (S. 37.) Meckel's Archiv u. s. w. 1828. S. 33*.

[18] (S. 37.) Schreiben an v. Altenstein vom 20. Mai 1824. — Ungedrucktes Curriculum vitae. „Iam vero nunc (Winter 1823-24) Ill. Hegel philosophiam naturae me docet."

[19] (S. 37.) „Dico dunque, che la tavola come tavola non è animata, nè la veste come
„veste, nè il cuoio come cuoio, nè il vetro come vetro, ma come cose naturali e composte
„hanno in se la materia e la forma: sia pur cosa quanto piccola, e minima si voglia, hà in
„se parte di sustanza spirituale, la quale, se trova il soggetto disposto, si stende ad esser
„pianta, ad esser animale, et riceve membri di qualsivoglia corpo, che comunemente si dice
„animato: perche spirto si trova in tutte le cose, et non è minimo corpuscolo, che non con-
„tegna cotal portione in se, che non inanimi." Giordano Bruno Nolano. De la Causa, Principio et Uno. Stampato in Venetia Anno 1584. 8°. Dialogo secondo p. 48*.

[20] (S. 37.) A. a. O. S. 513*.

[21] (S. 38.) Gedächtnissrede auf C. A. Rudolphi u. s. w. S. XXVIII*.

[22] (S. 38.) Gedächtnissrede u. s. w. S. XXXI*.

[23] (S. 39.) Verhandlungen der Kaiserl. Leopoldinisch-Carolinischen Akademie der Naturforscher. Bd. IV. Abth. II. Bonn 1825. p. VII.*

[24] (S. 39.) Handbuch der Physiologie u. s. w. Bd. II. Abth. I. 1838. S. 300.*

[25] (S. 40.) A. a. O. S. 13.*

[26] (S. 40.) A. a. O. S. 20;* — S. auch Vorrede S. XIX.*

[27] (S. 40.) Mémoire sur l'usage de l'Épiglotte dans la déglutition … suivi … d'un Mémoire sur les Images qui se forment au fond de l'oeil. Paris 1813. 8.*

[28] (S. 40.) A. a. O. Vorrede. S. XIV.*

[29] (S. 40.) Ueber die phantastischen Gesichtserscheinungen u. s. w. S. 7.* Magendie's Beobachtung steht im Journal de Physiologie expérimentale. 1824. t. IV. p. 180, Note. 310 et suiv.*

[30] (S. 40.) Vergl. R. Haym, Hegel und seine Zeit. Berlin 1857. S. 133 ff.*

[31] (S. 41.) Gruel in Poggendorff's Annalen u. s. w. 1844. Bd. LXI. S. 220.* — Gottsche in Müller's Archiv u. s. w. 1852. S. 483.* — Leydig ebenda. 1855. S. 443*; — Lehrbuch der Histologie u. s. w. Frankfurt a. M. 1857. S. 238. 239.* — Helmholtz, Physiologische Optik. (In Karsten's Allgemeiner Encyklopaedie der Physik. 1. Lief. 1856.) S. 3.*

[32] (S. 42.) Ueber die phantastischen Gesichtserscheinungen u. s. w. S. 69.*

[33] (S. 43.) Ueber „Das Sehen in subjectiver Hinsicht, von Purkinje. 1819." 1821. In „Zur Naturwissenschaft im Allgemeinen". Goethe's sämmtliche Werke in dreissig Bänden. Stuttgart und Tübingen 1851. Bd. XXX. S. 333. 334.*

[34] (S. 43.) Handbuch der Physiologie u. s. w. Bd. II. Abth. 3. Coblenz 1840. S. 567.*

[35] (S. 44.) Briefliche Mittheilung von Hrn. Prof. Schwann in Lüttich.

[36] (S. 45.) Gedächtnissrede u. s. w. S. XXIII.*

[37] (S. 46.) Zur Naturwissenschaft im Allgemeinen. A. a. O. S. 327.*

[38] (S. 46.) Artikel: „Thierische Elektricität" im Encyclopädischen Wörterbuche der medicinischen Wissenschaften u. s. w. Bd. X. 1834. S. 546;* — Handbuch der Physiologie u. s. w. Bd. I. 3. Aufl. S. 648.*

[39] (S. 46.) Ich lasse hier aus den beim Ministerium der Geistlichen, Unterrichts- und Medicinal-Angelegenheiten aufbewahrten Personal-Acten MÜLLER's, die mir durch die Gnade Sr. Excellenz des Hrn. Ministers VON BETHMANN-HOLLWEG zum Zweck von Studien für die Biographie des Verstorbenen mitgetheilt worden sind, diesen Bericht wörtlich und vollständig folgen.

I.

(Gutachten des Geheimenraths v. WALTHER über den Gesundheitszustand des Professor MÜLLER.)

Hochgeborner Freiherr,
Gnädiger hochgebietender Herr Minister!

Der Herr Professor WINDISCHMANN hat mir im Auftrage des Herrn Geheimen Ober-Regierungsraths SCHULZE die Mittheilung gemacht, dafs Eure Excellenz von mir ein Gutachten über den Gesundheitszustand des Hrn. Professor MÜLLER und Vorschläge über die Mittel zu seiner Wiederherstellung zu erhalten wünschen. Diesem hohen Auftrage beeile ich mich im folgenden zu entsprechen.

Professor MÜLLER leidet schon seit 3½ Monaten an einer eigenen Art von Hypochondrie, welche ich schon mehrere Male bei jungen Gelehrten im Anfange ihrer mit Erfolg begonnenen literarischen Laufbahn zu beobachten Gelegenheit hatte. Da in diesen von mir früher beobachteten Fällen insgesammt zuletzt immer, obgleich sehr langsam, wieder vollständige Genesung eintrat, so zweifle ich keineswegs, dafs auch Professor MÜLLER sich wieder ganz erholen, und zu seinen Berufsarbeiten die vorige ausgezeichnete Tüchtigkeit erlangen werde, um so mehr, als sein Zustand sich wirklich schon bedeutend gebessert hat.

Früher behauptete er zu allen etwas anstrengenden körperlichen Bewegungen unfähig zu sein; er glaubte an einer Krankheit des Rückenmarkes zu leiden, welche mit gänzlicher Lähmung der Beine, ja mit dem Tode endigen würde. Diese vermeintliche Unfähigkeit zum Gehen bestimmte ihn auch, gegen meinen oft wiederholten Rath, seine bereits begonnenen Vorlesungen wieder aufzugeben. — Gegenwärtig geht er wieder aus, und reitet zuweilen spazieren.

Den günstigsten Erfolg in seinem jetzigen Zustande könnte man sich von einer Reise versprechen, mit welcher er zugleich wissenschaftliche Zwecke verbinden könnte. Eine Reise nach Paris dürfte in jeder Beziehung am angemessensten sein. Da er sich aber nicht entschliefsen wird, ohne die Begleitung seiner Gemahlin zu reisen, so dürfte diese Reise zu grofsen Kostenaufwand verursachen. Bei einer Reise nach Holland wäre dies nicht der Fall, und sie würde wohl denselben Dienst leisten.

In tiefster Verehrung verharre ich

Bonn, 26. Julius 1827.

Eurer Excellenz unterthänigster
v. WALTHER,
Geheimer Medicinalrath u. Prof. p. ord.

II.

(Ministerial-Rescript an Geheimerath v. WALTHER, vom 14. August 1827.)

Auf Ew. Hochwohlgeboren Bericht vom 26. v. M. hat das Ministerium dem Prof. Dr. MÜLLER behufs einer zur Herstellung seiner Gesundheit zu unternehmenden Reise den erforderlichen Urlaub und eine außerordentliche Unterstützung von 200 Thalern bewilligt, und ihn hiervon mittelst des beigeschlossenen versiegelten Schreibens in Kenntniß gesetzt. Das Ministerium fordert Ew. Hochwohlgeboren auf, dieses Schreiben dem p. MÜLLER auf die Ihnen zweckdienlich scheinende Weise einzuhändigen. Auch wird es dem Ministerium erwünscht sein, durch Ew. Hochwohlgeboren gefällige Mittheilung weitere Nachrichten über den gegenwärtigen Krankheitszustand des p. MÜLLER baldigst zu erhalten, da sich seit einigen Tagen das unglückliche Gerücht verbreitet hat, daß die Krankheit des p. MÜLLER zur wirklichen Tobsucht übergegangen sei.

III.

(Zweites Gutachten des Geheimeraths v. WALTHER über den Gesundheitszustand des Professor MÜLLER.)

Hochgeborner Freiherr,
Gnädiger hochgebietender Herr Minister!

Euer Excellenz beehre ich mich den Empfang des an mich erlassenen hohen Rescriptes vom 14. August unterthänigst anzuzeigen. Die Einlage habe ich sogleich dem Herrn Professor Dr. MÜLLER zugestellt. Dieser wird nicht ermangeln, Euer Excellenz seinen unterthänigsten Dank für die ihm zu Theil gewordene hohe Gnade zu erstatten.

Die Gesundheit desselben ist gegenwärtig fast gänzlich wiederhergestellt und sie bedarf nur noch mehrerer Befestigung. Die in meinem gehorsamsten Berichte vom 26. Julius ausgedrückten Hoffnungen sind auf die erfreulichste Weise in Erfüllung gegangen.

Das in Berlin verbreitete Gerücht, daß die Krankheit desselben in wirkliche Tobsucht übergegangen sei, ist völlig grundlos. Niemals hatte diese, auch zur Zeit, wo sie am heftigsten war, einen andern Charakter als jenen einer etwas eigenthümlich modificirten Hypochondrie: und niemals haben die Verstandeskräfte dieses hoffnungsvollen jungen Gelehrten während ihres Verlaufes auch nur im geringsten Grade irgend eine Störung oder Beschränkung erlitten.

Ich verharre in schuldigster Verehrung

Bonn, 22. August 1827. Ew. Excellenz unterthänigst gehorsamster
v. WALTHER.

40 (S. 47.) Jahresbericht über die Fortschritte der anatomisch-physiologischen Wissenschaften im Jahre 1833. MÜLLER's Archiv für Anatomie, Physiologie u. s. w. 1834. S. 4.*

41 (S. 48.) Jahresbericht über 1834. Archiv u. s. w. 1835. S. 83.*

42 (S. 49.) De Membrana pupillari aliisque Oculi Membranis pellucentibus. Bonnae 1832. 4°.* — MECKEL's Archiv u. s. w. 1832. S. 262.* — FRORIEP's Notizen. Bd. XXXV. Januar 1833. No. 769. S. 328.*

43 (S. 50.) Versuche über das Leben und seine Grundkräfte auf dem Wege der Experimental-Physiologie. Magdeburg 1817. S. 33 ff.*

[44] (S. 50.) Handbuch der Physiologie u. s. w. 1. Aufl. Bd. I. 2. Abth. 1834. Vorrede S. VII*; — Bd. II. 2. Abth. 1840. S. 527.* — Rede zur Feier des 42. Stiftungstages des Königl. medicinisch-chirurgischen Friedrich-Wilhelms-Instituts, am 2. August 1836. Berlin. S. 4.*

[45] (S. 51.) In der Unterhaltung mit SCHILLER über die Metamorphose der Pflanzen, welche der Anlass zur näheren Verbindung der beiden Dichter wurde. Annalen oder Tag- und Jahreshefte von 1791 bis 1822. GOETHE's sämmtliche Werke in dreißig Bänden. Stuttgart und Tübingen 1851. Bd. XXI. S. 28.*

[46] (S. 51.) MÜLLER's Archiv u. s. w. 1856. S. 125.*

[47] (S. 53.) MECKEL's Archiv u. s. w. 1827. S. 274.*

[48] (S. 53.) L'agent immédiat du Mouvement vital etc. Paris 1826. p. 216.*

[49] (S. 53.) Elementa Physiologiae Corporis humani. t. II. Lausannae 1760. 4°. Lib. VII. Secretio. sect. II. Cols. p. 374 sqq.*

[50] (S. 53.) MECKEL's Archiv u. s. w. A. a. O. S. 289.*

[51] (S. 54.) De Glandularum secernentium Structura penitiori etc. p. 3. 24. 25*; — MECKEL's Archiv u. s. w. 1830. S. 59.*

[52] (S. 54.) Annales de Chimie et de Physique. Novembre 1832. t. LI. p. 315. 316.*

[53] (S. 54.) Leçons sur les Effets des Substances toxiques et médicamenteuses. Paris 1857. p. 24 et suiv.*

[54] (S. 54.) Traité de Physiologie. t. II. Paris 1850. Deuxième Partie. p. 4 et suiv.* — Man vergleiche auch FLOURENS, Éloge historique de FRANÇOIS MAGENDIE etc. Paris 1858. p. 61 et suiv.* — Auf diese Schwankungen hat Hr. ESCHRICHT bei dem in seinem Werke: Das physische Leben in populären Vorträgen. Berlin 1852. S. 256* gefällten Urtheile vielleicht nicht hinlänglich Bedacht genommen.

[55] (S. 55.) Gedächtnissrede auf C. A. RUDOLPHI u. s. w. S. XXXII.*

[56] (S. 55.) Zur vergleichenden Physiologie des Gesichtssinnes u. s. w. S. 69. Anm.;* — Handbuch der Physiologie u. s. w. Bd. I. 3. Aufl. S. 650.*

[57] (S. 56.) MECKEL's Archiv u. s. w. 1832. S. 70. 71. Anm.*; — Handbuch der Physiologie u. s. w. Bd. I. 3. Aufl. S. 656.*

[58] (S. 56.) CLAUDE BERNARD, Leçons sur la Physiologie et la Pathologie du Système nerveux. Paris 1858. t. I. p. 26.*

[59] (S. 57.) The Works of WILLIAM HEWSON. Edited with an Introduction and Notes by GEORGE GULLIVER. London. Printed for the SYDENHAM Society. 1846.*

[60] (S. 57.) Précis élémentaire de Physiologie. Paris 1817. t. II. p. 305.* „Je crois „aussi que l'on a souvent décrit et dessiné dans les ouvrages des bulles d'air pour des globu-„les de sang; rien du moins ne ressemble davantage à certaines figures d'HEWSON, par exem-„ple, que de très-petites bulles d'air qu'on produit en agitant légèrement le liquide soumis „au microscope."

[61] (S. 57.) EVERARD HOME, Philosophical Transactions etc. For the Year 1818. P. I. p. 172.* — 1820. P. I. p. 1.*

[62] (S. 57.) Bibliothèque universelle etc. Juillet 1821. t. XVII. p. 215*; — MECKEL's Deutsches Archiv für die Physiologie. Bd. VIII. 1823. S. 302.*

[63] (S. 57.) F. HILDEBRANDT's Handbuch der Anatomie des Menschen. 4. Ausgabe, besorgt von E. H. WEBER. Bd. I. Braunschweig 1830. S. 147*; — Stuttgart 1833. S. 161.*

[64] (S. 58.) Ueber die Hewson'schen Untersuchungen der Blutbläschen und der plastischen Lymphe des Bluts, durch die kürzlichen Beobachtungen des Herrn Professor Müller über denselben Gegenstand veranlaßte Bemerkungen. Leipzig 1833. S. 34.*

[65] (S. 59.) Handbuch der Physiologie u. s. w. Bd. I. Abth. II. Coblenz 1834. Vorrede S. VIII;* — Archiv u. s. w. 1834. S. 109.*

[66] (S. 59.) Medico-Chirurgical Transactions. London 1836. vol. XVI. P. II. p. 293.*

[67] (S. 59.) Burdach, Die Physiologie als Erfahrungswissenschaft. Bd. IV. Leipzig 1832. S. 95.* „Die Gerinnung besteht also bloß darin, daß der Faserstoff, der bisher aus einzelnen Kügelchen bestand, in eine fasrige Masse gerinnt, an welcher der Cruor nun auf „ähnliche Weise haftet wie zuvor an den Kügelchen. — Diese Theorie wurde von Hewson „in seinen nachgelassenen Papieren zuerst angedeutet, dann aber von Home vorzüglich vertheidigt." In seiner oben (Anm. 64.) angeführten Streitschrift, S. 35, läugnet Hr. Schultz diese Angabe Burdach's, weil in der, in der Anm. 65. angeführten Stelle der Vorrede zur 2. Abth. des 1. Bandes des Handbuches der Physiologie, S. XI., durch einen Druckfehler „35" statt „95" steht. Auf S. 35. kommt aber bei Burdach der Name Hewson nicht vor, woraus man ersieht, daß man es mit einem Druckfehler zu thun habe. — Vergl. übrigens über Müller's Verdienste in dieser Angelegenheit Milne Edwards, Leçons sur la Physiologie et l'Anatomie comparée de l'Homme et des Animaux etc. Paris 1857. t. I. p. 117.*

[68] (S. 59.) Bildungsgeschichte der Genitalien u. s. w. Widmung an Hrn. Rathke.*

[69] (S. 60.) Isis von Oken. 1829. Bd. XXII. S. 401.*

[70] (S. 60.) Gedächtnissrede u. s. w. S. XXVIII.*

[71] (S. 60.) Meckel's Archiv u. s. w. 1832. S. 70. Anm.*

[72] (S. 60.) Müller's Archiv u. s. w. 1841. S. 177. Anm.*

[73] (S. 64.) Im Text steht, was keinen Sinn giebt: „eine diesem Aufschwung und der ferneren Früchte würdige Stätte zu geben".

[74] (S. 68.) Friedrich Schlemm, geb. am 11. December 1795 zu Gitter in Hannover, starb am 27. Mai 1858.

[75] (S. 71.) John Müller, Elements of Physiology translated by Baly. London 1837; — Second Edition. London 1840—43; — Supplement. 1848.

[76] (S. 71.) Jean Müller, Manuel de Physiologie. Traduit de l'Allemand sur la quatrième Édition (1844), avec des Annotations, par A. J. L. Jourdan. Accompagné de 778 figures intercalées dans le texte, et de 4 planches gravées. Paris 1845. 2 vol. 8°.* — Eine neue Ausgabe ist 1851 von Hrn. Littré besorgt.

[77] (S. 74.) Rede zur Feier des 42. Stiftungstages u. s. w. Berlin 1836. S. 8.*

[78] (S. 74.)

Gehalt ohne Methode führt zur Schwärmerei,
Methode ohne Gehalt zum leeren Klügeln,
Stoff ohne Form zum beschwerlichen Wissen,
Form ohne Stoff zum hohlen Wähnen.

[79] (S. 75.) Kopenhagen 1825. 8.*

[80] (S. 76.) Eulenburg, De Tela elastica. Diss. inaug. etc. Berolini 1836. 4°.*

[81] (S. 76.) Hermann Jordan, De Tunicae Dartos Textu cum aliis comparato. Diss. inaug. etc. Berolini 1834. 8°;* — Müller's Archiv u. s. w. 1834. S. 410.*

[82] (S. 76.) Miescher, De Ossium Genesi, Structura et Vita. Diss. inaug. etc. Bero-

lini 1826. 4°.* — De Inflammatione Ossium eorumque Anatome generali. Exercitatio anatomico-pathologica etc. Berolini 1836. 4°.*

[83] (S. 76.) Handbuch der Physiologie u. s. w. Bd. I. 1. Abth. 3. Aufl. 1837. S. 428.*

[84] (S. 77.) E. du Bois-Reymond, Untersuchungen über thierische Elektricität. Bd. I. Berlin 1848, S. V; — On Signor Carlo Matteucci's Letter to H. Bence Jones etc. London 1853. p. 13.

[85] (S. 77.) Die sensorischen Functionen des Rückenmarks u. s. w. Berlin 1853. S. 4.*

[86] (S. 78.) Georgii Prochaska etc. Operum minorum anatomici physiologici et pathologici Argumenti Pars II. Viennae 1800. p. 150 sqq.*

[87] (S. 78.) Les Passions de l'Ame. Par René Des Cartes. A Paris 1649. 8°. p. 21: „A l'exemple de quoy il est aysé de concevoir que les sons, les odeurs, les saveurs, la cha- „leur, la douleur, la faim, la soif, et generalement tous les objets, tant de nos autres sens „exterieurs, que de nos appetits interieurs, excitent aussi quelque mouvement en nos nerfs, „qui passe par leur moyen jusques au cerveau. Et outre que ces divers mouvemens du „cerveau font avoir à nostre ame divers sentimens, ils peuvent aussi faire sans elle, que les „esprits prennent leurs cours vers certains muscles, plustost que vers d'autres, et ainsi qu'ils „meuvent nos membres. Ce que je prouveray seulement icy par un exemple. Si quelqu'un „avance promptement sa main contre nos yeux, comme pour nous fraper, quoy que nous „sçachions qu'il est nostre ami, qu'il ne fait cela que par jeu, et qu'il se gardera bien de „nous faire aucun mal, nous avons toutefois de la peine à nous empescher de les fermer: „ce qui monstre que ce n'est point par l'entremise de nostre ame qu'ils se ferment, puisque „c'est contre nostre volonté, laquelle est sa seule ou du moins sa principale action; Mais que „c'est à cause que la machine de nostre corps est tellement composée, que le mouvement de „cette main vers nos yeux, excite un autre mouvement en nostre cerveau, qui conduit les „esprits animaux dans les muscles qui font abaisser les paupieres". An einer späteren Stelle (p. 53. 54*) schildert Des Cartes den ähnlichen Mechanismus, durch den wir uns unwillkürlich einer Gefahr drohenden Erscheinung entziehen, und hier sagt er: „Car cela rend le cerveau telle- „ment disposé en quelques hommes, que les esprits reflechis de l'image ainsi formée sur „la glande, — es ist die Zirbeldrüse gemeint — vont de là se rendre, partie dans les nerfs, „qui servent à tourner le dos et remuer les jambes pour s'en fuir, et partie en ceux qui „eslargissent ou estrecissent tellement les orifices du coeur etc". Es verdient bemerkt zu werden, daſs Prochaska a. a. O. p. 153*, neben besseren Beispielen, die er zur Erläuterung des Princips der Reflexion heranzieht, nämlich Niesen und Husten, auch das von Des Cartes gebrauchte fast mit denselben Worten anführt: „Si amicus digito suo appropinquat ad ocu- „lum nostrum, licet, persuasissimus nihil mali nobis inferendum esse, tamen jam impressio illa „per opticum nervum ad sensorium commune delata, in sensorio ita reflectitur in nervos pal- „pebrarum motui dicatos, ut nolentibus claudantur palpebrae, et arceant molestum digiti ad „oculum attactum".

[88] (S. 78.) A. a. O. S. 92*: „Der Sitz des Seelensensoriums ist vorzüglich das Gehirn, „des Körpersensoriums das Rückenmark und wie es scheint auch die Nervengeflechte und „Nervenknoten, das letzte erweisen die Miſsgeburten ohne Gehirn, welche zuweilen mehrere „Stunden und auch tagelang am Leben bleiben, ihre Gliedmaſsen bewegen, Stimme von „sich geben, die Brustwarze ansiehen u. d. m. so sieht man auch, daſs enthauptete Thiere „zuweilen noch durch einige Augenblicke fortfahren zweckmäſsige Bewegungen zu machen,

„Vermöge dieser Uebereinstimmung der Nerven ist die Wirkung des Reitzes nicht blos auf „den unmittelbar gereitzten Nerven beschränkt, sondern sie erstrecket sich auch auf die entfern- „ten Nerven und ihre Organe, welches man den consensus nervorum nennt, wie z. B. der „Reitz in der schwangern Gebärmutter oft Ekel Erbrechen, Kopfschmerzen, Zahnschmerzen „u. d. gl. verursachet. Auf diese Art stehen alle Organe, welche nicht unter dem unmittel- „baren Einflufs des Gehirns sind, nur durch die Nerven besonders des Intercostalsystems in „Verbindung und in polarischer Wechselwirkung: demnach was immer für ein Reitz die „elektrische Spannung des einen Organs verändert, so wird dieses dem andern durch die „Nerven in Verbindung stehenden Organ mitgetheilt, dessen Spannung auch eine Veränderung „erleidet. ... Die polarische Wechselwirkung der Organe in unserm Körper kann auch, wenn „zwey Organe in einen starken polarisirten Gegensatz kommen, ohne Nerven durch alle zwi- „schen liegende festen und flüssigen Theile von einem Organ zum andern strömen ... (S. 99.) Dafs die polarische Wechselwirkung der Organe, wodurch sie in ihren Verrich- „tungen bedingt werden, unsere Erhaltung zum Zwecke habe, läfst sich aus mehreren Er- „scheinungen darthun: z. B. der Reitz des lebhaften Lichts der auf den Sehnerven wirkt, „bringt in der Regenbogenhaut die Verengerung der Pupille hervor, um den zu starken Ein- „druck des Lichtes zu mäfsigen. Bey dem Annähern eines Körpers zu dem Auge schliefsen „sich die Augenlieder unwillkührlich, um es zu schützen," u. s. w. — Dies ist die einzige Stelle des Werkes, die auf die Reflex-Erscheinungen bezogen werden kann. Man sieht, dafs PROCHASKA hier gerade diejenige Lehre vorträgt, die MÜLLER dreifsig Jahre später durch Aufstellung der Reflex-Theorie beseitigte.

89 (S. 79.) Die Ergebnisse der Untersuchung waren nur in aller Kürze der Naturforscher-Versammlung zu Jena im September 1836 mitgetheilt worden. Isis von OKEN, 1837. S. 523. 524.*

90 (S. 79.) Vergl. E. DU BOIS-REYMOND, Gedächtnifsrede auf PAUL ERMAN. In den Abhandlungen der Königl. Akademie der Wissenschaften zu Berlin. 1853. (1854.) S. 20. 21.

91 (S. 80.) Vergl. PÉCLET, Traité élémentaire de Physique. 4me Édition. Paris et Alger 1847. Introduction. p. ij.* — E. DU BOIS-REYMOND, Untersuchungen über thierische Elektricität. Bd. I. Berlin 1848. Vorrede S. XXVI.

92 (S. 81.) Vergl. LISCOVIUS, Physiologie der menschlichen Stimme für Aerzte und Nichtärzte. Leipzig 1846. S. 26. 88. 116.*

93 (S. 81.) MÜLLER's Archiv u. s. w. 1850. S. 1.*

94 (S. 81.) Handbuch der Physiologie u. s. w. Bd. I. 3. Aufl. S. 738.* — Bd. II. S. 439.*

95 (S. 82.) Handbuch der Physiologie u. s. w. Bd. I. 3. Aufl. S. 28. 856;* — Bd. II. S. 260.*

96 (S. 83.) Gedächtnifsrede auf RUDOLPHI u. s. w. S. XXX.* — S. auch meine Untersuchungen über thierische Elektricität u. s. w. Bd. I. S. 99.

97 (S. 83.) A. a. O. 1823. Bd. LXXIV. S. 314.*

98 (S. 84.) Artikel: „Anatomie" im Encyclopädischen Wörterbuche der medicinischen Wissenschaften. Bd. I. 1828. S. 378.*

99 (S. 86.) Handbuch der Physiologie u. s. w. Bd. I. 3. Aufl. S. 761.*

100 (S. 87.) Artikel: „Leben. Lebenskraft" in RUD. WAGNER's Handwörterbuch der Physiologie u. s. w. Bd. I. Braunschweig 1842. S. LVI.*

[101] (S. 89.) Vergl. E. du Bois-Reymond, Untersuchungen über thierische Elektricität u. s. w. Bd. I. S. XXXIV. ff.; — Die Fortschritte der Physik im Jahre 1847. Dargestellt von der physikalischen Gesellschaft zu Berlin. III. Jahrgang. Redigirt vom Prof. Dr. G. Karsten. Berlin 1850. S. 414; — Ueber thierische Bewegung. Rede, gehalten im Verein für wissenschaftliche Vorträge am 22. Februar 1851. Berlin 1851. S. 25, 26.

[102] (S. 89.) The Life of George Stephenson, Railway Engineer. By Samuel Smiles. London 1857. p. 468. 469.*

[103] (S. 90.) Handbuch der Physiologie u. s. w. Bd. II. S. 614. 617.*

[104] (S. 92.) S. oben Anm. 66.

[105] (S. 92.) Handbuch der Physiologie u. s. w. Bd. I. 3. Aufl. S. 279.*

[106] (S. 92.) Physikalische Abhandlungen der Königl. Akademie der Wissenschaften zu Berlin. 1835. (1837.) S. 94.*

[107] (S. 92.) Handbuch der Physiologie u. s. w. Bd. I. 3. Aufl. S. 664.*

[108] (S. 92.) Handbuch der Physiologie u. s. w. Bd. I. 3. Aufl. S. 739. 744. 746.*

[109] (S. 92.) Mit Dr. Sticker. Sticker, De Nervorum praesectorum Mutationibus deque Irritabilitate Musculorum. Diss. inaug. Berolini 1833;* — Müller's Archiv u. s. w. 1834. S. 203. 206. 208;* — Handbuch der Physiologie u. s. w. Bd. I. 3. Aufl. S. 412.* — Sticker sagt ausdrücklich, dass Müller operirt, und er nur assistirt habe.

[110] (S. 92.) Mit Dr. Peipers. Peipers, De Nervorum in Secretiones Actione. Diss. inaug. etc. Berolini 1834;* — Handbuch der Physiologie u. s. w. Bd. I. 3. Aufl. S. 468.*

[111] (S. 92.) Mit Dr. Dieckhoff. Dieckhoff, de Actione, quam Nervus vagus in Digestionem Ciborum exercet. Diss. inaug. etc. Berolini 1835;* — Handbuch der Physiologie u. s. w. Bd. I. 3. Aufl. S. 551.*

[112] (S. 92.) Handbuch der Physiologie u. s. w. Bd. I. 3. Aufl. S. 740.*

[113] (S. 92.) Comptes rendus etc. 8 Avril 1839. t. VIII. p. 550.*

[114] (S. 93.) Heinrich Rose, Gedächtnissrede auf Berzelius u. s. w. Abhandlungen der Königl. Akademie der Wissenschaften zu Berlin. 1851. (1852.) S. (LXXII.)*

[115] (S. 95.) Vergl. Henle, im Bericht über die Fortschritte der physiologischen Pathologie und pathologischen Anatomie im Jahre 1838. Müller's Archiv u. s. w. 1839. S. LXIX. LXX.*

[116] (S. 95.) Monatsbericht der Königl. Akademie der Wissenschaften zu Berlin. 3. März 1842. S. 47; — Müller's Archiv u. s. w. 1842. S. 193.*

[117] (S. 96.) Müller's Archiv u. s. w. 1835. S. 206.*

[118] (S. 96.) Fr. Arnold, Ueber den Ohrknoten. Heidelberg 1828. 4°;* — Der Kopftheil des vegetativen Nervensystems beim Menschen u. s. w. Heidelberg und Leipzig 1831. 4°.* — Schlemm, Bemerkungen über den angeblichen Ohrknoten u. s. w. in Froriep's Notizen aus dem Gebiete der Natur- und Heilkunde. No. 660. (Bd. XXX. No. 22.) Juni 1831. S. 337.* — Arnold, Einige Worte zu den Bemerkungen u. s. w. Ebendaselbst. No. 673 (Bd. XXXI. No. 13.) August 1831. S. 198.*

[119] (S. 97.) Müller in Meckel's Archiv u. s. w. 1832. S. 67*; — Bericht über die Fortschritte der anatomisch-physiologischen Wissenschaften im Jahre 1833. Archiv u. s. w. 1834. S. 13;* — im Jahre 1834. Archiv u. s. w. 1835. S. 15.* — Krause, Handbuch der menschlichen Anatomie. Bd. I. Abth. II. Hannover 1836. S. 876. 999. 1000. 1002*; — derselbe, Synopsis Icone illustrata Nervorum Systematis gangliosi in Capite Hominis. Hannoverae 1839.

Fol. p. 9*; — Longet, Anatomie et Physiologie du Système nerveux etc. Paris 1842. t. II. p. 144*; — Hyrtl, Lehrbuch der Anatomie des Menschen u. s. w. 5. Aufl. Wien 1857. S. 688.*

[120] (S. 97.) Meckel's Archiv u. s. w. 1832. S. 72. 73.*

[121] (S. 97.) Tiedemann's und der beiden Treviranus Zeitschrift für Physiologie. Bd. V. Hft. II. S. 175. 181. 182.*

[122] (S. 97.) Fr. Arnold, Lehrbuch der Physiologie des Menschen. 2. Theil. 1. Abth. Zürich 1837. Vorrede. S. VI*

[123] (S. 97.) Hrn. Arnold's Antwort steht in dessen Bemerkungen über den Bau des Hirns und Rückenmarks. Untersuchungen im Gebiete der Anatomie und Physiologie u. s. w. Bd. I. Zürich 1838. S. 170.* — Vergl. Krause in Müller's Archiv u. s. w. 1839. S. CVII.*

[124] (S. 97.) Müller's Archiv u. s. w. 1837. S. 276.* — Handbuch der Physiologie u. s. w. Bd. I. 3. Aufl. 2. Abth. 1838. S. 614. 662. 793. 794;* — Physikalische Abhandlungen u. s. w. 1838. (1840.) S. 219. 220.*

[125] (S. 98.) John Davy, Researches, physiological and anatomical. London 1839. Vol. I. p. 210.*; — Philosophical Transactions etc. For the year 1844. P. I. p. 57*; — Annales de Chimie et de Physique. 1845. 3me Série. t. XIII. p. 174.*

[126] (S. 98.) Comptes rendus etc. 18 Août 1856. t. XLIII. p. 379.*

[127] (S. 99.) Physikalische Abhandlungen u. s. w. 1834. (1836.) S. 68.*

[128] (S. 99.) Physikalische Abhandlungen u. s. w. 1842. (1845.) S. 165.*

[129] (S. 100.) Physikalische Abhandlungen u. s. w. 1834. (1836.) S. 185*; — Gedächtnissrede auf Rudolphi u. s. w. S. XXIX.* — Seitdem ist bekanntlich die Urheberschaft der Wirbeltheorie des Schädels noch weiter hinauf, bis zu Albert dem Grossen, gerückt worden. Pouchet, Histoire des Sciences naturelles au Moyen Age ou Albert le Grand et son Époque etc. Paris 1853. p. 271. 272.*

[130] (S. 102.) Philosophical Transactions etc. For the Year 1842. P. I. p. 57.*

[131] (S. 103.) Müller's Archiv u. s. w. 1836. S. LXXXIII.*

[132] (S. 103.) „Principes de Philosophie Zoologique par Geoffroy de Saint-Hilaire". Goethe's sämmtliche Werke in dreißig Bänden. Stuttgart und Tübingen 1851. Bd. XXX. S. 397*; — Eckermann, Gespräche mit Goethe in den letzten Jahren seines Lebens. Bd. III. Magdeburg 1848. S. 399 ff.*

[133] (S. 103.) Müller's Archiv u. s. w. 1834. S. 3.* — Physikalische Abhandlungen u. s. w. 1836. (1838.) S. 138.*

[134] (S. 104.) Müller's Archiv u. s. w. 1843. S. 32.*

[135] (S. 104.) Annales des Sciences naturelles. 3me Série. Zoologie. t. IV. 1845. p. 224. 225. 228.*

[136] (S. 104.) Von neueren Untersuchungen, die besonders auf die Jugendzustände der Thiere Rücksicht nehmen, vergl. Max Schultze in v. Siebold's und Kölliker's Zeitschrift für wissenschaftliche Zoologie. 1851. Bd. III. S. 416* und Leuckart und Pagenstecher in Müller's Archiv u. s. w. 1858. S. 558.*

[137] (S. 104.) Handbuch der Physiologie u. s. w. Bd. I. 4. Auflage. Lief. I. 1841. S. 132*

[138] (S. 104.) Vgl. Matteucci in den Comptes rendus etc. 22 Février 1847. t. XXIV. p. 301;* — Die Fortschritte der Physik im Jahre 1847, dargestellt von der physikalischen Gesellschaft zu Berlin. Redigirt von G. Karsten. Berlin 1850. S. 440.*

139 (S. 105.) Recherches sur les Ossemens fossiles etc. Nouvelle Édition. Paris 1821. 4°. t. I. Discours préliminaire. p. XLV et suiv.*; — Le Règne animal distribué d'après son Organisation etc. Paris 1817. t. I. p. 76.*

140 (S. 106.) Monatsberichte der Königl. Akademie der Wissenschaften zu Berlin. 1846. S. 82*; — Wiegmann's (Erichson's) Archiv für Naturgeschichte. 1846. Bd. I. S. 205*. — Der Gedanke ist eine Reminiscenz von Cuvier im Discours préliminaire zu den Recherches sur les Ossemens fossiles etc. Ibidem, p. XLVII.* — Müller selbst führt die Stelle von Cuvier in Nöggerath's Uebersetzung an im Handbuch der Physiologie u. s. w. Bd. I. 3. Aufl. S. 488.*

141 (S. 106.) Ueber Narcine, eine neue Gattung elektrischer Rochen nebst einer Synopsis der elektrischen Rochen. Berlin 1831. 4°.*

142 (S. 110.) Wiegmann's (Erichson's) Archiv für Naturgeschichte. 1846. Bd. I. S. 202. Anm.*

143 (S. 111.) Annales des Sciences naturelles etc. 3me Série. Zoologie. t. IV. p. 63.*

144 (S. 111.) Amiae Calvae Anatomiam descripsit Tabulasque illustravit Henricus Franque. Berolini 1847. Fol.*

145 (S. 113.) Vergl. Cabanis, Ornithologische Notizen, in Wiegmann's (Erichson's) Archiv für Naturgeschichte. 1847. Bd. I. S. 186;—308.* — Vergl. Müller, in seinem Archiv u. s. w. 1852. S. 47. Anm.*

146 (S. 115.) Transactions of the Geological Society of London. 2d Series. vol. VI. p. 70. Foot-note.* — Vergl. Burmeister, Geschichte der Schöpfung. 6. Aufl. Leipzig 1856. S. 466.* Hier steht nicht ganz mit dem ursprünglichen Sinne des Namengebers übereinstimmend: „Zeuglodon soll auf die enge Commissur zwischen den beiden Keimhöhlen der „Backzähne hinweisen". — Burmeister's eigene Untersuchung des Zeuglodon steht unter dem Titel: „Die Literatur über Hydrarchos", in der Halle'schen Allgemeinen Literatur-Zeitung. Juni 1847. No. 121 ff.*

147 (S. 117.) Ibidem. t. III. pl. LXVI.*

148 (S. 118.) An Essay on Classification. Part 1. of the first Volume of the Contributions to the Natural History of the United States of North America. Boston 1857. 4°. p. 116.* — The same. London 1859. 8°. p. 174.*

149 (S. 121.) Annales des Sciences naturelles. 3me Série. 1847. t. VII. Zoologie. p. 348.*

150 (S. 121.) Physikalische Abhandlungen u. s. w. 1848. (1850.) S. 85.*

151 (S. 122.) Müller's Archiv u. s. w. 1849. S. 400. 439;* — Monatsberichte u. s. w. November 1849. S. 331. December 1849. S. 360*; — Physikalische Abhandlungen u. s. w. 1849. (1851.) S. 66.*

152 (S. 123.) Physikalische Abhandlungen u. s. w. 1848. (1850.) S. 105. 106.*

153 (S. 124.) Annals and Magazine of Natural History etc. 2d Series. 1851. vol. VIII. p. 1. 2.*

154 (S. 125.) Ibidem.

155 (S. 126.) Es waltet daher hier ein Widerspruch ob zwischen Müller's Schätzung der Länge der Synapta und seinen Zahlenangaben. Er schätzt jene Länge auf 15—20", während sich auf eine Synapta-Strecke von 60—79 Fuss 15—20 Köpfe finden. Daraus würde aber die wenig wahrscheinliche Länge von etwa 4 Fuss folgen. Der Schwanzantheile,

die sich mit den Köpfen gegenseitig controliren müßten, geschieht bei MÜLLER keine Erwähnung.

[156] (S. 128.) Ueber Synapta digitata und über die Erzeugung von Schnecken in Holothurien. Berlin 1852. 4°. Vorrede. S. III.*

[157] (S. 129.) POGGENDORFF's Annalen u. s. w. 1836. Bd. XXXIX. S. 487.*

[158] (S. 129.) POGGENDORFF's Annalen u. s. w. 1837. Bd. XLI. S. 184.*

[159] (S. 129.) MÜLLER's Archiv u. s. w. 1843. S. 453.*

[160] (S. 129.) Ich verdanke diesen Ausdruck, der den von Sir CHARLES LYELL in die Wissenschaft eingeführten Grundgedanken bündig wiedergiebt, meinem Freunde, Hrn. Dr. JUSTUS ROTH.

[161] (S. 130.) Monatsberichte u. s. w. October 1851. S. 645*; — MÜLLER's Archiv u. s. w. 1852. S. 30*.

[162] (S. 131.) MÜLLER's Archiv u. s. w. 1852. S. 27. 29*; — Ueber Synapta digitata u. s. w. S. 23.*

[163] (S. 132.) A. a. O. 2e Série. 1853. vol IX. p. 37. 103.* Um den Parasitismus der Entoconcha glaublich und verständlich zu machen, führt der Berichterstatter Folgendes an.

Die organische Verbindung des Schneckenschlauches mit dem einen Darmgefäß der Synapta soll erläutert werden durch das Beispiel der von Hrn. LÉON DUFOUR beobachteten Oxyptera bicolor, Hyalomyia dispar und noch einer dritten unbestimmten Dipterenlarve, welche in der Leibeshöhle anderer Insecten außerhalb des Darmcanals schmarotzen, und dadurch athmen, daß sie ihre Tracheen theils mit den Stigmen ihrer Wirthe, theils mit deren Luftbehältern, wie solche bei den Hymenopteren vorkommen, in Verbindung setzen. Dies geschieht in zweien der angeführten Fälle angeblich durch „organoplastische" Verwachsung (Comptes rendus etc. 11 Août 1851. t. XXXIII. p. 135.*) Inzwischen fehlt es an jeder feineren Untersuchung dieser Verwachsung, und somit an jedem Beweise, daß nicht bloß eine Verklebung durch irgend ein Secret stattgefunden habe. Von Hrn. DUFOUR's Behauptung bis zu MÜLLER's Fall ist noch ein weiter Weg. Besser wäre es noch sich auf den Parasitismus im Pflanzenreich zu berufen, wo nach Zeichnungen, die Hr. SCHACHT mir freundlichst mittheilte, die Gewebe des Schmarotzers, z. B. Viscum, Orobanche, Rafflesia, sich an die der Nährpflanze mit Zellenwand gegen Zellenwand legen, ohne daß jedoch die Lumina der Gefäße verschmelzen.

Was sodann die Reduction einer Schnecke auf den Schneckenschlauch betrifft, so beruft sich der Berichterstatter auf das Gesetz, wonach Schmarotzer häufig beim Opfern ihrer Selbständigkeit einer rückschreitenden Metamorphose unterliegen, Sinnes- und Bewegungswerkzeuge verlieren, eine viel unvollkommnere Gestalt annehmen und in ihrer ganzen Organisation außerordentlich verkümmern (Vergl. v. SIEBOLD, Artikel „Parasiten" in RUD. WAGNER's Handwörterbuch der Physiologie u. s. w. Bd. II. Braunschweig 1844. S. 642*). Wie die Cercarien erst als lebhaft sich bewegende Thiere sich in die Schleimhaut der Schnecken einbohren und verpuppen, um zuletzt als träge Distomen in der Leber wiederzuerscheinen (STEENSTRUP, Ueber den Generationswechsel. Copenhagen 1842. S. 50*), so solle die parasitische Schnecke bereits als kleiner Schneckenschlauch, wie MÜLLER ihn in einem Falle beobachtet hat (Ueber Synapta u. s. w. S. 11. 14. Taf. II. Fig. 3. b. 4. 5.*), mit dem freien Ende am Kopfe der Synapta festsitzen, auswachsen, mit dem eingestülpten Ende das Darmgefäß erreichen, damit verwachsen, und endlich die Anheftung am Kopfe aufgeben. Als Beispiel einer auf's Aeufserste getriebenen Reduction dienen dem Berichterstatter die Lernaeocera- und Penella-Weibchen.

Inzwischen stehen diese noch nicht einmal halbwegs zwischen einem Gasteropoden und dem Schneckenschlauch. Sie haben noch Mund, Magen, Darmcanal und After, Anhäufungen drüsenähnlicher Substanz, Saugnäpfe, Eierstöcke und Eierbehälter. Penella besitzt dem Darmcanal entlang zwei Nervenstränge und aufserdem noch vier Paar verkümmerter Schwimmfüfse nebst anderen Körperanhängen (Alex. v. Nordmann, Mikrographische Beiträge zur Naturgeschichte der wirbellosen Thiere. Berlin 1832. Hft. II. S. 121. 123 *). Diese Thiere haben also noch immer wirklich so viel Organisation wie viele Eingeweidewürmer. Dasselbe gilt von den Strepsipteren, auf deren rückschreitende Metamorphose mich Hr. Schaum aufmerksam gemacht hat. Diese besitzen immer noch einen gegliederten, seitlich symmetrischen Körper mit deutlich abgegrenztem Cephalothorax, Rudimente von Kiefern, einen Brutcanal, einen Darmcanal mit Mundöffnung, jedoch blind endigend. Dies ist der einzige Punkt worin hier die Vereinfachung weiter geht als bei den Lernaeoceren; dafür haben die Strepsipteren aber noch ein Stigmen-Paar (v. Siebold, in Wiegmann's [Erichson's] Archiv für Naturgeschichte. 1843. Jahrgang IX. Bd. I. S. 137. Taf. VII *).

Dabei ist noch Eines zu bemerken, dafs es nämlich ganz falsch ist, sich vorzustellen, weil in diesen Fällen die Reduction so weit gediehen sei, könne sie in einem anderen Falle noch um eben so viel weiter gehen. Vielmehr ist klar, dafs die Reduction nicht mit gleicher Leichtigkeit immer fortarbeiten kann, sondern je wesentlicher die Organe sind, welche zuletzt übrig bleiben, um so schwieriger wird, um es so auszudrücken, der Natur das eine oder andere noch entbehren können. Ein verwickeltes Uhrwerk in einem reich verzierten Gehäuse, welches eine Menge künstlicher Leistungen vollführt, kann freilich bis auf eine treibende Kraft und irgend welche Hemmung reducirt werden, aber weiter läfst es sich nicht vereinfachen, ohne dafs es aufhört ein Uhrwerk zu sein. Gerade der Umstand, dafs die Reduction der verschiedensten Thiere, Crustaceen, Insecten, Trematoden, fast genau auf derselben Stufe stehen bleibt, liefse sich dagegen anführen, dafs die Reduction überhaupt noch weiter gehen könne.

Um auch aus der Geschichte der Mollusken selber ein Beispiel von Parasitismus mit äufserster Reduction beizubringen, führt der Berichterstatter den Hektokotylus an. So glücklich diese Zusammenstellung desselben mit dem Schneckenschlauch damals (1852) war, so wenig kann jetzt, nach den Beobachtungen der Hrn. Heinrich Müller, Vérany und Vogt (v. Siebold und Kölliker, Zeitschrift für wissenschaftliche Zoologie. 1853. Bd. IV. S. 1 *; — Annales des Sciences naturelles. 3me Série. Zoologie. 1852. t. XVII. p. 147. *) vom Hektokotylus hier in diesem Sinne die Rede sein. Aber vielleicht ist es bereits mit Rücksicht auf die neue Einsicht in das Wesen der Hektokotylie, dafs Johannes Müller der Möglichkeit gedenkt, dafs der Schneckenschlauch kein ganzes Thier, sondern nur ein Theil von einer Schnecke wäre (Ueber Synapta digitata u. s. w. Berlin 1852. S. 30. *). In der That hat diese Muthmafsung jetzt, wie man sich sagen mufs, von allen denen, die auf Erklärung der Erscheinung durch Parasitismus hinzielen, am meisten Analogie für sich gewonnen.

Trotzdem wird jeder unbefangene Beurtheiler zugeben, dafs die Entoconcha noch so wunderbar ist, wie am ersten Tage, und in der fertigen Meinung, die ohne irgend einen

Beweis in der Schule darüber herrscht, ein Zeichen einer für den Fortschritt unseres Wissens stets bedenklichen doctrinären Stimmung sehen.

164 (S. 134.) Proceedings of the Royal Society of London. November 30, 1854. vol. VII. London 1856. p. 259.*

165 (S. 134.) Comptes rendus etc. 8 Janvier 1855. t. XL. p. 59.*

166 (S. 134.) Ibidem. 29 Janvier. p. 238.* „J'avoue qu'aucun des prix destinés par l'Académie à récompenser les travaux des hommes de science n'aurait pu être plus satisfaisant pour mon ambition que le prix Cuvier."

167 (S. 135.) „Je l'avoue hautement: ces idées n'ont jamais été étrangères à mes travaux, et si j'ai cherché de tous mes moyens à propager cette paisible étude, c'est que dans mon opinion elle est plus capable qu'aucune autre, d'alimenter ce besoin d'occupation qui a tant contribué aux troubles de notre siècle". Le Règne animal etc. Paris 1817. t. I. p. XIX. XX.*

168 (S. 141.) A. a. O. Vorrede, S. XVIII*; — Bildungsgeschichte der Genitalien u. s. w. S. 1.

169 (S. 141.) Vergleichende Physiologie des Gesichtssinnes u. s. w. Vorrede, S. XVIII;* — Handbuch der Physiologie u. s. w. Bd. I. 1. Aufl. 2. Abth. Vorrede. S. XV.*

170 (S. 144.) Archiv u. s. w. 1850. S. 473*; — Physikalische Abhandlungen u. s. w. 1850. (1852.) S. 70.*

171 (S. 145.) S. oben Anm. 130.

172 (S. 146.) „Es ist wahr, daſs Cuvier manches entbehrt, was dem Physiologen nothwendig ist; so z. B. ist er nicht Patholog, und hat auch für krankhafte Erscheinungen, die doch unzählige Mal den gesunden Zustand erläutern, wenig Interesse: ich erwähnte gegen ihn ein Paar, wie es mir schien, merkwürdige Präparate von kranken Theilen, worauf er erwiederte, mais ce n'est qu'accidentel." Bemerkungen aus dem Gebiet der Naturgeschichte, Medicin und Thierarzneykunde, auf einer Reise durch einen Theil von Deutschland, Holland und Frankreich u. s. w. Berlin 1804. Th. I. S. 152. 153.*

173 (S. 147.) Georg Cuvier's Briefe an C. H. Pfaff u. s. w. Herausgegeben von Behn. Kiel 1845. S. 27.*

174 (S. 151.) Müller's Archiv u. s. w. 1837. S. 31.*

175 (S. 153.) In: „Le Neveu de Rameau" und in: „Le Salon de l'Année 1765", Article Greuze. „Nos qualités, certaines du moins, tiennent de près à nos défauts."

176 (S. 154.) Novalis Schriften. Herausgegeben von Ludwig Tieck und Fr. Schlegel. 5. Aufl. Berlin 1837. Bd. I. S. XXVIII.*

177 (S. 154.) Handbuch der Physiologie u. s. w. Bd. II. S. 579.*

178 (S. 155.) Condorcet, Éloge de M. de Haller, in: Éloges des Académiciens de l'Académie Royale des Sciences, Morts depuis l'an 1666, jusqu'en 1790. etc. t. II. A Berlin et à Paris 1799. p. 83.*

179 (S. 157.) Die Titel der als selbständige Schriften erschienenen Arbeiten Müller's sind durch größeren Druck ausgezeichnet, und es ist denselben eine eingeklammerte römische Ordnungszahl beigefügt. Diese Zahlen laufen bis XXIV, während im Texte, S. 139, die Zahl von Müller's selbständigen Schriften nur auf 20 angegeben ist. Der Unterschied rührt daher, daſs im Verzeichniſs die beiden Jahrgänge des Schwedischen Jahresberichtes und die drei neuen Ausgaben des ersten Bandes der Physiologie mit besonderen Zahlen bezeichnet

sind. — Durch verschiedene römische Ordnungszahlen sind ferner ausgezeichnet die fünf Abhandlungen zur vergleichenden Anatomie der Myxinoiden, und die acht Abhandlungen über die Metamorphose und über den Bau der Echinodermen. — Für die Benutzung des Verzeichnisses sei endlich noch bemerkt, daſs MÜLLER, seit der Mitte der dreiſsiger Jahre, seine Arbeiten meist zweimal, oft dreimal, gedruckt hat, nämlich zuerst im Monatsberichte der Akademie, dann in seinem eigenen Archiv für Anatomie und Physiologie oder in WIEGMANN's (ERICHSON's) Archiv für Naturgeschichte, und zuletzt ausführlich und mit Abbildungen in den akademischen Denkschriften. Manchmal sind die Fassungen in den Monatsberichten und in den Archiven genau gleichlautend, andere Male sind gröſsere oder kleinere Abweichungen vorhanden. Aus diesem Grunde ist es räthlich erschienen, diese Duplicate in dem Verzeichniſs nicht zu verschweigen. Um MÜLLER's endgültiges Ergebniſs über einen bestimmten Punkt kennen zu lernen, muſs man die Fassung in den Abhandlungen, und die etwa dazu erschienenen Nachträge, nachsehen.

180 (S. 167.) Vergl. oben Anm. 8.

181 (S. 168.) Dies Citat ist aus der Vorrede zur „Systematischen Beschreibung der Plagiostomen", vom Jahre 1841, entlehnt; der Jahrgang 1839 der Verhandlungen der Gesellschaft der naturforschenden Freunde scheint jedoch gar nicht erschienen zu sein. Alle übrigen Citate sind von mir selbst nachgesehen.

Inhalt.

www.ingramcontent.com/pod-product-compliance
Lightning Source LLC
Chambersburg PA
CBHW020829190426
43197CB00037B/1055
* 9 7 8 3 7 4 1 1 6 7 8 3 6 *